U0953174

冰霜历尽心不移

——核物理学家张焕乔

唐洪庆　谢　翊　焦学胜　著

知识产权出版社
全国百佳图书出版单位
—北 京—

图书在版编目（CIP）数据

冰霜历尽心不移：核物理学家张焕乔 / 唐洪庆，谢翊，焦学胜著. — 北京：知识产权出版社，2023.10

ISBN 978-7-5130-8623-3

Ⅰ. ①冰… Ⅱ. ①唐… ②谢… ③焦… Ⅲ. ①张焕乔－传记 Ⅳ. ①K826.11

中国国家版本馆CIP数据核字（2023）第003882号

责任编辑：田 姝　　**责任印制**：刘译文

冰霜历尽心不移——核物理学家张焕乔

BINGSHUANG LIJIN XIN BUYI——HEWULIXUEJIA ZHANG HUANQIAO

唐洪庆　谢　翊　焦学胜　著

出版发行：知识产权出版社有限责任公司	**网　址**：http:// www. ipph. cn
电　话：010－82004826	http:// www. laichushu. com
社　址：北京市海淀区气象路50号院	**邮　编**：100081
责编电话：010－82000860转8598	**责编邮箱**：tianshu@cnipr.com
发行电话：010－82000860转8101	**发行传真**：010－82000893
印　刷：三河市国英印务有限公司	**经　销**：新华书店、各大网上书店及相关专业书店
开　本：787mm×1092mm　1/16	**印　张**：23
版　次：2023年10月第1版	**印　次**：2023年10月第1次印刷
字　数：350千字	**定　价**：98.00元

ISBN 978-7-5130-8623-3

出版权专有　侵权必究

如有印装质量问题，本社负责调换。

序

张焕乔院士是我国知名的原子核物理学家。他为发展我国原子核科学技术付出了一生的精力，取得了丰硕成果。他是20世纪50年代新中国培养的一代核科技工作者中的佼佼者。

早期，他先后师从戴传曾和何泽慧先生，从事中子物理、裂变物理和核数据的研究。他参与建成了我国第一台中子晶体谱仪和第一台中子衍射仪，为国内开展慢中子谱学和固体物理研究创造了条件，他还参与发现了压电振动石英单晶中子衍射增强的现象。为支持我国核武器研制和核爆炸试验，他负责完成了一些重要核数据的测量，还提供了测试方法和手段。在裂变谱中子诱发^{238}U裂变截面测量中，他提出用精确已知的^{235}U热中子平均瞬发中子数代替裂变谱中子注量率的方法，避开了中子注量率的绝对测量，由此获得的高精度结果，至今仍保持与国际上新近发表的数据一致。他负责测量的^{239}Pu快中子裂变的平均瞬发中子数随入射中子能量的变化，精度高达0.8%，至今仍是精度最好的核数据之一。他负责以^{252}Cf为研究对象，对自发裂变瞬发中子平均数及其与裂变碎片特性(质量、电荷、总动能)的关联、三分裂瞬发裂变中子数与长程α粒子动能的关联等进行了深入细致的实验研究。其中，他们提供的高精度^{252}Cf自发裂变平均瞬发中子数是国际核数据委员会推荐的13个数据中精度最高的4个数据之一，也是被

《热中子截面和^{252}Cf自发裂变中子产额》标准收入的唯一中国数据。此外，他还配合我国核武器的研制做出了其他贡献。

20世纪80年代初，他转而开始研究重离子熔合裂变反应、晕核等当时原子核物理的前沿课题。他系统研究了垒下和近垒重离子熔合裂变反应的碎片角分布，发现的熔合裂变反应碎片角分布各向异性的异常现象成为当时国际上的一个研究热点。他领导的课题组还从实验上找到了这一异常的物理原因，并提出一种新的预平衡模型解释了这一现象。他还负责对弱束缚弹核破裂、正Q值2中子转移和核形变对近垒熔合过程的影响及所形成复合核的裂变进行了系统研究，并采用不同的理论模型进行分析，丰富了垒下重离子熔合反应的研究内容。他在晕核方面也做了较系统的研究。他提出以转移反应为探针，并与同事们一起发展了用渐近归一化系数来探寻晕核的新方法，首次在稳定核激发态中找到了中子晕态，从而扩大了晕核的研究范围。他们对晕核的标度定律进行了细致研究，得出比前人宽松得多的晕核条件。在质子滴线核区域，他们观测到了^{27}P和^{29}S质子晕核，还指出^{27}P和^{28}P核芯增大的新现象。他提出开展2质子发射实验研究，并观测到了^{17}Ne、^{18}Ne和^{29}S激发态的双质子关联发射、即^{2}He集团发射现象。上述创新成果得到了国际同行高度的认同和重视。

近年来，他又与合作者一起研究了张量力对原子核集体激发的影响。他们将张量力自洽地加入到基于斯克姆（Skyrme）相互作用的哈特里-福克平均场+无规相近似（HF+RPA）的理论框架中，自行研制了适用于球形核的计算程序，在国际上首次研究了中重闭壳核^{90}Zr和重闭壳核^{208}Pb激发态的性质，得出一些新颖的重要结果。

在此期间，张焕乔先后发表了300篇文章，其中不少发表在国内外知名刊物上。考虑到长期以来，我国在原子核物理基础研究方面，特别是实验研究条件方面的投入严重不足，他作为实验核物理学家，能在如此宽的领域取得这样骄人的成绩，确实是很不容易的。

早在中学时期，张焕乔就对原子弹的威力、原子核的嬗变感到好奇，并希望将来有机会能从事这方面的工作。上大学时，他还自学了核物理方面的知识。当国家决定发展原子能事业，这个机会终于到来了。1955年，为了做好相应人才准备，国家决定在北京大学开办实验原子核物理专业（这是我国第一个这样的专业，对外称"物理研究室"），并从几所重点大学物理系选调近百名大四学生学习这一专业。他被选中了。毕业后，他被分配到中国科学院物理研究所（原子能研究院的前身，当时国内唯一一所核物理和高能物理研究机构）。从此，他开始了献身祖国原子能科研事业的征程。这本传记生动地再现了张焕乔数十年如一日、艰苦奋斗、砥砺前行的风雨历程。从中可以看出，他是如何把满腔的爱国热情化为推进祖国科学技术现代化的不竭动力、化为赶超世界科技先进水平的坚定信心。他曾经说过："国内核物理实验条件比国外差，但中国人脑子并不笨，只要凭借智力来弥补现实条件的不足，在国内也能做出好的工作。"他之所以能心无旁骛，始终坚持在科研一线潜心研究，即便当选了院士，也没有离开过自己的课题组；他之所以能不畏艰难，始终坚持刻苦钻研，锐意创新；他之所以能甘为人梯，将满腔热情帮助、指导年轻同志视为自己应尽的责任；其原因都在于此。

这本传记题名为"冰霜历尽心不移"，十分恰当。因为它较好地反映了张焕乔对科学研究工作，特别是对基础研究的理解。他曾说过："科学探索是永无止境的。从事科学研究的工作者不能有半点侥幸和松懈心理，只有全神贯注、锲而不舍地追求下去，才能做出真正的贡献，并从中享受最大的乐趣。"时至今日，耄耋之年的他还在思考如何继续推动超重核合成、暗物质寻找、无中微子双β衰变等原子核物理热点问题的实验研究。生命不息，追求不止，这就是张焕乔科研人生的真实写照。

张焕乔是我在北京大学物理研究室学习时的学长。在科研工作上，他在同学间一直是走在前面的。他对科研工作的执着，他对发展我国原子能科研事业强烈的责任感、使命感给我们大家留下了深刻的印象。在

《冰霜历尽心不移——核物理学家张焕乔》问世之际，谨以此序表达我对他深深的敬佩之意。祝愿他健康长寿，家庭幸福，继续为我国原子核物理的创新发展献计献策。

钱绍钧

2023年6月6日

» 青海西宁全国核数据大会（2005年）。左起钱绍钧、张焕乔

CONTENTS 目　录

第三章

大师麾下筑国防

第四章

科研中格物致真

附　录

导 言

张焕乔1933年12月23日出生于重庆市沙坪坝区（原四川省巴县）土主镇向家坪村毛家岗。1939年，在家乡土主镇小学开始启蒙教育。初中和高中都在重庆巴蜀中学学习。1952年，考入武汉大学物理系，在那里学习了三年。四年级时，被选入北京大学物理研究室，学习原子核物理。

1956年秋从北京大学毕业后，张焕乔被分配到中国科学院物理研究所[1]中子物理研究室（二室）工作，在组长戴传曾领导下从事中子物理实验研究，参加了重水反应堆上国内首台中子晶体谱仪的建立。

1958年10月，他被派往苏联科学院库尔恰托夫原子能研究所实习，分别测量了^{229}Th和^{241}Am的中子裂变截面；还参加了液氦低温Fe-Co合金反铁磁性的实验以及固体声子谱的研究工作。在那里他有幸两次见到了库尔恰托夫原子能所所长、苏联原子弹之父——伊戈尔·库尔恰托夫（Игор. Курчатов）院士。初到苏联实习时，刚从国内“大跃进”形势下出来的张焕乔，头脑还在“发热”，不适应苏联正规的研究环境，不到3个月就写信要求回国。当时二室主任何泽慧给他回了一封短信，明确指示他要注意学习苏联科学家的科研方法和先进经验，并告诫他，这正是他所欠缺的。何先生的忠告使他冷静下来，于是他安心工作，并且更加有意识地去学习苏联科学家在研究工作中的思路和方法。

1960年2月，张焕乔回国后，负责将一台晶体谱仪改建成中子衍射仪。同年8月，中国科学院原子能研究所领导为了适应国家研制核武器的需要，将他由中子衍射组调至核裂变物理组，他负责完成了裂变谱中子引起的^{238}U、^{235}U和^{239}Pu裂变的平均裂变截面及异形钋α放射源绝对强度测量等国防任务。1965年年底，他承担检验国产核用石墨性能的任务，为军用天然铀石墨生产堆的安全运行提供了必要的数据。在1966年6月含热核材料的原子弹和同年12月的氢弹原理爆炸试验中，他负责测定现场取样的铀含

---

[1] 中国科学院物理所的前身是中国科学院近代物理所（简称中科院近物所），于1950年5月成立，1953年10月更名为中国科学院物理研究所（简称中科院物理所），1958年7月又更名为中国科学院原子能研究所（简称中科院原子能所），1984年改称中国原子能科学研究院（简称中国原子能院）。

量，为确定爆炸当量提供了所需要的可靠数据。20世纪70年代中期，为了满足核武器发展的需要，他负责完成了快中子诱发 ^{239}Pu 裂变的瞬发中子平均数随入射中子能量变化的精确测量，为我国的核武器发展提供了重要数据。

1978年，完成 ^{239}Pu 快中子裂变的瞬发中子平均数的测量后，张焕乔借助他们建立起来的大型载钆液体闪烁体中子探测器系统，对 ^{252}Cf 自发裂变的瞬发中子平均数及其与裂变碎片特性（质量，电荷和总动能）之间的关联进行了高精度的测量，开展了裂变物理研究。

20世纪80年代初，原子能研究所筹建串列式静电加速器，张焕乔开始把注意力转移到将来在该加速器上开展的垒下重离子熔合反应的研究。在国内设备未建立之前，他利用国际上同类装置进行合作实验，积累经验。1982年1月，他应邀访问意大利核物理研究院里亚洛国家实验室，参加了在XTU-15串列加速器上重离子熔合反应的实验研究，参加了静电偏转分离器的建立并负责重离子熔合反应的检验实验。1984年2月张焕乔回国，提出了在国内开展垒下重离子熔合裂变碎片角分布测量的实验计划。此后，他还多次访问里亚洛国家实验室，合作开展了垒下重离子熔合反应激发函数和势垒分布等的研究。

1987年秋，张焕乔和他的合作者在北京串列加速器上进行的 $^{19}F+^{232}Th$ 的垒下熔合裂变碎片角分布的测量中，发现了碎片各向异性异常现象。接着他们又系统地测量了多个系统的熔合裂变碎片角分布，并首次发展“折叠角技术”，从实验上将完全熔合裂变和转移跟随裂变进行了区分，证明了所发现的垒下完全熔合裂变碎片各向异性异常的普遍性，并提出了新的低角动量预平衡裂变理论，对发现的异常进行了解释。在随后的十余年里，他们又对重离子熔合反应的热点问题——弱束缚弹核破裂、正Q值2中子转移和核形变对垒下熔合增强的影响，以及光学势阈异常等进行了深入细致的研究。

1999年，张焕乔提出了用转移反应角分布做探针研究稳定核激发态中子晕的想法，并首次在 ^{12}B 和 ^{13}C 激发态中观察到了中子晕的存在。稍后，利用兰州中科院近物所[1]建成的放射性次级束流线，开展了在质子滴线区探寻质子晕核及丰质子核激发态双质子发射的实验研究，取得了许多创新成果。

2008年，张焕乔与合作者开始从理论上研究张量力对原子核集体激发态的影响，将斯克姆(Skyrme)相互作用的张量力自洽地加入到基于哈特里-福克平均场+无规相近似(HF+RPA)的理论框架中，自行研制了适用于球形核的计算程序，在国际上首次研究了中重闭壳核^{90}Zr和重闭壳核^{208}Pb激发态的性质，取得了许多重要成果，至今已发表十余篇高质量的学术论文。

近年来，他继续推动国内核物理的热点问题——超重核合成、中微子探测、暗物质寻找和无中微子双β衰变等的研究。自20世纪末以来，他多次参与了我国核物理领域的规划制定、重大项目立项、核实验室和职能单位重要学术方向的咨询、国家自然科学基金和核物理奖项的评审，同时也为许多学术刊物和《中国大百科全书》的出版做了许多具体的和学术方向性的工作。

张焕乔的主要学术成就如下：

(1)参与中国第一台中子晶体谱仪和中子衍射仪的建立；联动精度达到当时国际最佳水平，与美国哥伦比亚大学在布鲁克海文国家实验室(Brookhaven National Laboratory，简称BNL)建造的中子晶体谱仪相当。

(2)参与发现压电振动石英单晶中子衍射增强现象研究，该工作比国际同类发现早5年以上，获1982年国家自然科学奖三等奖。

(3)负责裂变谱中子诱发^{238}U、^{235}U和^{239}Pu裂变截面，^{239}Pu裂变瞬发中子平均数随中子能量变化的高精度测量，核试验样品铀含量测量等国防任务，为我国核武器研制和核爆炸试验提供了重要的核数据。

(4)负责对^{252}Cf自发裂变瞬发中子平均数及其与裂变碎片关联进行了高精度的测量，取得了国际先进水平的结果。“自发裂变和中子诱发裂变的瞬发中子多重性研究”获1991年吴有训物理奖。

(5)开创了国内垒下和近垒重离子熔合裂变反应研究，发现了^{19}F+^{232}Th系统熔合裂变碎片角分布各向异性异常，从实验上扣除了来自转移跟随裂

[1] 1957年6月—1961年12月名为中国科学院兰州物理研究室；1961年12月23日至今名为中国科学院近代物理研究所(简称中科院近物所)。

变的贡献，证明了在 $^{16}O+^{232}Th$、^{238}U 和 $^{19}F+^{232}Th$ 三个系统完全熔合裂变碎片角分布各向异性异常的确存在，并提出物理模型进行解释。该项目获1992年部级科学技术进步奖一等奖、1999年国家自然科学奖三等奖。

（6）对垒下重离子熔合反应的一些热点问题——弱束缚弹核破裂、正Q值2中子转移、核形变等对熔合过程的影响及所形成复合核的裂变，以及奇特核的光学势和光学势阈异常等进行了研究。不仅为这些热点问题的研究提供了新的方法和手段，丰富了垒下重离子熔合反应的研究内容，而且还采用了不同的理论模型来进行分析，使这些研究课题的物理机制了解得更加清楚。

（7）开发了晕核的探寻方法——提出用转移反应作探针，发展渐近归一系数方法来寻找晕核。最先在稳定核激发态中寻找中子晕态，发现了 ^{12}B 第二、第三激发态和 ^{13}C 第一激发态为单中子晕态，从而扩大了晕核的研究范围。对晕核的标度定律进行了细致研究，得出了比前人宽松得多的晕核条件。观测到了 ^{27}P 和 ^{29}S 质子晕核，还观测到了 ^{27}P 和 ^{28}P 核芯增大的新现象，以及 ^{17}Ne、^{18}Ne 和 ^{29}S 激发态的双质子关联发射（即 ^{2}He 集团发射）现象。获2007年国防科工委国防科学技术进步奖二等奖。

（8）研究核张量力对原子核集体激发性质的影响。首次把张量力自洽地加入到基于斯克姆（Skyrme）力的HF+RPA理论框架中。研究了张量力对 ^{90}Zr 和 ^{208}Pb 的伽莫夫－特勒（Gamow-Teller，GT）跃迁的影响，在对 ^{90}Zr 和 ^{208}Pb 自旋偶极跃迁研究中，发现张量力对不同组态有非常不同的影响，他们的这个预言得到了随后实验的证实。

至今，张焕乔已获得1978年全国科学大会奖5项，国家自然科学奖三等奖2项，部级科技进步奖一等奖1项、三等奖3项，国防科委重大成果奖二等奖1项，国防科学技术进步奖二等奖1项，吴有训物理奖和何梁何利基金科学与技术进步奖各1项。1991年被评为中国核工业总公司优秀科技工作者，1997年遴选为中国科学院院士。在国内外一流杂志上发表学术论文300篇。在国际学术会议上做邀请报告数十次。多篇权威评述文章引用和评价了他们的工作。他合作编著专业书籍6部、合作翻译专著1部。已培养硕士生7名,博士生23名,博士后1名。

从2016年开始,“老科学家学术成长资料采集工程”张焕乔采集小组即着手对传主张焕乔本人及其亲友、老师、同学、同事和工作联系密切的同行进行了采访;对传主进行了多次访谈,请他讲述个人经历。除了对传主的访谈并整理出《张焕乔自述》外,还进行了26次采访。其中,单人采访22次,两人采访3次,多人采访1次,并整理出《访谈录》26份。此外,还收集了张焕乔的证书、信件、手稿、照片、档案等资料。

对相关人物的采访进行了录音及文字整理。已整理出的访谈录,除《张焕乔自述》外,还有:《许谨诚访谈录》《刘祖华访谈录》《李泽访谈录》《周书华访谈录》《孙汉城访谈录》《吴锡真、李祝霞访谈录》《陈东风访谈录》《林承键访谈录》《张佩珠访谈录》《张裕纲访谈录》《张裕群、张裕满访谈录》《江栋兴访谈录》《叶沿林访谈录》《许甫荣访谈录》《孟杰访谈录》《甘在国访谈录》《张玉虎、周小红访谈录》《马余刚访谈录》《靳根明访谈录》《齐民友访谈录》《刘福庆访谈录》《李亚莉访谈录》《邹开琪访谈录》《董贞熙访谈录》《白春林访谈录》《干校房东访谈录》。

对已有的关于张焕乔传记类资料进行了搜索。有关张焕乔传记类的资料很少,只有下述几个材料。

(1)中国当代科技精华·物理学卷(黑龙江教育出版社,1994)第361页:钱兴撰文的《张焕乔与垒下重离子熔合裂变》。顾名思义,该文主要是介绍张焕乔在垒下重离子熔合裂变方面的研究工作的。钱兴曾是张焕乔的研究生,也是该课题的参与者,对张焕乔小组在垒下重离子熔合裂变的研究工作、取得的成果及其在国际国内的影响阐述较为明了透彻。

(2)中国科学技术专家传略·物理编·物理学卷3(中国科学技术协会编,科学出版社,2006)第413页:王若珏编写的《张焕乔》。用13页篇幅(16开,文字9页)全面而简要地介绍了张焕乔。由于篇幅有限,其介绍非常简单。

(3)20世纪中国知名科学家学术成就概览·物理学卷·第三分册(科学出

版社，2015)：唐洪庆编写的《张焕乔》。该文重点介绍了张焕乔的学术成就。

(4)从网上查到的有关资料：如《中国核工业》2013年7期：《也谋时务，也求真——志驰核物理，情寄四〇一——中国科学院院士张焕乔口述实录》(叶娟)。

上述资料，部分融入本书的撰写中。

张焕乔院士是从事核物理实验研究的，其研究内容涉及核物理的多个领域，如中子物理、原子核裂变物理、重离子核反应、晕核、核张量力等，其中重离子核反应又包括近垒和垒下熔合反应激发函数和裂变碎片角分布的测量研究、弱束缚弹核破裂、正Q值2中子转移效应和核形变对熔合反应的影响，以及熔合形成的复合核裂变和准裂变之间的竞争等，而各领域之间的研究工作在时间上又往往是交错进行的。若以时间为线索来写，就会显得很凌乱。因此，本书除了早期(至20世纪80年代末)主要按时间顺序撰写外，后来的研究工作是以研究领域为序安排的。这样，可以使读者了解张焕乔学术思想的完整性。在每个研究领域的大前提下，其研究工作是按时间先后叙述的。由于张焕乔院士在合作研究和学术交流方面做得非常突出，因此，在其主要研究工作之后增加了"视野开阔大协同"一章。他除了关心实验和培养研究生外，还在许多核物理学术机构和出版单位协助工作并参与了核物理规划制定讨论和许多重大项目的评审，耄耋之年仍心系核物理，因此又增加了"不辍耕耘敬事业"一章。最后一章"宏毅进取诺宏愿"，总结了张焕乔的科学家精神。这样安排，主要是想让读者了解张焕乔院士在各个领域内的学术思想和所取得的成就，全面了解他的奋斗人生。

根据上述思路，本书共安排了七章。第一章"十八里路云和月"，主要介绍了张焕乔的家世及其所受的家庭影响、农村小学生活、中考落榜，以及在巴蜀中学初中、高中的学习和生活。期间他经历了父亲去世、重庆解放和加入共青团等重大事件，并开始钟情数理。第二章"从珞珈山到燕园"，介绍了他的大学生活。他的大学学习是先后在武汉大学和北京大学完成的。在武汉大学物理系学习了三年，在这里他自学了俄文版《中子》一书，对原子核物理有了特殊的爱好,萌生了从事核物理研究的梦想,这是他追梦的开始。在北京大学学习了一年,在这里他确定了人生方向——从事核物理研究。在这一新兴的专业中他受到了胡济民、朱光亚等名师的教诲。第三章“大师麾下筑国防”,叙述了他在原子能研究所的学习、工作和科研活动;介绍了他在创建我国核物理实验条件中所做的工作,以及他为我国核武器研制所做的贡献;还介绍了他受二室这个优秀集体的浸润和世界知名大师钱三强、何泽慧、戴传曾等的教诲,以及被派往苏联学习深造的经历。第四章“科研中格物致真”,叙述了他转向核物理基础研究后,通过国外探路,在我国新引进的串列加速器上建立重离子反应研究实验平台、发现熔合裂变碎片角分布各向异性异常现象并从实验上将完全熔合裂变与转移跟随裂变分开、提出物理模型对其发现加以解释的创新性科研工作及其影响;还介绍了他们对当时近垒及垒下重离子熔合反应中的一些热点课题,如弱束缚弹核破裂、正Q值2中子转移和核形变对重离子熔合的影响、完全熔合裂变与准裂变之间的竞争,以及光学势阈异常等进行的研究;还介绍了他们寻找中子晕核和研究晕核标度定律、寻找质子晕核和进行2质子关联发射的实验研究,以及探寻张量力对原子核激发态性质影响的理论研究。这一章是张焕乔学术研究工作的重点。第五章“视野开阔大协同”,叙述了他们在国际、国内的合作研究和学术活动。第六章“不辍耕耘敬事业”,介绍了他高龄时仍继续牵挂实验、关心核物理,不辞劳苦奔波参加项目评审、在学术领域兼任多职,尊师爱生培养年轻人、布衣院士永不褪色的高贵品质。第七章“弘毅进取诺宏愿”,总结了张焕乔的科学家精神,由于他超乎常人的刻苦勤奋和执着坚持,终于实现了他儿时的夙愿。

第一章

十八里路云和月

张焕乔，原名张泰亨，1933年12月23日出生在四川一个商人家庭。彼时，旧中国积贫积弱，国民党政府贪腐无能，日本对中国蠢蠢欲动，此后几年即发动了全面侵华战争。在如此晦暗的年代，久经沧桑的父亲将他的名字改为焕乔，希望他的人生焕然一新，并像乔木一样葱茂、阳光、正直、高大。张焕乔的祖辈父辈经历过许多苦难，虽然经商小有成绩，但几经沉浮，背负着时代的沉重印记。父亲深知读书的重要性，在张焕乔不满6岁时就安排他入学。由于校园偏远，张焕乔每天都需要步行十八里土路上下学。无论春夏秋冬，为了按时到校，幼小的张焕乔都要早早出门。十八里路云和月，瘦小的张焕乔坚定而执着地前行，寒来暑往，栉风沐雨，迎日送月，逐渐成长为一个坚韧图强、勤勉正直的少年。

商人家庭
走出的先生

张焕乔先祖于明清之际从湖南省桃源县迁至四川，落户巴县土主场（今重庆市沙坪坝区土主镇）。他的祖父张绪远，号致堂，生于1852年，幼时读过几年私塾。成年后，与邻村周氏结婚，生育一女三子：长女张桂芝；长子张安平，号福田；次子张安惠，号心田；小儿子张安民，号玉田。由于家中贫穷，为养育儿女，张致堂辛勤劳动，但仍经常入不敷出，靠借债度日，受亲友歧视。曾有一次，张致堂向其亲戚借钱，由于无力及时偿还，被打耳光羞辱。

事后，张致堂立志让家富起来，他与周氏不辞而别，抛下儿女，离家出走，并发誓"不混出个人样决不回家"。他只身来到重庆，起初以挑担赚钱维持生计。不久，被一家京缎帮绸布店老板收当雇员。张致堂为人忠厚，工作努力，学习勤奋，深得老板赏识。几年后他被派出庄上海，在上海采购货物，运回重庆销售。由于工作收入不菲，又比较稳定，他一干就是30年。在他离家出走的这段时间里，周氏一人带着四个孩子苦苦支撑，主要靠做针线活为生，生活十分艰苦。张致堂离家后杳无音信，人们都以为他不在人世了。好心亲友多次劝周氏改嫁，但周氏性格倔强，严词拒绝，决心要将四个孩子抚养成人。"穷人的孩子早当家"，张福田和张心田幼年就去挑石灰，补贴家用；张玉田年龄小，在家挑水拾柴，帮助家里做些杂事，勉强支撑着这个家庭。张致堂离家十二年后，有了一些积蓄，于是从上海回到四川老家探亲，并带回了一些钱财，从此家里生活开始好转。此后，他每三四年回四川老家探家一次，平常也常给家中通信。张致堂先后在土主场置地120亩。后来他主持分家，将地分给张福田和张心田，将三千银元现金（当时可买60亩地）分给张玉田（张焕乔的父亲）。

张安民号玉田，1884年生于土主场上湾。曾念私塾七年，虽文化程度不高，但能写书信。张玉田17岁赴重庆，在一家绸布店当学徒。起初有23人一同拜师，三年后出师时仅剩3人，他位列其中。张玉田学习勤奋，办事精明，能掌握要领，深得老板赏识。他涉足商场近五十载，或出任外庄，或料理渝埠，擘画细算，很少出错，为人称道。20世纪初，张玉田与张福田、张心田一同经营纸业，开办云南锡业、贵州漆业，产品远销上海。同时还出资入股其他纸号。1927年，张玉田事业达到鼎盛时期，他集资2万银元，经营豫章绸布商号，任经理。商号开始时盈利，1930年遭遇经济危机，业务转衰，加上上海出庄先生不听从指挥自作主张，导致经营亏损。同期入股的和盛纱号和同泰丝厂也出现亏损。多年积蓄的3万银元亏损近半。1931年，他将豫章绸布商号改成蔚章字号，独资经营，专门批发绸布商品，经营两年，略有盈利，部分弥补了经营豫章绸布商号的亏损，就此结束了绸布生意的运营。那时，他仅存重庆自来水公司股份。1936年，他跟他的表侄合资经营源和祥纸号。他出资六千元法币，占股四分之三。期间，国民党贪腐无能，社会经济状况极差，张玉田的经营也日趋惨淡。后来他年老疾病缠身，不能亲自打理，而他的两个儿子都无法接替，于是把纸号交给他的表侄打理。没想到表侄中饱私囊，把纸号的很多钱转移到自己名下。张玉田得知此事后，1948年前后与表侄分账，此后亲自经营源和祥纸号，至其终生。张玉田1949年6月去世，1949年9月2日重庆发生了“九·二”火灾，将其纸店焚烧殆尽，劫后，张家资产不足两千银元。

因国民党政府腐败，经济萧条，纸币贬值，加之经商收入不稳定，张玉田为了回报他父亲分给他相当60亩地的遗产，曾如数买了60亩田地。因为这些田地，土改时张家被划为商人兼地主成分[1]，给他的后人造成了不利影响。

1901年，张玉田17岁时迎娶第一任妻子，不久死于难产。随后张玉田娶第二任妻子——周元贞，她终生未育。1920年，张玉田与龚氏成婚，共生子女七人，但除老大张钧陶和老五张焕乔外，其余均夭折。龚氏1939年去

❶ 张焕乔武汉大学入学履历表，1952年10月。

世，年仅39岁。此后，张玉田没有再娶，所有家务由周元贞操办。周元贞虽不识字，但知情达理。因深受无文化之苦，她深知知识重要，十分重视孩子的教育。她将张焕乔兄弟视如己出，将他们抚养成人。

张玉田自己读书少，文化水平低，因此在子女教育方面舍得投入。他把大儿子培养到大学毕业，对小儿子张焕乔也尽量提供最好的教育条件。张玉田看到家乡文化教育落后，一所中学也没有，就出资办学，提升家乡的文化教育水平。1943年，他家虽已非鼎盛时期，但他仍出资在土主乡创办"中和中学"。"中和"二字取义于《礼记·中庸》的"致中和，天地位焉，万物育焉"。该中学一直办到张玉田去世❶。

张玉田治家以勤俭为本，严禁奢靡，倡导忠孝，要求子女尊师重教、努力学习，不惜花重金培养他们。基于自己的贫苦经历，加上对国民党腐败的深恶痛绝，张玉田深信经商是最好的出路。他认为经商可以自食其力，光明正大地挣钱，能使家庭富足安稳。他要求两个儿子长大都从事商业经营。张焕乔念初中时，一次他父亲的朋友到家中做客，见到张焕乔，就问他长大想干什么，张焕乔毫不犹豫地回答：想当老师。客人走后，张焕乔被父亲狠狠地训了一顿。父亲的训诫没有改变张焕乔的志向，他与哥哥有着共同的心愿——让这个家庭变为书香门第❷。

张焕乔的大哥——张泰康，号钧陶。1922年出生于巴县土主场堰塘湾。在重庆读小学和中学，1946年毕业于北平朝阳学院法律系。由于父亲的严格要求，张钧陶的学习成绩一直很好，大学毕业时是学校的前三名。毕业时学校推荐他到最高法院任书记员。张玉田深谙国民党官场的腐败，害怕儿子为官不清，因此坚决不同意儿子赴任。在儿子毕业前张玉田就托人安排他到和成银行任职员。张钧陶彼时精力充沛，除在和成银行任职外，还在重庆正阳学院和文华学院兼任讲师，登台授课。1949年重庆"九·二"火灾中张玉田的纸店被烧，商店的职工为生计所迫，劝张钧陶恢复纸店。张钧陶出面借500银元，修建房屋，与众职工合资经营本小利微的源和祥纸店，以解决

❶《张焕乔资料长编》，2018年；《张焕乔自述》，2018年4月3日；《张裕纲访谈录》，2017年6月21日。

❷ 同❶。

» 图1-1 张焕乔(前排左2)与大哥张钧陶(右1)等一起读书(1944年,重庆老家)

店里人员的生计问题。后来,源和祥纸店与重庆纸张业的其他四家商号联营,成立“五联纸业公司”。1952年,张钧陶到重庆市工商联工作,曾任工商联秘书长和重庆市政协副秘书长。在“五反”运动中,他将家里的自来水公司和和成银行股票交出,从此不再涉足商界实体。

张焕乔比张钧陶小11岁,在土主镇毛家岗乡下上学,只能在假期才有机会与张钧陶短暂相聚。从1952张焕乔上大学起,九年没有回家,也无缘与长兄见面。张焕乔自小就知道长兄读书非常用功,成绩优异。张焕乔初中毕业时,父亲病故,长兄成了他唯一的经济来源。1951年,张钧陶的夫人尚未工作,家中只有张钧陶一人挣钱,需要养活包括嫡母和三个子女在内的六口人,经济非常紧张。即使在这样的情况下,张钧陶仍一如既往地支持张焕乔。张焕乔知道长兄的难处,在他专门回家拿考大学的报名费时,见到家里经济拮据,难以启齿,又空手回到暑期升学学习团向同学借钱交了报名费。张钧陶知道此事后严厉地批评了张焕乔。

» 图 1-2　张焕乔（右 1）与大哥张钧陶（右 2）、大嫂贺学龄（左 1）、侄女张裕群（左 2）、三姐张泰璧（后排左 1）在一起（1947 年，重庆老家）

1953 年，张焕乔在武汉大学读书时查出疑似感染肺结核，张钧陶知情后额外地给他订购牛奶的钱。长兄如父，张钧陶不仅在经济上支撑张焕乔，也在精神上指引、鼓励张焕乔。每逢遇到大事，张焕乔都给哥哥写信报告，二人书信往来频繁[1]。张钧陶眼界开阔，思想进步，鼓励张焕乔学习上努力上进、思想上向党组织靠拢。张焕乔深受哥哥的影响，逐步成长成才。后来，张焕乔深切感恩长兄，也尽力对张钧陶一家给予经济支持。参加工作后的一段时间内，张焕乔都把工资交给兄嫂，以帮助解决家中的经济困难。张焕乔

» 图 1-3　张焕乔（左）与大哥张钧陶（1961 年，重庆）

[1]《家信》，2016 年，内部资料。

对侄儿、侄女也非常关心。大侄女张裕群上中学时想学游泳和乒乓球，还爱集邮，张焕乔就寄钱给她买游泳衣和乒乓球拍、球网，并帮她收集邮票。张裕群至今还清晰地记得张焕乔有一次回家时带回了他穿过的衣服，给侄子们穿。这些衣服洗得干干净净、叠得整整齐齐，承载了满满的爱意。2016年，张钧陶因病去世，侄子们考虑到张焕乔已届耄耋，当时没有告诉他。后来张焕乔知道此事，大病一场[1]。

张致堂离家出走、知耻而后勇的倔强，周氏历经艰苦、将四个子女抚养成人的坚韧，张玉田崇教尊学、不惜重金培养子女、一生勤勉努力、热衷商业的务实，周元贞精心操持家务、吃苦耐劳的坚毅，以及张钧陶的埋头苦学、为家争光的图强，深刻地影响了幼时的张焕乔，培育了他勤奋、好学、顽强、坚毅的优秀品质。

从十八里
求学路走起

1939年春，周氏母亲送不满6岁的张焕乔入学。彼时，张焕乔住在向家坪村毛家岗，附近没有学校，只能去离家较远的土主镇上学。学校建在一座寺庙里，坐落于风景秀丽的歌乐山麓、流水潺潺的梁滩河畔。由于是乡村小学，学校没有操场，四周都是池塘水田。小学的教学内容、师资力量和办学条件也与当时的城市学校无法相比。

20世纪30年代的中国农村非常贫穷，没有任何娱乐设施。每天放学后，如没有课外活动，张焕乔就和小伙伴们到田里捉虫子，去池塘边钓鱼，坐在田埂上倾听风吹水稻的声音。幼年的张焕乔好奇心很强，喜欢观察，思想活跃，常提出一些无法得到答案的问题，比如：太阳为什么从东方升起、西方落下，天上为什么会出现彩虹，为什么能看见星星（流星）在夜空飞逝，荷叶

---

[1]《张裕纲访谈录》，2017年6月21日。《张裕群、张裕满访谈录》，2017年6月21日。

上的水滴为什么呈圆珠形，等等。这些在他内心深处的不解之谜，在小学老师和家人那里也得不到解答，只能留在脑海中，另寻答案。

» 图 1-4　小学毕业时的张焕乔（1945 年，重庆老家）

倘若只是学校简陋或是无趣，也并非难事。令幼小的张焕乔感到困难的是学校离家约有九里，他每天来回要走十八里的土路。为了按时到校，他每天必须早起。对于一个不到六岁的幼童而言，这的确是一个严峻考验。即便是风和日丽的好天气，来回走十八里土路，也已筋疲力尽；若是遇上刮风下雨，瘦小的身体背着重重的书包，还要打着雨伞在泥泞的道路上踽踽独行，就显得难挨了。为此，张焕乔也曾哭过鼻子，但倔强的他还是凭着坚强的毅力坚持了下来。他从小受家庭熏陶，受“忠厚传家久，诗书继世长”的影响，决心要上学读书。

幼小的张焕乔懂得，若不读书只能在家种田或出卖劳力，家中生活无法好转。因此，再苦再累，他也要坚持上学。学校不能寄宿，也没有午餐，他在学校附近的一家小餐馆吃午饭。放学回家，由于嫡母周元贞不识字，学习上他只能依靠自己。这客观上造就了张焕乔的自立、自强和进取，也使他起初在学业上并不突出。

有一次，张焕乔在吃完午餐回来的路上，经过一家茶馆，听到茶馆里有人在说书。说的是《罗通扫北》《薛仁贵征东》，他停在茶馆门口听得津津有味。此后他每日中午都跑到茶馆去听说书。小学五年级时，他在镇上的一个地摊上看到两本小说，正是《罗通扫北》和《薛仁贵征东》。放学回家后张焕乔特地向家里要了钱，第二天买了这两本书。这是他人生中第一次开始看课外书，这些古代历史故事书就像磁石一样吸引着他。

张焕乔在农村读小学时，正值抗日战争时期，学校组织学生唱抗日爱国歌曲，有时到镇上做宣传。在耳濡目染中，张焕乔增强了爱国意识，爱国图强的种子在他幼小的内心发芽、成长。小学四年级时，学校分配他在小石坝村办识字班，将农村失学儿童组织起来，教他们识字、做简单的加减法运算，学校老师定期检查。他办事认真，是一位称职的小老师。通过教失学儿童识字，张焕乔更加珍惜学习的机会，比以往更加努力地学习。六年级时，张焕乔转学到兴隆小学，1945年在兴隆小学毕业。

中考折翼
树人再启程

在张焕乔小学毕业报考初中的问题上，张玉田早有打算。他望子成龙，希望张焕乔能够上重庆最好的学校。当时重庆最好的中学非南开中学莫属。南开中学不仅是重庆最好的中学，在全国也名列前茅。该校创办人、校长是著名爱国教育家张伯苓先生。其校园面积大、环境美。周恩来、邓颖超曾在天津南开中学就读，重庆南开中学将他们视为校友，抗战期间周恩来、邓颖超常去该校，使得该校更加声名鹊起。南开中学秉承"允公允能、日新月异"的校训，"严谨、科学、求实"的校风，"学高身正、诲人不倦"的教风，"勤奋、自主、开放"的学风，在重庆人中有口皆碑。

然而，事与愿违。中考开始后，第一场考国文。头两道题就把张焕乔考懵了。第一道题是将国音符号(拼音符号)译成汉字，第二道题是在汉字下标注国音符号。这些国音符号，张焕乔在农村小学从没有学过，不知如何作答。开篇的难题让他不知所措，乱了阵脚。后面也受此影响，发挥失常。南开中学的录取分数线很高，由于语文考试失利，即使后面的算术考得再好也回天无力。不出意外，张焕乔落榜了。

张玉田没有因此责怪儿子，他认识到了乡村小学与城市小学的差距，决定将张焕乔送到重庆树人初中先修班，重新补习小学的国文和算术，次年再考。通过第一次中考，张焕乔深刻地认识到自己的学习水平与城里孩子的差距,他没有气馁,而是下决心加倍努力,迎头赶上。

1945年9月,张焕乔进入树人初中先修班补习。入学前,他先来到重庆,目睹了重庆人民欢庆抗日战争胜利的一幕。中国人民抗日十四年,日本侵略者虽然没有直接占领重庆,但重庆人民仍然饱受伤害。由于重庆是国民政府的陪都,日本多次派出飞机轰炸,重庆人民遭受到了严重的生命、财产损失,人员死伤无数,很多房屋损毁,就连张焕乔农村家里的田地也被日军投掷过炸弹。如今终于等到了日本投降的这一天,报童在重庆大街上兴高采烈地叫卖《中央日报》号外,广大市民欣喜若狂,自发地游行,高呼口号,庆祝中国人民抗日战争的伟大胜利。张焕乔兴奋地加入游行队伍,与他们一同欢呼,分享着抗战胜利的喜悦。

尽管树人学校只有初中,但在重庆还是颇有名气的。该校由开明绅士杨若愚于1938年创建,起初是只开设小学的私立学校。1940年春,开办初中。现在是重庆市首批市级重点示范中学,是北京大学、清华大学校长实名推荐制学校。其校训是“诚、勤、立、达”,校歌为《努力求学作栋梁》,系原国立中央大学校长严家伦所作。

树人初中坐落在重庆小龙坎。进入树人初中后,张焕乔感受到农村、城市“两重天”的巨大变化。从那时起,他告别了寺庙、水田池塘、山间小路、小桐油灯,迎来了楼房的校舍、设有运动器件的操场、宽广的柏油马路、明亮的电灯。城里还有电影院、戏剧院、歌舞厅等娱乐场所。但是,张焕乔根本无暇顾及这些,他的任务是补习功课,争取来年一雪前耻。

他寄宿在树人初中,主要补习小学的功课——国文和算术。每天除听老师讲课外,他还抓紧时间自学,充分利用在校补习的宝贵时光。他在重庆独自一人,学习无人指导,一切全靠自己,由此进一步培养了他自学的习惯。通过一年的补习,他进步很大,但与同校的优秀学生相比仍有差距。

1946年夏,他报考了三所学校:巴蜀中学、社教附中(四川社会教育学院附属中学)和中正中学,结果全获录取。他原想读社教附中,因为该校收费低,能为家里省钱。后来张玉田了解到巴蜀中学更好,它虽是私立贵族学校，收费高，但教学质量好，于是决定让张焕乔读巴蜀中学。当时张焕乔家的经济条件尚好，张玉田愿意花钱让孩子读好学校。原本张焕乔想再次报考南开中学，因巴蜀、南开、清华等知名私立学校同一天进行入学考试，时间冲突，不得不放弃。

乡村的自然风光启发了张焕乔的好奇心，乡村小学的艰苦条件锤炼了张焕乔吃苦耐劳的精神，培养了他的自立自强和坚忍不拔，看到乡村学校与城市学校的差距使他深知自身不足，读书更加勤奋，更追求上进。

巴蜀中学的物理启蒙

重庆巴蜀学校创办于1933年，创建人是原国民政府四川省主席、爱国将领王缵绪。该校坐落在枇杷山麓、嘉陵江畔的张家花园，原是一所集幼儿园、小学、初中和高中于一体的私立学校，声名远扬。创建初期江苏教育家周勖成由黄炎培亲荐出任首任校长，卢作孚、康心如、何鲁等任校董，定下了“公正诚朴”的校训，坚持“儿童本位”的教育原则，“手脑并用”的教育目标，“教养兼施”的教育模式。1937年国民政府主席林森为该校亲题“成绩斐然”匾额，国民政府教育部指定该校为“优良中学”。1940年9月29日，周恩来在该校作著名的《抗战九问》演讲；黄炎培约请马寅初在该校作《战争经济问题》报告；老舍、郭沫若等在该校校园里举办过数十场公开抗日演讲；茅盾、老舍、周而复、郭沫若、阳翰生、夏衍、何其芳、刘白羽、臧克家、姚雪垠、沙汀、艾芜、艾青等曾到该校参加过中华全国文艺界抗敌协会的会议和活动。巴蜀校园，是当时抗日宣传活动的中心之一。著名教育家叶圣陶曾任该校国文教员，所作校歌传唱至今。

巴蜀中学的核心教育理念是以“人的发展”为核心的“三本”理念：即教育以人为本，校长以教师为本，教师以学生为本。巴蜀中学的育人理念是：

善为根，雅为骨，志为魂，简称“善雅志”，它是对“三本理念”的新诠释、新延伸。至今，该校已为国家培养了六万多名学生，校友人才辈出，群星璀璨，不乏政治家、军事家、科学家、文学家、艺术家和企业家。

巴蜀中学的教育思想开放，在教学生课本知识的同时，注重培养学生的兴趣爱好。张焕乔受益于巴蜀中学这种以“人的发展”为核心的教育理念。他的数学老师和物理老师见他是个学习理科的好苗子，便鼓励他多看些科普书籍和科学杂志。他几乎博览了图书馆的所有科学杂志，了解了许多科技新消息，开阔了眼界，并逐渐对物理产生了特殊的爱好。

巴蜀中学的办学条件好，师资力量强。张焕乔知道自己来自农村，综合成绩没有城市学生好，所以他分外努力。当时教他语文的是王诗农老师，笔名林辰，后来张焕乔才知道他是鲁迅选集编委会成员。王老师讲的鲁迅文章《药》，给他留下了深刻的印象，至今难忘。初中一年级的算术老师蔡嗣静是国立女师数学系毕业班的学生，算术教得很好，算术的开平方、开立方，张焕乔很快就学会了。之前张焕乔总觉得自己不够聪明，有点自卑，通过蔡老师的教导，他增加了自信心。初二时学几何，还是蔡老师教授。从九点圆的证明，到做辅助线求证弦切角等，蔡老师都讲得非常清楚透彻。在蔡老师的启发下，他对数学的兴趣日渐浓厚。初二时，教化学的是一位姓陈的老师，毕业于浙江大学，有多年教学经验。陈老师将元素分类，对每类元素的共性及同类元素中每个元素的个性特征讲得一清二楚。张焕乔的课堂笔记也记得有条有理，得到了陈老师的表扬。在化学实验中，金属盐溶液的颜色多种多样，例如铜盐溶液呈绿色，铁盐溶液呈红色，等等，这激发了张焕乔的兴趣和好奇心。数学蔡老师和化学陈老师使他对数理学科产生了浓厚兴趣，并鼓励他读课外书籍。略显遗憾的是，初中物理老师——彭刚老师用湖南邵阳话授课，四川孩子听不懂，教学效果欠佳。尽管如此，物理课本上的内容仍然吸引着张焕乔，他通过自学，掌握了书本上的内容，考试成绩也不错。

初中时还有一个小插曲：有一次地理考试，老师在批阅张焕乔的答卷时，发现他的答案竟与教科书上的内容完全一样，怀疑张焕乔抄了书。于

» 图 1-5 张焕乔进入巴蜀中学（1946 年，重庆）

是，老师就将张焕乔叫到他的办公室，把题目重新念了一遍，让张焕乔立即作答。出乎老师的意料，张焕乔的回答竟与答卷上一模一样，一字不差。老师的疑问打消了，张焕乔记忆力好的名声也因此传开。

尽管课业紧张，但张焕乔也并非“两耳不闻窗外事，一心只读圣贤书”。1945 年，美国在日本广岛和长崎投下原子弹，张焕乔听闻心中掀起了强烈的波澜。他觉得原子弹威力很大，咱们国家若有原子弹，小日本就不敢侵略了。当时，他着迷于“原子飞金刚”系列电影，以及市面上销售的“原子笔”，在心中烙下了原子烙印。后来他在博览科普杂志时，看到了原子核可以嬗变的知识。这使他感到新奇，当时就萌生了一个大胆的想法：“既然原子核能够嬗变，那我好好学习，将来把普通的金属变成黄金，让国强民富多好啊！”他顿时感到，原子核物理真是太有用了，太有趣了。原子弹的威力和原子核的嬗变，成了他追逐梦想的原动力，使他萌生了将来从事原子核研究的初心。

巴蜀中学有一个突出的特点，就是提倡脑体结合——不只是让学生掌握书本知识，还要他们手脑并用。为此，学校开设了劳作课，由杜老师教授。起初做些简单的制作，例如做衣挂、缝衣服、制蜡烛架等，逐渐制作复杂的东西，例如滑翔机。对于动手制作，张焕乔非常喜欢，积极参与其中。

初中时期让他印象最为深刻的一件事，是他与同学何展魂制作矿石收音机。他俩从中药铺买了一块硫酸铜矿石，实际上是一块半导体矿石，用何展魂家的旧电话听筒成功制成了矿石收音机，收听到了电台的广播。当时制成矿石收音机的，班里只有他们两个人。他感到无比高兴和自豪，也体会到物理的无穷奥妙。在巴蜀中学初中阶段，童年时代的不解之谜在老师们的讲解下，都一一找到了答案，他心中感到豁然开朗，原来这些现象的背后都是物理。物理如此神奇，他由此更钟爱物理，尤其是核物理。

升入高中，张焕乔的学业有了长足的进步。教高一几何的吴常健老师毕业于土木建筑专业，教书很有策略，教学效果很好。吴老师有一个习惯，喜欢在课堂上留出时间，让学生在黑板上演算一些较为典型的难题。同一个问题，吴老师要找两位学生去做。张焕乔是吴老师点名演算的常客，因为他通常能够给出正确的答案。张焕乔对此也感到无比高兴和自豪，吴老师也比较喜欢他。高二化学老师王仲文授课特点鲜明，他对无机化学的分类及各类的性质、特征，以及有机化学的结构、规律性等讲解得有条有理，便于记忆，能激发学生的兴趣。张焕乔常去做实验，得到化学老师的耐心指导。高三物理老师董贞熙毕业于中法大学，担任张焕乔的班主任。张焕乔经常将在图书馆看科普杂志（如《科学画报》《知识就是力量》）时想起的问题向董老师请教，董老师每次都耐心解答。在不断的求索中，张焕乔对物理的理解日益加深，物理成绩也逐步提升。高三物理结业考试，张焕乔得了99分，扣掉的1分并非做错了题目，而是卷面不够整洁清晰。

在巴蜀中学，由于张焕乔刻苦用功，他的成绩在班级乃至全年级都名列前茅。他深知自己能进这所学校学习来之不易，因此格外珍惜时间，用功读书，以对得起哥哥和去世的父亲。由此，班里同学给他起了一个外号，叫他"张啃书"。虽然有戏谑的成分，但这个外号还是切中了张焕乔的特点[1]。

1949年6月，在张焕乔初中毕业考试期间，父亲因病辞世。在人生的最后几年，父亲一直疾病缠身，经常卧病在床。为了不影响张焕乔考试，父亲去世时，哥哥并没有立刻告知张焕乔，而是等到张焕乔考完最后一门，才让张家店员到学校告知他父亲病逝的消息。听到噩耗后，张焕乔立即回家奔丧。父亲的去世给张焕乔造成了巨大的打击，他感到万分悲痛。张焕乔原想在家为父亲多守灵几天，但由于毕业考试和升学考试的时间相隔很近。无奈之下，他只能返回重庆参加升学考试。为保险起见，他报考了巴蜀高中，并被顺利录取。他本想在第二次招生时报考南开中学，因考试时间与父

---

[1]《李亚莉访谈录》，2016年11月3日。

亲的出殡时间冲突，只好放弃，未能实现考取南开中学的愿望。

张玉田是家中的经济支柱，他的去世对张焕乔读书造成了一定的影响。好在天无绝人之路，这时张钧陶已大学毕业，参加了工作。长兄代父，自此张钧陶承担了张焕乔读书的全部费用，直到张焕乔大学毕业。

“五反”火线上光荣入团

1949年注定是一个不平凡的年份。11月，中国人民解放军第二、四野战军各一部由鄂西和湘西分路出发，突破国民党川鄂湘防线，占领秀山、酉阳、彭水等地，歼灭宋希濂、罗广文兵团大部。30日上午蒋介石匆忙逃离重庆，当日下午重庆解放，举市欢腾。

巴蜀中学是一所进步学校，在国民党统治时期，巴蜀中学就有地下党组织。张焕乔所在的班级就有4位共产党外围组织新青社的成员，因此他们班在学校较为进步。1949年4月1日，南京中央大学、金陵大学、戏剧专科学校等十多所学校的6000多名学生，从中央大学浩浩荡荡向国民党总统府进发，举行声势浩大的反饥饿、反内战、反对假和平运动的大游行。学生们高呼着“拥护中共八项和平条件”“反对假和平”等口号。国民党军警在学生们返校途中，大打出手，打死学生两名、重伤致死一名，打伤数百名，制造了震惊全国的“四一”惨案。几天后，学生们在中央大礼堂为死难者举行追悼会，有人送了一副完全由标点符号组成的挽联。上联是“??????”，下联是“!!!!!!”。上联逐次递增的问号，表示了强烈的质问，控诉了国民党反动派血腥镇压爱国学生的罪行。下联逐次递增的感叹号，表示了强烈的愤怒，并暗示了向反动派讨还血债的决心，凝聚了“于无声处听惊雷”的力量。消息传开，重庆全市广大学生义愤填膺。张焕乔还清楚记得为了声援南京“四一”学生运动，重庆准备举行“四·二一”大游行。为了发动学生，重庆各大学、中学事前互相串联访问。4月21日前两天，军警包围了各个学校，不许学生出门。后来重庆市中区学校在巴蜀中学大操场召开了著名的“四·二一”营火晚会，演出了活报剧《蒋介石与宋美龄》，演唱了《山那边有好地方》等革命歌曲。在班上进步同学的带领下，张焕乔也参加了营火晚会。为防止特务破坏，他们班的同学在外围维持秩序。这次营火晚会开得很成功，特务没有制造什么事端。这与巴蜀中学地下党的正确领导分不开。当时巴蜀中学的校长是著名教育家周勖成先生，他是民建中央委员，为人很好，爱护学生。在复杂的社会环境下，周校长在关键时刻保护了他们。学校当时虽然相当激进，但很少有师生被捕或遇害，这与周校长的暗中保护分不开。

1949年12月11日，重庆解放不久，巴蜀中学就组织同学冒雨步行前往渣滓洞白公馆，参观“11·27”大屠杀残暴罪行的现场，凭吊几百名为人民解放事业而牺牲的烈士忠骸。他们到达现场时烈士尸体虽已经包裹但还没有收殓。这种惨状，激起了他们对蒋介石反动派灭绝人性罪行的愤恨。这次凭吊在张焕乔脑海中留下了深刻的印记。

» 图1-6　张焕乔所在班参观重庆中美合作所——白公馆（1949年）

1951年，张焕乔家乡进行了减租退押，1952年进行了土改。张玉田在解放前添置了一些田地并出租给佃农耕种，因此土改时被划为商人兼地主。由于张玉田一辈子都在经商，并没有完全靠出租土地为生，而且张玉田对佃户和雇工都很好，为乡里做了些好事，因此，在减租退押和土改中张焕乔的家人未受到较大冲击。

重庆解放后，张焕乔才知道巴蜀中学有地下党组织，刘家树老师是党支部书记，有几个高年级的学生是地下党员，还有几个人政治上比较进步。因此当时校长经常提醒他们，让他们小心，以免被国民党抓捕。张焕乔所在班级是学校的进步班级，班里政治气氛浓厚。重庆解放前夕，党的外围组织新青社在他们班很活跃。解放后班上几位新青社员很快加入了共产党，随后又发展了一批青年团员。当时，党中央号召向苏联学习，他们班是学校第一个以“青年近卫军”命名的班级，还结交了一位名叫斯克的苏联朋友。斯克当时是苏联驻西南影片公司的代表，有时会参加他们的班会。斯克还曾邀他们到西南影片公司去跳舞、看苏联电影。由于彼此关系十分密切，斯克还出现在他们的毕业照中。那时，学生们一心跟党走，向往苏联，向往幸福生活。由于张焕乔家庭出身不好，他一度有心理负担，觉得自己是改造对象，怕人说他是不过问政治的学生。为了争取进步，向进步同学看齐，他开始阅读毛泽东著作，如《新民主主义论》《论联合政府》《星星之火，可以燎原》等。他还学习刘少奇的《论党》，薛暮桥的《政治经济学》等政治书籍，政治考试成绩也都在90分以上。他还爱看苏联小说，如《钢铁是怎样炼成的》《卓雅和舒拉的故事》《斯大林格勒大血战》等，从中受到不少的启迪和鼓励。他非常喜欢《钢铁是怎样炼成的》一书中主人公保尔·柯察金的名言：“人最宝贵的就是生命，生命于人只有一次。人的一生应当这样度过：当他回首往事时，不因虚度年华而悔恨，也不因碌碌无为而羞耻……”至今张焕乔还能背诵这些名句，并以此作为他的座右铭。

张焕乔当时没有进入进步同学的行列，除了家庭出身之外，也多少与他非常喜欢阅读科学书籍有关。被称为“张啃书”的他，利用课余时间看课外科学书籍，在老师和同学的眼里，似乎有些“重专轻红”。其实，张焕乔参加了学校所有的政治活动，只是在活动之余，他不愿意浪费时间，多看了一些他感兴趣的课外科学书籍。后来老师和学生干部看到了张焕乔身上积极的一面，对他进行了培养。1950年10月，朝鲜战争爆发，中国人民志愿军出国参战。这个时期，学校布置学生进行抗美援朝的定期定点宣传任务。张焕乔被分配到重庆市临江门棚户区，去居民家中做宣传工作。每周两个晚上，雷打不动，张焕乔认真负责地完成了任务。后来他又积极地参加了多项政治运动，如抗美援朝募捐、淮河大水灾救助募捐、爱国卫生大检查等。1951年下学期，张焕乔被学校评为执行爱国公约二等模范。1952年，他被抽调到重庆市政府增产节约委员会第六检查大队参加“五反”运动，与市公安局、税务局、工商局等机关干部（当时称为“打虎队”）一道，负责文具行业的“五反”运动。他的组长是一位老红军，几个组员来自公安学校。张焕乔积极响应党的号召，跟着他们，不分白天和黑夜与资本家作斗争。同时，他也正确认识了自己的家庭出身，他认识到：无论怎样，地主对农民总是剥削的，他与自己家庭的剥削行为划清了界限。由于他的出色表现，经组织批准，终于在“三八”妇女节那天，在“五反”火线上光荣入团[1]。

» 图1-7　青年近卫班团支部合影（1952年，重庆）。后排左3是张焕乔

[1]《邹开琪访谈录》，2017年6月21日。

金榜题名
如愿入武大

张焕乔高中阶段正处于重庆解放初期，学生经常被抽去参加社会活动，一定程度上影响了学习。对张焕乔而言，由于他在初中时就养成了自学习惯，平时自己能抽空自学，影响较小。在重庆上学时，张焕乔基本上没有外出游玩过。因此，他的学习成绩在巴蜀高中年级里位于前列。除了课堂学习外，他还喜欢到图书室阅读科普杂志（如《科学画报》《知识就是力量》）和图书（如《物理学的进化》《物理漫游记》《趣味物理学》等）。

因为重庆是新解放区，国家规定：新解放区的高中毕业生，要集中起来学习。重庆市的高中毕业生集中在沙坪坝，称为重庆市暑期升学学习团。学生们在升学学习团里吃住在一起，目的是端正升学态度，听从祖国分配。那时天天都有报告，至今张焕乔还清楚记得作报告的人员——市委书记张霖之、团市委书记曾德林、团市委学生部部长廖伯康、沙坪坝区区委书记张文澄、教育局局长肖华清、教育局副局长邓恳等。通过听报告和学习相关文件，学生们端正了升学态度，都表示要绝对服从国家分配。

在升学学习团的一个多月里，大家过得很愉快，伙食也好，有时晚上还组织看电影，大家没有感到升学考试的压力。在这种情况下，真正用来复习备考的时间很少，只有考前的两周。张焕乔的班主任董贞熙老师考前到升学学习团帮助他们复习功课。如此多的课目，要两周复习完，老师也一筹莫展，只能靠日常的学习基础。这次考试是大卷考试，题目多、难度却不高。由于学生们没有经历过这样的考试，很不适应，多数同学做不完题目。平时学得较好的同学，考试成绩也不突出；平时学习一般的，成绩也不差。张焕乔希望学物理，考得不错，如愿以偿考取了他的第一志愿——武汉大学物理系。考前填志愿时，他听说，武汉大学校园很美，而且武汉的气候与重庆相近，就第一志愿填报了武汉大学物理系。

巴蜀中学优秀校风的浸染滋润，开放式教学的循循善诱，老师们清楚透彻地授业释惑，启迪了张焕乔的思路、拓宽了他的眼界、培养了他的动手能力。原子弹的爆炸和核嬗变激发了他对核物理的浓厚兴趣。解放之初的政治运动和参观教育大幅提高了他的政治思想觉悟，中学六年培养了他勤勉自强的良好习惯。在巴蜀中学，张焕乔思想品德受锤炼、科学知识打基础、良好习惯渐养成。一个思想进步、眼界开阔、志向远大、勤勉自强的少年满怀憧憬，即将开启人生新阶段。

第二章

从珞珈山到燕园

» 图 2-1　在武汉大学读书的张焕乔（1954 年，武汉）

武汉大学，坐拥珞珈山，环绕东湖水，学校占地面积五千多亩。校园中宫殿式建筑群古朴典雅、巍峨壮观，堪称近代、现代中国大学校园建筑的佳作与典范，素有“中国最美丽的大学”之称。北京大学，创办于1898年，是中国第一所国立综合性大学，也是当时中国最高教育行政机关。1912年改为现名，是国家重点支持创建世界一流大学的高等院校。1952年，张焕乔进入武汉大学物理系。在武汉大学求学的三年中，他全身心地投入学习，成绩优异，表现积极。在此期间，出于对核物理的喜爱，他自学了俄文原版书《中子》，开启了对核物理世界的探索。三年级期末，系里分专业，由于没有核物理，他只好选了金属物理。机遇往往眷顾那些矢志不渝的人，1955年1月，党中央作出了发展原子能事业的战略决策，随后在北京大学新增原子能相关专业，建立全国第一个原子能人才培养基地——物理研究室，并在全国范围内遴选学生。张焕乔由此被遴选到北京大学，正式开启了他的核物理学习阶段。

比最美校园更难忘的

一提到武汉大学,很多人立刻想到的是樱花和樱花树下流连忘返的人群。武汉大学这个驰名已久的游览胜地,有一种一旦游览就难以忘怀的魔力。1952年10月,风华正茂的张焕乔进入武汉大学物理系学习。

作为一所名校,武汉大学不仅仅有最美的校园,还有着悠久的历史、深厚的文化科学底蕴。武汉大学溯源于1893年创办的自强学堂,1928年定名为国立武汉大学,1949年更名为武汉大学。学校以"自强、弘毅、求是、拓新"为校训,先后培养了以上百位两院院士为杰出代表的数十万各类高级人才。

70余年前的武汉大学校园幽静,师资力量雄厚,为张焕乔的成长创造了良好条件。时值新中国成立之初,国家全面学习苏联,高校教学采用苏联教学大纲,教材大部分也来自苏联。张焕乔清晰地记得:大学一年级时普通物理教材用的是福里斯、季莫列娃的《普通物理学教程》,数学用的是斯米尔诺夫的《高等数学教程》。由于时间仓促,来不及翻译教科书,直接采用俄文原版。授课前,老师发讲义将讲课的内容告知学生,学生则靠记笔记掌握老师的讲课要点。难度不小,但教师和学生的热情都很高,教学相长,大家逐渐适应了这种模式。

张焕乔大学一年级的化学由查全性教授讲授。由于表现突出,张焕乔被确定为化学课代表,由此与查先生联系较多。一年级的高等数学,起初由孙本旺教授讲授。孙本旺教授曾担任过华罗庚在美国学习考察原子弹期间的助手,教学水平很高。但是时间不长,孙教授因工作调动不能继续授课,转由辅导老师齐民友助教试讲。在学极限时,由于极限的概念抽象难懂,起初同学们很难理解，但齐老师能把极限知识讲解得清楚透彻，令同学们茅塞顿开，因此同学们主动要求齐老师正式担任他们的数学老师。自此，齐老师给他们讲授了两年的高等数学，一年级讲授微积分，二年级讲授微分方程和复变函数。齐老师的授课效果很好，激发了学生们学习高等数学的热情。张焕乔也由此对高等数学产生了浓厚兴趣，学得非常扎实。彼时，武汉大学试行苏联口试制度，选择物理系一年级的数学期末考试作试点。学校很重视，请数学系教授参与主考，著名的张远达教授也参加。考试分两个组进行，分别由齐民友和吴厚心两位老师主持，张焕乔和张庆营分别被选为参加两组考试的第一人。经过笔试加口试，他们都考取了满分。

作为中共党员，齐老师又是学校政治辅导处的成员。除了教授数学外，他也非常关心学生的思想政治教育，有时星期天会到学生中了解情况。为了更全面准确地了解情况，齐老师经常让张焕乔陪同，张焕乔也不辱使命，每次都能较好地协助齐老师完成工作。

20岁的张焕乔是那个时代的天之骄子，象牙塔中的明日之星。然而，事情不可能总是一帆风顺。大学一年级下学期，张焕乔经历了进入大学后的第一次挫折。

1953年初，武汉大学在物理系一年级中选派5名品学兼优的学生参加留苏考试，张焕乔被中南局批准并被通知参加考试。得到这一消息，出身不好的张焕乔喜出望外，做了充分的应考准备。但在临考前5天，他得到通知：不能参加考试了。在当时的政治环境下，去苏联留学极其光荣，代表着被全面认可，也意味着今后的锦绣前程。一个原本希望渺茫的人得了希望，又忽然被剥夺，远比没有希望的打击更重。张焕乔一度极其苦闷，他反复思考，或许是家庭出身的原因、或许是政治面貌的原因、又或者是……

沉思过后，他释然了。中考的挫折、家庭的变故都曾经给他带来痛苦，但他仍然坚定地向前走，努力让自己更强大。他认为家庭成分是客观情况，无法改变。既然无法改变就坦然接受，要把精力放在能够改变的事情上。他下定决心加倍努力学习，不能去苏联学习，就在武汉大学全力以赴地学习，一样能够有所成就。

俗话说：福无双降，祸不单行。他刚从无缘留苏的阴影中走出，又遭遇了新的打击。一年级期末，学校组织新生去武汉协和医院复查身体。经X光透视，发现他肺部有问题。医生给出的结论是：肺结核待查，复查后再决定是否需要停学。面对接踵而至的打击，张焕乔虽然感到痛苦，但并没有对生活和学习失去信心。他一面休养，在哥哥的支持下补充营养，一面继续学习，一如既往地求知。大学二年级开学后，张焕乔在湖北医学院拍了肺部的影像，结论是结核已钙化。他喜出望外，经历了一场虚惊；他深感庆幸，又能继续学业了。

大学二年级时，学校新开设电磁学、理论力学、热力学、微分方程和复变函数等课程。周如松老师是留学英国的回国专家，负责讲授普通物理、热力学和统计物理。她不仅在金属物理方面有着丰富的研究经验，同时还有多年的教学经验，概念讲得清楚透彻，推导严谨明晰，逻辑性强，能够帮助听讲者建立起明晰的物理图像。李初梨教授教理论力学，梁百先教授教数学物理方法。

1953年，国家进行高等院校院系调整，一些湖南大学和江西大学的学生调入武汉大学。调整后，他们年级分为四个班，张焕乔被分在三班，仍担任学习组长。这一年，张焕乔经历了留苏选拔之事磨砺、卸下了肺结核包袱之后更加忘我地投入到学习之中，很少外出游玩；除吃饭、睡觉外，其余时间几乎全在课堂和图书馆度过。当时图书馆的座位很紧张，需要"抢座"。为此，他每天都很早起床，先人一步，每次都能"抢"到座位。经过一年的发奋努力，二年级期末考试，他各门功课都得了满分。除张焕乔外，全年级中各门功课都得满分的还有3名学生——张庆营、傅载阳和邓铁六。

在困难面前，他没有退缩，取得成绩后，他也没有骄傲自满。他深知满分是刻苦学习的结果，也懂得不进则退的道理。因此，此后他更加勤奋、更加努力地学习，他勉励自己努力学好本领，将来更好地为国家服务。

学业取得了优异成绩，其他方面张焕乔也不落人后。大学二年级暑假期间，武汉遭遇洪水侵袭，洪水没过了马路路面，城市告急。学校号召学生参与抗洪。张焕乔和同学们积极参与堵堤抢险，整个假期，他们白天黑夜都坚守在前线，吃住都就地解决。危急面前，张焕乔表现积极踊跃，不怕苦，不怕累，展现出良好的精神风貌，得到了广泛的认可。

大学三年级时，学校开设光学、统计物理、数学物理方法和俄语课程。原本，俄语应是一年级的课程，由于一年级时有一些调干同学反映学习负担过重，高教部要求减轻学生负担，物理系就叫停了俄文，三年级才重新排课。

进入大学后，尽管当时武汉大学物理系未公布专业种类，也不知道是否有核物理专业，但张焕乔并没有放弃梦想，对核物理的兴趣没有丝毫消减。学习俄语后，他想到外文书店买一本中子方面的专业书自学，结果找到了弗拉索夫著的一本俄文版的《中子》[1]。此前他就知道，原子弹的巨大能量是由铀、钚等重核裂变产生的，而神秘的中子又是链式裂变反应得以进行的必要条件。他看到这本书后，喜出望外，立即买下它，并开始自学。尽管他既不熟悉俄语、又没有核物理相关基础知识，但是张焕乔有一种不服输的牛劲，他希望通过自学《中子》一箭双雕，既为将来学习核物理专业打下基础，又借此学习俄语。前途是光明的，但道路是崎岖的。由于书中多是俄文技术词汇，对于一个零基础的初学者而言，如同一个还不会走的幼儿直接学习跑步，难度之大可想而知。张焕乔把不少课余时间都用在自学《中子》上，中学时的“张啃书”在几个月的时间里把新买的俄华字典翻成了旧书，“一口接着一口地啃《中子》”。兴趣做帆，刻苦做船，时间做风，他忘却了辛劳和疲惫，克服了专业术语的晦涩难懂、打退了俄文语法的狙击，乘风破浪，终于读完了《中子》，并从中获益良多。他感到，利用课余时间，独立地阅读外文专业书籍的艰难，但也深深享受到了阅读自己最喜爱图书的乐趣。读完这本书，使他将来要从事核物理研究的初心更加强烈了，由一粒细芽变成了一株有杆有枝有叶的小苗。

大学三年级下学期末，学校安排学生选择专业。彼时，武汉大学物理系

---

[1]《齐民友访谈录》，2016年9月28日；《张焕乔自述》，2018年4月3日。

只有金属物理和电离层两个专业。系里希望张焕乔选电离层专业，当时国内只有武汉大学有此专业。第二次世界大战后美军留下了一台装置，可做这方面的研究，但从事研究的人很少。张焕乔考虑到毕业后的择业问题，选择了金属物理。1955年暑假，学校组织学生去黄石钢厂做学年实习，由徐约璜老师带队。在黄石钢厂，他们研磨了金相样品，观察了马氏体金相结构，还参观了当地的煤矿。

回校后，四年级刚开始上课，学校便告知张焕乔等15名学生要转学——机遇眷顾了这些优秀的青年学子。

武汉大学优美的校园，镌刻着张焕乔求学的足迹。课堂上、图书馆内，那个伏案苦读的身影仿佛被定格。一年级留苏选拔的得而复失、肺结核的虚晃一枪，都让张焕乔终生记忆。二年级的各科满分、防汛前线的惊险疲劳，都是张焕乔难以忘怀的青葱记忆。姗姗来迟的俄文课程、晦涩难懂的俄版《中子》，都为张焕乔今后的发展夯实了基础。万事俱备，张焕乔的核物理梦即将实现。

最高机密的新设专业

北京大学从一诞生就非同寻常，始终是中国高校中的翘楚。

20世纪以来，作为新文化运动的中心和五四运动的策源地，作为中国最早传播马克思主义和民主科学思想的发祥地，作为中国共产党最早的活动基地，北京大学为民族的振兴和解放、国家的建设和发展、社会的文明和进步做出了不可替代的贡献，在中国走向现代化的进程中起到了重要的先锋作用。爱国、进步、民主、科学的传统精神和勤奋、严谨、求实、创新的学风在这里生生不息、代代相传。

1917年，著名教育家蔡元培出任北京大学校长，他“循思想自由原则，取兼容并包主义”，对北京大学进行了卓有成效的改革，促进了思想解放和学术繁荣。陈独秀、李大钊、毛泽东，以及鲁迅、胡适等都曾在北京大学任职或任教。

这样的一所声名显赫的高校，必然会与国家的命运紧密相连，在关键人才培养方面必定要承担起应有义务。

当时的新中国面临的环境如何呢？

20世纪50年代初，刚刚诞生的新中国面临着严峻的形势。一方面，人民政权接收的是旧中国遗留下来的烂摊子，经济和科学技术十分落后，百废待兴。另一方面，国外敌对势力不甘心其侵略政策在中国的彻底失败，他们除了在经济技术上对新中国实行全面封锁外，还在军事上严重地威胁新中国的安全。1950年6月，美国发动了侵略朝鲜的战争，并且不顾中国政府的严重警告，把战火烧到中朝边境。1950年6月27日，美国又悍然宣布派第七舰队侵入台湾海峡，武装侵略中国领土台湾。美国依仗手中的核武器，横行霸道。有的好战分子甚至叫嚣要对中国发动核战争，进行核恐吓。在手持核武器的美帝国主义面前，中国人民不畏强暴，敢于胜利。同时，中国人民也深深懂得，要反对核战争，粉碎核讹诈，保卫祖国安全，维护世界和平，中国就一定要有强大的国防，一定要有自己的核武器。

在国外，坚决反对美国核讹诈政策的世界和平人士，也希望中国掌握核武器。1951年10月，著名的国际和平战士、法国杰出的科学家约里奥·居里，得知中国放射化学家杨承宗准备离法回国参加祖国建设时，特地约见杨承宗，并对他说，你回国后，请转告毛泽东主席，你们要反对原子弹，你们必须要有原子弹。伊雷娜·约里奥·居里夫人还将亲手制作的10克含微量钋盐的标准源送给杨承宗，作为对中国人民开展核科学研究的一种支持。

帝国主义咄咄逼人的核威胁，世界人民反对核战争的殷切期望，都促使中国一定要发展核武器。世界科学技术的新发展，特别是对核能研究和利用的迅速发展，更增加了中国必须迎头赶上的紧迫感。当时，继美国之后，苏联于1949年、1953年，英国于1952年、1957年，先后成功爆炸了第一颗原子弹和氢弹。法国、联邦德国、日本、加拿大等一些国家也都相继开展了核科学研究和核工业的建设工作。已经掌握了自己命运的中国人民当然也不能甘心落后，于是，发展核科学技术、研制核武器、建设核工业的任务，就被提到了新中国建设的日程。

研究核武器，建设核工业，必须掌握核科学技术。核科学技术是20世纪上半期首先在西欧、北美一些经济发达国家兴起的一门新型科学技术。核科学技术的形成和发展是人类对物质微观结构及其运动规律的认识和对核能发现、开发、利用的一个飞跃。早在20世纪二三十年代，就陆续有一批赴西欧、北美求学的中国青年，在世界著名的物理学家和核科学家的直接指导下，在核科学领域接受了严格的训练，并开始了实验和理论的研究工作，如吴有训、赵忠尧、钱三强、王淦昌、彭桓武等。他们在各自领域取得了显著成绩，回国后因种种原因未能开展核科学研究工作。

新中国成立后，成立了中国科学院。中国科学院于1950年成立了从事核科学研究工作的中国科学院近代物理研究所（中国科学院原子能研究所前身），任命吴有训为所长，钱三强为副所长。此后不久钱三强任所长，王淦昌、彭桓武任副所长。他们通过各种方法聘任人员，扩大科研队伍，1952年下半年，制定了1953—1957年发展核科学研究的第一个五年计划，为核科学技术发展提供了指引。几年间，全国核科研工作取得了一定成果，积累了技术储备，培养了一批科学技术人才，为我国核事业发展积蓄了力量、打下了初步基础。

1954年，地质部门在广西采集了中国第一块铀矿石，印证了我国存在有工业价值的铀矿床。

1955年1月15日，毛泽东主席在中南海主持召开了中共中央书记处扩大会议，会议听取了地质学家、地质部部长李四光，著名核科学家钱三强，地质部副部长刘杰的汇报，会上作出了建立中国原子能工业的重大决策。自此，中国核工业建设正式启动。

为了保障原子能事业的发展，必须大力培养核科技人员。国家决定，

1955年夏，在北京大学新增原子能方面的专业，建立全国第一个原子能人才培养基地——物理研究室（北大技术物理系前身）[1]，即中国科学院物理研究所“6组”（物理所原来已有5个组），保密代号“546”。

1955年5月16日，钱三强邀集胡济民、虞福春、朱光亚三人，在他的中关村寓所会谈决定，为了抢时间，在中国科学院物理研究所先成立一个“6组”，由胡济民、虞福春、朱光亚三人进行筹备工作。

同时，为组建我国第一个核科技人才培养、教学基地——北京大学物理研究室，1955年年初，周恩来总理亲自批示将浙江大学副教务长、副教授胡济民调到北京大学，并任命为物理研究室主任，负责筹建和领导物理研究室的工作。

当时，这是国家的最高机密，新设的专业对外高度保密。被选中到这个专业学习的大学生，注定成为与国家命运紧密关联的人。

从累土起筑
九层之台

核工业是高科技战略产业，技术门槛高，所需财力、物力、人力巨大，使很多国家难以企及。核物理是科技前沿领域，张焕乔被选中到北京大学学习，虽然对核物理有了一定的认知，但基础仍非常薄弱，要从如此薄弱的基础上学习核物理，无异于从累土起筑九层之台。正是凭着坚毅图强的精神，张焕乔从北京大学起步，逐步累土而至九层之台。

1955年秋天，张焕乔与其他从武大物理系调到北大学习的14人从北京站下车，陈佳洱代表学校来接站（之前也是陈佳洱去武汉大学挑选的转学人员）。在回北京大学的路上，张焕乔一行急于知道到北京大学学什么专业，

[1] 郑春开，《核科学家摇篮——北京大学技术物理系的创建、发展和历史演变（1955—2011年）》，物理32（10），645（2003）。

就追问陈佳洱。出于保密，陈佳洱没有回答，只是说："到学校就知道了"。后来他们才知道调他们来北京大学是学习核物理的。

张焕乔从武汉大学进入北京大学，学习核物理专业，没想到他的理想居然与国家事业需求如此地一致。他异常兴奋，他学习核物理的梦想终于成真。从那时起，他就对新的学习阶段充满期待，身上仿佛有使不完的劲。北京大学"勤奋、严谨、求实、创新"的校风与张焕乔的特质非常匹配，张焕乔很快就把北京大学的校风融入言行之中。

» 图 2-2 胡济民教授

» 图 2-3 朱光亚教授

20 世纪 50 年代，原子核物理在中国是一门新兴的学科，国内以前没有开设这门课程，既没有教材，也没有老师。为了新的使命——在我国建设核工业、研制核武器，首次开设了核科学技术课程。当时北京大学集中了全中国核物理方面泰斗级的师资力量——胡济民、虞福春、朱光亚、卢鹤绂等国际知名大师都聚集到了北京大学物理研究室，承担了核科技新课程的教学任务。1955 年秋，他们开始给我国第一批、从全国几所重点大学物理系三年级选调来的百名（实为 99 名）学生上课。其中，胡济民老师讲授量子力学，虞福春老师讲授记录质点（即核物理实验方法）和 γ 谱学，朱光亚老师讲授 α 谱学，孙佶老师讲授核理论，卢鹤绂老师讲授中子物理和加速器，褚圣麟老师讲授宇宙线，吴全德老师讲授核电子学，吴季兰老师讲授放射化学。老师们将 20 世纪 30 年代以来的核物理精华简明扼要地传授给学生，让他们掌握核物理的基本知识。

作为我国第一批核科技方面的学生，张焕乔无疑是幸运的。但同时，从

» 图2-4 在北大读书的张焕乔（1956年，北京）

武汉大学到北京大学对他又是一次重大挑战。因为在北京大学的一年时间里，他必须学完量子力学，核理论，核物理实验方法，核谱学，中子物理，宇宙线物理，加速器，放射化学和核电子学等课程，时间非常紧张。此外，选派来北京大学学习的99名学生中，所学课程进度不一样，多数比武汉大学快。例如，电动力学这门课程多数大学已经学过，而武汉大学没有排课，张焕乔必须自学补上。一年的时间，既要学习十来种新课程，又要自学个别课程，可想而知，他在北大这一年是何等的紧张和忙碌。尽管如此，由于学的是梦寐以求的核物理专业，他始终以饱满的热情，废寝忘食地学习。虽是“半路出家”，仍然取得了优异的成绩。

毕业后，老师还安排学生用近两个月的时间集中做了一些核物理与核化学方面的实验。尽管时间非常短暂，但这一年的学习成效却很显著，学生们对核物理和核化学基础知识有了整体的了解，也接触了一些典型的核物理和核化学实验方法，为进一步深入学习和今后的研究工作创造了条件。在这期间，他们还听了苏联科学家代表团传达的第一次日内瓦和平利用原子能国际会议的报告。报告内容相当丰富，对这些将要走入核领域的毕业生而言，尽管能听懂的有限；但是他们深受鼓舞，更加坚定了为发展我国原子能事业贡献力量的决心。

他们毕业后无需考虑分配问题。因为他们在北京大学时，物理研究室就叫作“北大6组”，这已是中科院物理研究所（原子能研究所前身）的编制，当时该所已有5个组，所以将之称为6组。当时北大物理研究室的教学楼和宿舍楼以及实验仪器设备的建设，也是物理研究所所长钱三强先生帮助解决的。因此，他们在入学前，已经确定了去向，即分配到中科院物理研究所去，从事我国核武器研制的相关工作。后来张焕乔被分配到了钱三强先生领导的、当时正在为核武器研制做准备的中国科学院物理研究所中子物理研究室，在这里确定了他终生的研究方向。

对于这一年的学习，张焕乔深有感触。他认为他不仅从物理研究室的大师们那里学到了关于原子核物理的现代知识和实验技能，而且还从这些大师的言传身教中，学习到了他们的治学态度和方法，对他今后的发展产生了不可估量的影响。他参加科学研究工作后，仍与一些大师保持着密切的联系，继续得到大师的指导和鼓励。

张焕乔时刻铭记师恩，胡济民先生去世后，他与北京大学技术物理系毕业的周书华一起，以“为核物理殚精竭虑”为题，写文章纪念胡先生[1]。文中说：“胡先生治学如他的为人，严谨而朴实。他常教导我们做学问一定要有老实的态度。记得他曾对我们说，考试时如果你哪道题不会，就写‘不会’或空在那里，不要乱猜乱答。阅读外语文献，如果别人用十分钟读完一段，你需要一个小时，这不要紧，重要的是要读懂。”文中还说，“胡先生不仅是身体力行、诲人不倦的导师，更是一位积极支持、参与中国原子能科学研究发展工作的科学家。”并举例说：

“他在1956年曾担任中科院物理所核理论研究室的兼职副主任。1958年，我所起步搞等离子体装置，胡先生受聘为兼职教授，从事热核反应理论研究，对这一事业的起步起了积极的推动作用。

“胡先生受聘担任我院学术委员会委员之职长达十多年之久。在学术委员会中，他直言不讳，对我院核物理发展方向的确定、学术工作的评价等做出了积极贡献。

“记得1971年在兰州第一届全国核物理大会上，他和老一辈科学家赵忠尧、杨澄中、金星南、吴式枢、程晓伍等先生就大力倡导在我国建立串列式静电加速器，努力为我国核科学研究的发展开创新局面。

“70年代后期，当我院为引进串列加速器而努力争取时，胡先生等老一辈科学家伸出了援助之手，他们联名致函领导，支持我院建立串列加速器实

[1] 张焕乔，周书华，为核物理发展殚精竭虑，现代物理知识11(02)，44(1999)；张焕乔，《张焕乔文集》，2017，科学出版社，第15页。

验室。胡先生曾两度被遴选为串列加速器核物理国家实验室学术委员会主任。他坚持'公正、择优'安排课题,做到'基础、数据、应用'恰当结合,以确保国家实验室的高水平成果。经常听他说起,像HI-13这种串列加速器,应当充分利用,尽量安排相当数量的优秀研究课题,力求取得好的成果。有的应用课题,可以安排在国内小加速器上开展,不要过多地占用HI-13串列加速器的束流时间,一定要保证国家投资有最好的效益。的确,在胡先生的主持下,国家实验室的工作对发展我国的核物理事业起到了良好作用。

"总之,胡先生始终关心着事业,关心着我们后生的成长。在串列加速器上高自旋态研究取得奇质子带交叉反常的可喜实验成果后,胡先生主动来信鼓励;对在串列加速器上开展原子核质量测量,胡先生在学术委员会的评审会上积极加以支持。他总是希望在HI-13串列加速器上能不断开展新的有意义课题。"

除胡济民先生外,张焕乔还在虞福春先生百岁诞辰的时候,为当年这位北京大学物理研究室副主任写了纪念文章[1]。文中说,"在我们一年的学习中,上学期教我们'记录质点'课程,讲授核物理实验方法;下学期教核谱学,他负责讲授β谱学和γ谱学。虞先生教学精湛,注重教学方法,讲课很有条理,非常清晰,容易让学生接受。我有幸作为这两门课的课代表,这样,差不多每周都有时间与虞先生接触。那时国内核物理刚起步,学生没有课本,也没有讲义,只能随堂记笔记,课后复习就成大问题。虞先生写得一手漂亮的黑板字,整齐有序,字迹公正,非常适合我们记笔记。因为我们是集中一年学习核物理,课程门类多,合理安排每门课程的复习是不轻松的。虞先生经常了解我们的学习情况,给予具体指导。他教学深入细致,每周安排时间亲自为学生答疑,使同学们在学习上能够紧跟教学进度。他为帮助学生花了不少时间和精力。大家都很尊敬他。由于物理研究室是刚成立的单位,实验条件跟不上,在正常教学过程中只能做少量的初级实验,专业实验老师一时准备不及。我们毕业后,学校为了弥补专业实验训练的不足,专门安排了

---

[1] 张焕乔,《张焕乔文集》,2017,科学出版社,第21页。

两个月做‘中级物理’实验。在我们参加这些实验时，深深体会到虞先生给我们讲授的两门课程对完成这些实验所起的重要作用，我们在不长的时间里，集中做了一系列核物理实验，这是不容易的。至今回忆起来，在物理研究室一年的学习，令我一生的工作有了一个好的起步，想到自己的成长，非常感谢虞福春老师给我的启蒙教育。”张焕乔对于当年教过他的北大老师，念念不忘，感恩在心，在与同事和学生的聊天中也常常谈起。

燕园的一年时间虽然短暂，但令张焕乔终生难忘。在这里，他学到了核物理研究入门的必要知识，初步掌握了核物理研究的实验技术，更领略了核物理大师们的爱国敬业和无私奉献，为其后来圆满完成“两弹一艇”相关国防任务、开展核物理前沿基础研究奠定了基础。赴燕园如梦，在燕园做梦，别燕园筑梦。核梦已启程，张焕乔将在核梦中积跬步至千里。

第三章

大师麾下筑国防

自党中央作出发展原子能事业的战略决策后，国家充分发挥社会主义集中力量办大事的制度优势，在全国范围内聚集人才，凝聚资源，大量的知名科学家和青年科技人才汇聚到核行业，推动我国原子能事业进入发展快车道。1955—1957年，在多种因素的影响下，中苏合作处于“蜜月期”，两年多的时间内，中苏先后签订合营勘探铀矿协定、和平利用原子能协议、发展原子核物理研究协定、原子能工业协定和国防新技术协定。按照有关协定，苏方向中方派出专家，援建“一堆一器”，提供原子弹模型和技术资料，并接受中方人员留苏开展合作研究和学习实践。然而，自1958年起，由于我方未满足苏方的不合理要求，苏方公然背信弃义，以各种理由推脱不履行协议。1959年6月，苏联政府单方面撕毁国防新技术协定，拒绝提供原子弹模型和技术资料。1960年，苏联照会中国政府，决定撤走全部在华专家，单方撕毁协定和合同。1959—1961年，我国经历了“三年困难时期”。尽管如此，1961年7月，中央作出《关于加强原子能工业建设若干问题的决定》，指出：为了自力更生突破原子能技术，加强我国原子能工业建设，有必要进一步缩短战线，集中力量，加强各有关方面对原子能工业建设的支援。此后，在党中央、毛主席的直接关心下，在中央专委的直接领导下，无数专家、科研人员、工人、解放军指战员等隐姓埋名，以身许国，发誓要造出“争气弹”。世上无难事，只要肯登攀。1964年10月16日15时，中国第一颗原子弹爆炸成功。海内外为之震动，中国人民自此挺直了腰，中国自此成为有影响力的大国。1967年6月17日，第一颗氢弹爆炸成功。1971年9月，中国第一艘核潜艇下水，书写了新的历史。张焕乔1956年毕业后，参与、见证了这个伟大的历史进程，他跟随钱三强、何泽慧等大师为建设强大国防贡献了力量，也在此过程中逐步成长成才，成为行业的中坚力量。

创建谱仪中
初露锋芒

毕业前夕，钱三强先生亲自给物理研究室的全体毕业生作毕业分配动员报告。他介绍了我国核事业发展状况和国家对核科学人才的渴求，强调了核事业的急迫性。张焕乔听后深受鼓舞，眼见从事核物理研究的初心即将成真，他倍感振奋。关于毕业分配问题，张焕乔明确表示绝对服从。在填写志愿时，他填了两个志愿。一是念研究生，二是到反应堆上做中子物理实验。当时国家正在用人之际，明确要求这届毕业的99人全部直接参加工作，不得攻读研究生。

当时，北大物理研究室和中科院物理研究所（原子能研究所前身）都在中关村，距离很近。1956年9月下旬，张焕乔被分配到物理研究所中子物理研究室（二室）。与他一同分配到这个室的同班同学有：丁光宁、王乃彦、王大海、王豫生、叶宗垣、郭树源、于凤翘、叶春堂、肖桂里、金荣华、陈常茂、俞燕青、安道民、姚历农、徐永昌、严国光、钱锡山等人。

为迎接这批应届大学生，一天晚上，钱三强先生与何泽慧先生出钱买了一些糖果、点心和水果，为新进人员开了迎新会。与会的，除新人外，还有二室的其他人员。这个会，同时也是中子物理研究室的成立大会。

会上，钱先生宣布了中子物理研究室的成立，并对新来同志表示了欢迎。他希望新老成员团结一致、努力奋斗，把中子物理研究室建设好，完成好国家交付的任务。钱先生的讲话很简短，随后大家开始自由交谈。张焕乔初来乍到，没有熟人，就与坐在他身边的一位30多岁的同事聊了起来。两人谈得很投机，张焕乔初生牛犊不怕虎，把个人未来发展的职业规划毫无保留地分享给了那位同事，畅想了他以后在工作中要做一个什么样的人，甚至连每一步的小目标，如几年之内做课题小组长、几年之后争取晋升副研究员、研究员等都和盘托出。他聊得很畅快，同事笑着听着，始终没有打断他。第二天，张焕乔报到后，干部处的人领着他去见组长戴传曾先生。打开门一看，张焕乔就蒙了。原来昨晚耐心倾听他畅想的同事正是他的组长——戴传曾先生。他当时非常窘迫，后悔把最真实的想法如数交底给他的领导。没想到，戴先生却很喜欢他，戴先生喜欢有抱负、有想法、努力奋斗的年轻人。

正式入职后，在戴传曾先生领导下，张焕乔与他的同学叶春堂一起在重水反应堆上筹建中子晶体谱仪。当时已知苏联要援助中科院物理所“一堆一器”（即重水反应堆和回旋加速器），室主任何泽慧先生正在带领科研人员为在重水反应堆和回旋加速器上建立相应的物理实验设备进行准备，中子晶体谱仪是反应堆上的重要物理实验设备之一。

熟悉核物理的人都知道，尽管反应堆给出的中子很强，但其能量是连续分布的，必须设法从中得到单能中子。由于核武器设计和核能应用所需要的核数据必须是某个能量点的数据，因此需要设计仪器得到单能中子。而晶体谱仪是获得单能中子的方法之一。

该谱仪对机械加工、传动部件及装配的精度要求很高。戴先生告诉他们，由于当时国内精密机械水平有限，这台谱仪已与中国科学院长春光学精密机械研究所（简称长春光机所）达成双方共建协议。物理所二室负责方案选择和物理设计，长春光机所负责机械设计和加工。头一个月，戴先生为张焕乔指定了5篇文献和两本专著中的两章作为参考文献，让他抓紧时间阅读，并做阅读笔记、写读书体会，一个月后作报告。这是戴先生了解新进人员的常用方法，一方面可以了解其外语水平，另一方面，也可了解其物理基础和理解能力。张焕乔大学时学的是俄文，中学学的英文有限，阅读英文文献遇到困难，这个月他废寝忘食，终于完成了任务。接着，戴先生让他焊接一台精密计数率仪，了解并培养他的动手能力。在调试过程中，他不小心烧坏了一只VR105稳压管。当时他非常紧张，马上请组里见习员李明进城回家时代他买一只予以赔偿;随后他马上向戴先生报告,说自己不小心烧坏了稳压管,愿意赔偿。戴先生听后说,“不要赔了,初调线路,难免要出点事”,提醒他今后工作必须小心,让他去库房领一只VR105稳压管继续调试线路。这件小事令张焕乔铭记于心,他从中充分汲取了教训:做事要千万小心,必须事前想好了再动手。

在反应堆上进行中子数据测量,在那些已有反应堆的国家,如美国、英国、苏联、法国等,早在20世纪40年代末、50年代初就已开展。而我国1958年才有反应堆,加之国外又对新中国进行技术封锁,因此,在反应堆上建立中子晶体谱仪仍然需要探索。虽有一些资料可借鉴,但要建成一台高质量的精密谱仪却非易事。

从反应堆引出的能量连续的中子经准直器后入射到晶体谱仪上。晶体谱仪的作用是从反应堆出来的能量连续的中子中挑选出单能中子。在方案设计中,该谱仪由晶体及其转动台、单能中子束准直器(即第二准直器)及中子探测器组成。后两部分放置在一个长2米的转动臂上。1956年,通过调研并经过多次讨论,为实现转臂与晶体台的精密联动,他们深入分析、对比了精密涡轮杆传动和钢带轮传动的差异。鉴于当时国内生产的涡轮转动杆精度达不到要求,他们决定采用一对半径为2∶1的钢带轮来精确实现中子探测器的转动臂和晶体转动台的转角比(2∶1)。充分论证后,由毕业于清华大学机械系的吴润绘制了多套设计图。至此,设计工作告一段落,接下来就是等待长春光机所的启动通知。

在等待启动通知期间,恰逢1956年李政道、杨振宁提出弱作用宇称不守恒这一震惊世界的理论。1957年初,戴先生计划在重水反应堆上建立一台中子极化仪,通过测量极化中子的β衰变来检验李-杨理论。在组内讨论后,戴先生提出了研究计划,让张焕乔抄写上报。自1957年春起,张焕乔就着手该项目的准备工作。他计算了电磁铁线圈的参数,在所里实验工厂加工了电磁铁线圈支架,从器材处领了纱包铜管线,绕制了电磁铁线圈。为了制成极化钴镜,他用小铜块样品试验镀钴方案。戴先生要求钴的镀层厚度要达到1毫米，经试验获得成功；随后加工了两块用来做镀钴底衬的黄铜镜。正准备镀钴镜时，所里开展了“拔白旗”运动，戴先生是重点对象，批判他的极化中子β衰变项目是“黑题目”，从而终止了该项目。实际上这个项目已上报所里，并非所谓的“黑题目”，而且它的学术意义很大，终止极为可惜。

眼看离1958年夏重水反应堆启动的日子越来越近，直到1957年年底，长春光机所仍没有谱仪启动的消息。室里要求在反应堆开启前必须在孔道上安装物理实验设备，用何泽慧先生的话说，即在反应堆上“堵孔道”。尽管戴先生的项目被“拔白旗”，但戴先生没有计较个人得失，而是从事业大局出发，为堵反应堆“孔道”而绞尽脑汁、出谋划策。万分紧急之时，他想出了一个高招。他了解到应用物理研究所有一台原中央研究院留下的、长期闲置的X光衍射仪，建议调拨这台仪器，在所里的实验工厂将这台X光衍射仪改建成中子晶体谱仪。方案一出便获得采纳。

经双方领导批准后，戴先生随即携张焕乔、叶春堂将这台X光衍射仪搬到了物理研究所二部——坨里（当时物理所分为两部分，在中关村的部分称为一部，在房山坨里新建的部分称为二部，苏联援建的反应堆和加速器安装在二部），并组织动力处处长龚志源、实验工厂厂长杜荣昌和技术员李仲芳等人一起讨论，制订改造方案。最后决定：采用X光衍射仪的金属度盘作为中子晶体谱仪的度盘。该X光衍射仪度盘是瑞士1933年生产的产品，精度达到1秒。中子计数器与晶体联动为2∶1的转角精度通过粗联动加上分离精细调节实现。谱仪各部件的同心转动是采用精密加工的转动轴来保证的。准直器必须在液氮温度（零下196摄氏度）下组装。由于没有低温实验经验，第一次安装时只准备了3桶液氮，将液氮倒入石棉保温槽中，预冷过程液氮就已消耗殆尽，安装没有成功。为此，第二次准备了多桶液氮，终于成功装配了准直器。前后用时不到半年，戴传曾先生就带领张焕乔和叶春堂因陋就简、自力更生地建成了我国第一台高分辨率的中子晶体谱仪[1]，安装在反应堆水平孔道上，解了燃眉之急。为了增加中子强度，制造了一个多

---

[1] 戴传曾，叶春堂，张焕乔等，跃进一号中子晶体谱仪，原子能科学技术2，100（1959）。

缝索拉型(Soller)准直器。该准直器长1.8米，由19个平行狭缝组成；狭缝高5厘米、宽0.15厘米。

» 图3-1　在原子能所工作的张焕乔(1958年，北京)

1958年春，长春光机所终于发来电报，催促物理所二室人员赴长春光机所交方案。戴先生亲自带领吴润和张焕乔赶赴长春，并带去了钢带轮传动结构方案的设计图纸。双方进行了详尽的讨论，最终确定了谱仪方案，由长春光机所立即设计机械加工图纸并施工。是年5月，长春光机所发来电报，让物理所派人去检查他们加工的毛坯件。戴先生带张焕乔前往，筛出了一些不合格的产品。8月下旬，长春光机所又来电报，告知中子晶体谱仪已加工完成，让物理所派人去参加组装、调试和验收。这次戴先生因身陷“运动”不能前往，需要派一个能担当此任的人前往。经室里研究决定，派张焕乔担当重任。二室副主任朱光亚亲自找张焕乔谈话，通知他室里的决定。彼时张焕乔大学毕业不到两年，第一次独立承担重任，心里十分忐忑。朱先生看出了他的担忧，给予他殷切的鼓励，令他勇敢地接受了任务。

到长春光机所后，在喻赞副研究员的领导下，张焕乔和助理研究员吴大法、技术员顾马发一起着手组装谱仪并测试其性能。该谱仪有精度为1分的测角玻璃度盘。他们借助经纬仪和角度盘组装了谱仪，检验了摆放中子计数管的长臂与晶体台联动的精度。测量中，他们发现2∶1的精度难以达到要求，经过多次返修钢带轮的圆度，仍未达到。经多次仔细测量，张焕乔从大量数据中发现偏离精度的区域是固定角区。于是，他们采用铟箔补偿钢带厚度的办法，使2∶1的联动精度达到1.5×10^{-6}。该精度与当时国际上的最佳晶体谱仪——哥伦比亚大学在布鲁克海文国家实验室(BNL)建立的谱仪水平相当。我国又一台高精度的中子晶体谱仪就此产生。后来，光机所征得物理所同意，将这台谱仪作为他们“八大件”之一送北京中科院重大成果展览会展出。1958年10月上旬这台谱仪被送回原子能研究所，安装在重水反应堆的另一个水平孔道上。

1958年10月—1960年2月，张焕乔被派往苏联科学院库尔恰托夫原子能研究所实习。回国后，他又回到戴传曾先生领导的26组，负责中子衍射课题。叶春堂负责中子截面测量课题。根据室里安排，张焕乔要将长春光机所研制的那台中子晶体谱仪改建成中子衍射仪，向“五一”献礼。所谓中子衍射仪，其原理与X光衍射仪相似，因为低能中子具有波动性，可像X射线一样视为一种波；它与X射线衍射仪的主要区别是：中子主要与原子核发生作用，而X射线主要与原子的电子发生作用，因此中子衍射仪对轻元素非常敏感，常被用来对样品中的轻元素进行分析。而且由于中子有磁矩，中子衍射仪还可用来研究磁性材料的微观结构。由于当时叶春堂课题组正在那台谱仪上测量^{235}U的中子裂变截面，一时结束不了，于是将改建谱仪的献礼时间推迟到了“七一”。五月前后，二室的组织机构进行了调整。戴传曾先生调至稳定同位素分离室(九室)任主任。26组的叶春堂课题组划分到了杨桢负责的23组，成为23-3组；张焕乔负责的中子衍射课题组划分到了肖振喜负责的24组，成为24-3组。同年6月底，张焕乔将晶体谱仪改建成中子衍射仪，顺利完成了“七一”献礼任务[1]。

后来在这台中子衍射仪上完成了为中国第一颗原子弹的点火中子源均匀性的检验，还在这台谱仪上发现了α碘酸锂在外场作用下中子衍射增强现象[2]。

在创建谱仪中，毕业不久的张焕乔发挥聪明才智，圆满地完成了室里交付的各项任务。在组长因事不能前往光机所开展工作时，他能够独立代表物理所出色地完成任务，制造出了与当时国际上同类最佳谱仪精度相当的谱仪，初露锋芒。正是由于他的扎实工作和出色表现，使他得到了室领导乃至研究所的认可，为他今后公派留苏和承担更重要的任务打下了基础。

---

❶ 安万寿，张焕乔等，中子衍射仪的构造与性能，物理学报17(5)，222(1961)。

❷ 详见后面的“‘衍射中子增强’中求真”。

苏联实习的“年轻学者”

鉴于张焕乔参加工作以来在学习和工作中的优异表现，以及在研究中展现的潜质，1958年，所、室领导决定选派他去苏联学习深造，圆了他5年前求而不得的留苏梦。

1958年10月—1960年2月，张焕乔在苏联科学院库尔恰托夫原子能研究所实习，师从该所中子物理研究室主任彼伏日涅耳（M. И. Певзнер）教授。跟他同去的还有安万寿，他们两人都在彼伏日涅耳教授的指导下工作。安万寿被安排在晶体衍射仪上做晶体结构分析研究。张焕乔则参加在ИPT-1000反应堆上使用中子晶体谱仪测量^{229}Th中子裂变截面的实验工作。

张焕乔参加的实验由柯纳霍维奇（Ю. Я. Конахович）、张焕乔和一位实验员共同进行。张焕乔当时刚25岁，仍是学生模样，彼伏日涅耳教授起初不放心让他处理实验数据，安排柯纳霍维奇处理。柯纳霍维奇先后两次计算了共振积分截面，但结果都没有被彼伏日涅耳教授认可。鉴于此，彼伏日涅耳教授让张焕乔独立计算这两个共振峰的积分截面，他用了不到两周的时间算出了结果。彼伏日涅耳教授看后，认为他计算的结果合乎规律，在发表文章时采用了这一结果，文末向张焕乔致谢。自此，在彼伏日涅耳教授眼中仍是学生的张焕乔得到了认可。

这种认可改变的不仅仅是工作的安排，还对改善他们的实习环境大有益处。当时，库尔恰托夫研究所保密制度很严，起初他和安万寿的通行证上只有一个符号，表示只能从侧门进入ИPT-1000反应堆的一个区域。所内图书馆、食堂和其他配有大型装置的大楼都不能进去，中午的保健餐也只能在街上的餐馆吃。学术讨论会一般在电子直线加速器工号进行，他们因无法进入也不能参加，而东欧社会主义国家的实习人员则可进去。经过第一个实验的考验，基于他们的表现，三个月后他们的通行证上加盖了可进入其他保密区域的符号。自此他们可以到所内食堂用餐，也可进入该所的图书馆借书或阅读内部资料。这对张焕乔来说是一个巨大的变化，求知若渴的他终于找到了下班后的好去处——到图书馆饱读。从此，他每天下班后都在图书馆读书一直到晚上十点多关门才回旅馆。回旅馆后，他还会继续看书，一般要到深夜一两点才入睡。周末，他也很少外出游玩，大多数时间在列宁图书馆学习。

他在ИРТ-1000反应堆上参加的第二个工作，是在中子机械单色器上向格拉西莫夫（В. Ф. Герасимов）学习使用气体闪烁探测器测量^{241}Am的中子裂变截面。这个工作，他参加了实验测量，了解了探测器的性能，但未参加数据处理。完成这个工作后，他向导师提出想去苏联理论与实验物理研究所（即原热工实验所ТТЛ）重水反应堆上学习极化中子衍射实验。由于去该研究所实习要通过苏联原子能总局批准，于是彼伏日涅耳与苏联原子能总局联系。很快张焕乔的实习请求得到了批准。

当时，阿波夫（У. Абов）是极化中子衍射仪的负责人，他后来担任了《实验与理论物理》杂志的主编，之后更是当选了苏联科学院的通讯院士和院士。张焕乔到该所的时候，所长阿里汉诺夫院士的儿子鲁本·阿里汉洛夫（Р. А. Алиханов）正在这台谱仪上做实验。张焕乔在国内时已知道这台谱仪，听过前来参加“一堆一器”揭幕典礼的阿里汉诺夫（А. И. Алиханов）院士对这台谱仪的介绍。当时，张焕乔还第一个提问，询问了这台谱仪的性能和实验情况。到苏联后，张焕乔很希望有机会参加这个实验，愿望实现，张焕乔兴奋不已。

当时，课题组只有鲁本·阿里汉诺夫和一个实验员，加上张焕乔才三个人。张焕乔加入团队后，鲁本·阿里汉诺夫为他讲解了实验装置和实验操作流程。这是一个超低温实验，需要用液氮预冷，最后需要在液氦温度（4.2K，即零下269摄氏度）下来进行Fe-Co合金的反铁磁性测量。这对张焕乔来说是一个全新的实验，因为他以前从未用过液氦。张焕乔摩拳擦掌、跃跃欲试。鲁本·阿里汉诺夫充分信任张焕乔和实验员，让他们两人独立开展实验。由于低温实验不能中断,需要连续进行。实验开始后,张焕乔就在实验室里连续工作了三天半。

通常,张焕乔白天出门、晚上回旅馆,而这次由于连续实验三天三夜未回旅馆,不知情的室友徐绍旺感到十分焦急。等到三天半后张焕乔再回到旅馆时,徐绍旺开玩笑说:“你要是再不回来,我们就要报告使馆,让他们去找你了。”张焕乔感到很抱歉,他事先并不知道那个实验离不开人,因此事先没打招呼,让同住同事担心了。尽管实验给室友增添了不安和焦虑,也让张焕乔倍感疲惫,但收获了很多新知识、新经验,开阔了眼界,他感到受益匪浅。

根据原计划,在库尔恰托夫原子能研究所参加了^{229}Th和^{241}Am的中子裂变截面测量、在理论与实验物理研究所参加了液氦温度下Fe-Co合金的反铁磁性实验后,他在苏联的实习任务基本上已经完成,可以回国了。时值1959年的5月底6月初,恰逢钱三强所长、朱光亚先生和力一副所长到杜布纳联合核研究所参加成员国代表大会。彼伏日涅耳教授得知钱三强所长在莫斯科,就提出邀请钱先生一行来库尔恰托夫研究所参观。张焕乔向钱先生反映了彼伏日涅耳的提议,钱先生欣然接受。随后,钱三强、朱光亚等人来所参观,彼伏日涅耳全程陪同,在他讲解反应堆上物理工作时,让张焕乔担任翻译。当讲到利用飞行时间谱仪通过中子非弹性散射来测量固体的声子谱时,钱先生很感兴趣,认为这是一项崭新的工作。钱先生当场就向彼伏日涅耳表示:希望将张焕乔的实习时间延长半年,让他参加这一工作。彼伏日涅耳当场表示同意。由此,张焕乔得以在苏联利用半年的时间学习了用中子飞行时间谱仪来研究声子谱的方法,为在这一新领域开展研究储备了知识和技能。

彼伏日涅耳对张焕乔非常友好,不时带他到其他研究所参加一些固体物理方面的学术报告会。使他尤其难忘的是,彼伏日涅耳用了整整两天时间开车带他参观了库尔恰托夫研究所的各个实验室,全面详细地介绍了该所的核物理研究工作,包括回旋加速器、电子直线加速器,以及三个反应堆

» 图 3-2　苏联原子弹之父——库尔恰托夫(И. В. Курчатов)院士

» 图 3-3　亚历山德洛夫(А. П. Александров)教授

(РФТ、ВВР 和 ИРТ)上的核物理研究工作。让他观看了阿巴林(В. Ф. Апалин)等人用大型载镉液体闪烁体中子探测器测量裂变中子数随碎片质量数变化的锯齿形分布、莫斯塔沃伊(Ю. А. Моставой)测量自由中子半衰期的实验,等等。这次参观使他进一步开阔了眼界,加深了对该所的创新意识和及时调整研究方向的应变能力(日内瓦会议后主要转向核聚变研究)的认识。

他还有幸两次见到了库尔恰托夫研究所所长、苏联原子弹之父——库尔恰托夫(И. В. Курчатов)院士。第一次是 1959 年 7 月,库尔恰托夫院士到 ИРТ-1000 反应堆大厅来检查迎接美国核物理学家代表团访苏的准备工作情况。库尔恰托夫院士亲切询问了张焕乔的工作、生活情况,鼓励他好好学习。第二次是 1959 年 10 月 1 日,库尔恰托夫所长前来 ИРТ-1000 反应堆祝贺中华人民共和国成立十周年,他发表了热情洋溢的讲话,表达了老一辈苏联科学家对中国人民的诚挚友谊和对中国青年科学工作者的殷切希望。张焕乔深受鼓舞。库尔恰托夫还代表研究所送给张焕乔一本"莫斯科"大画册,这本饱含中苏人民深厚友谊的画册,他至今还保存着。

在中华人民共和国国庆十周年前夕,中国驻苏联大使馆商务参赞处举办了一次招待会,答谢实习生所在单位的领导和导师。张焕乔受托给库尔恰托夫院士和彼伏日涅耳教授送了请柬,副所长亚历山德洛夫(А. П. Александров)教授和导师彼伏日涅耳教授出席了招待会。会后得知,那段时间库尔恰托夫院士身体状况不好。即便如此,"十一"

那天，他还是亲自前来祝贺中华人民共和国成立十周年，并发表讲话。这令张焕乔十分感动和敬佩。遗憾的是，当张焕乔1960年2月回到国内，听到了库尔恰托夫院士逝世的噩耗，他感到万分震惊和悲痛，中国人民失去了一位伟大的科学家朋友。

» 图3-4　张焕乔（右）与安万寿游苏联红场（1959年）

张焕乔在苏联的学习也并非一帆风顺。赴苏时，恰逢国内“大跃进”。受此影响，一时难以适应苏联“平静”的科研环境，不到三个月就写信给室主任何泽慧先生，主动要求回国参加献礼活动。何先生了解他的思想状态，及时给他回信，明确指出：“应留在苏联努力学习和工作，你们年轻人身上缺少科学研究方法，要注意学习人家的先进科学经验，要学习人家的科学思维和方法。”何先生的当头棒喝使他冷静下来，开始更加努力地学习和工作，并着重学习苏联科研人员开展研究的思路和方法。

在苏联实习期间，他始终保持着饱满的热情，全力以赴地学习和工作。每天他都要工作学习到深夜一两点，第二天一早还第一个到实验室。每个周末他基本上在列宁图书馆度过，很少外出游玩。在苏联学习的15个月里，他仅外出两次，一次是与安万寿去红场，另一次是安万寿的导师沃热罗夫（Р. Озеров）开车带着张焕乔和安万寿去他森林里的别墅度周末。在苏联的15个月异常辛苦，但也让他收获满满，他学到了很多新知识，掌握了正确的科研方法，为以后科研工作夯实了基础。

1960年1月，张焕乔结束了在库尔恰托夫研究所的工作，导师彼伏日涅耳为张焕乔写了实习评价报告，送给中国驻苏联大使馆。给张焕乔的称谓是“Молодёжъ Учёный”（年轻学者），而给他人的称谓则是“Практкант”（实习生)，其中的差别正是对他忘我学习和工作的肯定。临行前，他向导师和苏联同事告别，给研究所写了一封情深意切的感谢信。导师送给他一台"Mup"("和平")牌照相机。临行时，与他一起工作的柯纳霍维奇带着三瓶汽酒来送行，在火车上打开一瓶共同畅饮，格拉西莫夫带着一本俄罗斯艺术画册赶来和他告别。此情此景，一直镌刻在他的记忆里。回国后，张焕乔将相机上交室里、室里又上交所里，最后所里又将相机返还。他将两瓶汽酒和一盒巧克力送给了戴先生，将俄罗斯艺术画册送给了侄子。

张焕乔将回国时苏方人员所赠的东西全部转赠出去，展现了他的知恩图报和重情重义。留苏一年多，他收获的不仅仅是苏方的赠物和满满的知识储备，还有更加明朗的事业前景。

"衍射中子增强"中求真

1960年2月，张焕乔从苏联回国。6月底，完成中子衍射仪改建任务后，他参加了半月劳动。劳动结束后，他得知杨桢等人在反应堆中子晶体谱仪上发现了压电振动石英晶体中子衍射增强现象。出乎意料的是，随后他也卷入了对这一新发现的探索中。

1960年，由于某些单位领导的错误宣传和要求，超声波化已成为声势浩大的全民运动。众所周知，超声波是指频率超出人类耳朵能听到的声波，即频率高于20000赫兹的声波。它方向性好，穿透能力强，易于获得较集中的声能，在水中传播距离远，可用于测距、测速、清洗、焊接、碎石、杀菌消毒等。在医学、军事、工业、农业上有很多应用。

当时，受此影响，二室不少人卷入了大搞超声波试验的旋涡中。其中，多数人是随波逐流的，惯常做法是使压缩空气通过金属扁管嘴产生超声波，即土超声波方法，徒劳无功。但杨桢技高一筹，他利用压电晶体的电致伸缩效应代替土超声波方法，在石英晶体上加高频振荡电压，观察衍射中子强度的变化，结果发现了在石英晶体上加振荡电压时衍射中子增强现象。这种衍射中子增强一般可以放大2~3倍，最大增强可以达到6倍。

室主任何泽慧先生非常重视这一新发现。为此，她组织了多次讨论会，参加讨论的有杨桢、周友朴、黄胜年等人，每次讨论都通知张焕乔参加，因为张焕乔在中子衍射方面既有留苏经历，也有国内的实践经验，对这一领域比较熟悉。这是一个新现象，当时国内外还没有相关报道，因此为慎重起见，他们首先尽可能地做了假象判断，检验了振荡器、超声波对探测器和线路的影响。为了确定测得的是真正的中子而不是干扰脉冲，根据何先生的建议，他们用载硼核乳胶代替 BF_3 探测器进行中子测定，证明的确是中子增强。

在讨论过程中，张焕乔提出了很多中肯的建议。例如，针对增强是不是由于中子谱的摇动曲线展宽了，他提出了测量有、无压电振动时摇动曲线变化的建议。期间，张焕乔在实验的基础上写了《压电振动石英单晶中子衍射增强现象的解释》一文，指出晶体压电振动使晶面间距产生了变化，并建议在中子衍射仪上做两种测量：一是用压电石英晶体取代衍射仪的单色器，将单色器移到样品台上对衍射中子作能量分析，检验单色性是否变坏，是不是能量变宽引起的增强效应；二是单色器不动，将压电晶体安放在衍射仪样品台上，在单色束入射下观测压电振动石英中子衍射增强，从而确定中子次级消光减弱引起的增强。

最后，他们进行了第二个实验，证明了增强是由于次级消光减弱而引起的。虽然没有进行第一个实验，但杨桢用测量铑1.25eV共振峰有无变化进行了检验。为了寻找压电振动石英晶体中子衍射增强的原因，杨桢小组根据大家的建议，做了一些补充实验，得到了许多很有价值的结果。

（1）确定了中子增强比率和石英振荡功率的关系：得到了增强比率与振荡器功率呈正比的结果；

（2）确定了衍射中子增强比例与衍射中子能量的关系：在0.05~10eV能

量范围内，得到了衍射中子增强倍数随中子能量增加而下降的结果，但在小于0.25eV能区，变化很小；

（3）关于摇动曲线半宽度：得到了有、无振荡摇动曲线半宽度基本相同的结果；

（4）关于布喇格衍射本底强度的测定：在统计误差范围内布喇格衍射本底强度无变化；

（5）作为对衍射中子束能量宽度变化的初步检验，用增强的中子衍射束测定了铑在1.25eV附近的共振峰，得到了与无振荡时相同的结果。

1961年，他们又以NaCl晶体做单色器，让单色中子通过有、无振荡的石英晶体做了简单的测试，得到了几乎相同的结果。此外，还用直流电压进行了试验，未观察到衍射中子增强现象。

遗憾的是，1960—1961年间的这一发现，没有及时发表。1966年，国际上发表了类似文章。

1971年3月，张焕乔在湖北潜江“五七”干校劳动，室领导考虑到工作需要，向所军管会打报告，把他和王大海提前调回。回来不久，正值美籍华人科学家杨振宁第一次回国参观原子能研究所。领导高度重视，选定张焕乔介绍反应堆上的物理工作，王大海介绍回旋加速器上的实验研究。在介绍中，张焕乔巧妙地介绍了杨桢等人发现的压电振荡石英晶体中子衍射增强的现象，杨振宁对在这方面是否开展理论研究很感兴趣。1972年，美国高能物理代表团来所参观时，张焕乔再次介绍了这一发现，代表团两位诺贝尔奖获得者张伯伦（O. Chamberlain）和阿尔瓦雷兹（L. W. Alvarez）教授追问当时为什么不发表文章，进一步印证了国外同行对这一发现的高度重视。张焕乔请陪同访问的钱三强所长回答了他们的问题。

后来，在钱三强所长的建议和催促下，1974年11月，杨桢、张焕乔、周友朴在《物理学报》上以研究简报的形式报道了这一发现❶。在“编者按”中，对这一发现推迟发表的原因做了说明，指出：“报告的作者们在1960—1961年

❶ 杨桢，张焕乔，周友朴，1960—1961年观察到的压电振荡对石英单晶片进行中子衍射的影响，物理学报23(6)，447(1974)。

间进行实验时，发现了一个当时未见诸报道的新现象：高频压电振荡可以导致石英单晶中子衍射强度显著增大。他们当时对这一现象本身和其有关的性能进行了测定，并在1963年原子能研究所学术报告会上作了介绍。但是由于当时作者和有关方面对这一发现都未给予足够的重视，没将此工作继续开展下去，也没有将结果送有关刊物发表。1966年以后，国外陆续出现了类似的报道，并且对此现象进行了相当多的理论探讨，目前已得出比较合理的解释。而我们的早期发现，却因为当时未给予适当的重视，没有及时报道，使得它无论在实验和理论方面都未能得到进一步开展。这种情况是值得我们吸取教训的，今后应该力求避免。文章仍按当时的原文发表。”在这篇推迟十四五年发表的简短文章中，他们严谨地进行了假象判断，测量了增强衍射中子束的性质，探索了衍射中子增强的原因。

在这一发现中，张焕乔虽没有参加最初的实验，但后来却因为自身的科研经历和科研实力成为该组的一员，参与了所有讨论和后续实验，提出了很多极具建设性的建议。另外，他还根据实验数据进行了理论计算，探寻了原因。在这一发现的研讨中，张焕乔展示了其独立思考、严谨求证、科学分析的能力，给何先生留下了良好印象，加上他在何先生面向二室成员组织的业务基础摸底考试中取得的第一名的好成绩❶，为何先生今后对其委以重任打下了基础。

在“两弹”研制中显身手

20世纪50年代中后期到70年代，在党中央、毛主席的坚强领导下，在中央专委的直接领导下，在全国各行各业的大力协同之下，二机部成功完成了

❶ 1962年，身为二室主任的何泽慧先生，为了了解室内人员的业务基础和外语状况，对二室除大组长以外的全体专业人员进行了一次考试。在专业基础考试中，张焕乔得了第一名。这与他的勤奋努力是分不开的。

“两弹”研制任务，震惊了世界，让新中国挺直了腰杆，自此成为有影响力的大国。这段大国“铸剑”的时期，也是原子能研究所历史上的黄金时期。

1955年1月15日，在做出发展原子能工业的中共中央书记处扩大会上，钱三强报告了有关情况。之后，钱三强先生作为我国核武器发展的具体领导者之一，在人才培养、课题安排、调兵遣将等方面，做了大量具体的组织领导工作。在他的领导下，原子能研究所成为我国发展核武器的后勤保障基地。而由他亲自组织成立的中子物理研究室（二室）更是毫无保留地为“两弹一艇”研制服务，做出了卓有成效的贡献。在九局（第二机械工业部九局，简称“二机部九局”）1958年成立之前，原子能研究所实际上履行了二机部九局的职责，二室则在核武器研制所需的核数据及核测试方法等方面发挥了先锋队的作用，为核武器研制涉及的中子实验打下了基础。二机部九局成立之后，原子能研究所则担负起干部培养和后勤保障职能，二室在人才培养、核数据及核测试方法等方面开展了大量工作。

1959年夏，由于苏联单方面撕毁协议，拒绝提供原子弹模型、图纸、资料和仪器设备等，党中央、毛主席决定自力更生，依靠自己的科技力量，独立自主地完成既定任务。为此，九局领导召开了一次班组长以上的科技骨干动员大会，将任务当中需要解决的科学技术问题按学科进行分解；要求本着大力协同的原则，寻找国内优势单位协同攻关。其中，有关中子物理实验领域的工作都安排到了原子能研究所二室[1]。

为此，二机部九局领导还专程到原子能研究所拜会了所领导和二室主任何泽慧先生。何先生当场明确表态：凡是二机部九局交来的任务，一定作为重点来安排。二室在何泽慧先生的领导下，强调“任务第一”“主动配合”，在工作中始终贯彻了“根据国家任务需要主动服务、当好配角”的指导思想，二室人员胸怀祖国、淡泊名利、无私奉献，按时圆满完成了一个又一个任务。同时，还积极为有关单位培养、输送了科技人才。

作为二室的一员，张焕乔始终将国防任务放在首位，全身心地投入到原

---

[1] 胡仁宇，何泽慧先生和我国核武器基地的实验核物理——怀念何泽慧先生，《何泽慧文选与纪念文集》，山西教育出版社，295页，2015。

子弹、氢弹的研制工作之中，承担上级交办的国防任务。

1960年年底，二室接到了两项国防重点任务：^{238}U对裂变谱中子的全截面和裂变截面，以及快中子的去弹性截面的实验测量。何先生将"^{238}U裂变谱中子全截面和裂变截面测量"任务分成两个子项分别交给王豫生和张焕乔负责。后来王豫生因故未能开展工作，因此全截面和裂变截面测量的两个子项任务全都落到了张焕乔的肩上。领导要求他先完成^{238}U裂变谱中子全截面的测量，然后再开展裂变截面的测量工作。

全截面测量看似简单，即测量入射中子透过和不透过样品的中子强度，通过二者之比即可得到全截面。但完成这项工作却并非易事。原因在于：对于裂变谱中子而言，入射中子的能量分布范围很宽，高者可达10MeV以上，低者可至keV。工欲善其事，必先利其器，要开展测量，必须先制作一个探测效率不因中子能量变化而变的探测器。这样的探测器只能用BF_3长中子计数管。1960年年底，他完成了BF_3长中子计数管的制作。由于当时没有精度足够高、能量不同的单能中子源，难以实现用源来检测长中子计数管对不同能量中子的响应曲线的平度，只好用调节石蜡孔深度和BF_3计数管位置的方法，从中子计数的相对比较中来找到最佳响应曲线平度。

1961年年初开始准备^{238}U样品。因为是中子透射率测量，要求^{238}U样品必须平整、厚度一致，使样品各个部位的透射率均匀。为此，需要打磨天然铀样品的表面。对于未曾接触过金属铀的人而言，很难对金属铀超强的韧性有感性的认识，也难以理解其中隐含的放射性风险。为了达到精度要求，张焕乔亲自动手，费了全身力气、花了好几天时间，才好不容易将之锉平，获得了满足要求的^{238}U样品。

为了获得裂变谱中子，他们采用了反应堆热中子诱发^{235}U裂变的方法，即用^{235}U作产生裂变谱中子的转换靶。有了探测器、样品和中子源之后，采用透射法进行了测量，得到了^{238}U对裂变谱中子的全截面，圆满完成了任务[1]。

---

[1] 张焕乔，张培恕，陈进贵，黄胜年，裂变谱中子对^{238}U全截面的测量，原子能研究所Z. K. Y. Y. C1. P0046（1962）。

整个实验考虑细致，结果可靠。为了确保这项工作圆满成功，组长黄胜年亲自参加了实验。令黄胜年感到欣慰的是，张焕乔这几年已取得长足进步，他思路清晰，动手能力强，完全能够胜任任务。短短的5年时间，他已经成长为一名经验丰富的科研骨干了。

参加工作后，张焕乔一直忘我地投入工作，很少考虑自己和家庭。从1952年离开重庆去武汉大学念书开始，张焕乔一门心思扑在学习和工作上，已连续9年没有回家探亲。家人多次催促，1961年，在圆满完成“^{238}U裂变谱中子全截面的测量”任务、开展下一项任务之前的空隙里，他挤时间回了重庆老家一趟，看望了久别的嫡母和哥嫂以及侄儿侄女们。由于他心中始终惦念任务，家人发现他“身在曹营心在汉”，就让他返京工作了。这样，他在家仅仅休息了两个星期就返回工作岗位，又全身心地投入国防任务之中。

» 图3-5 离开9年后回重庆与家人团聚（1961年）

左起：侄女张裕满、侄儿张裕纶、张焕乔、嫡母周元贞、哥哥张钧陶、侄儿张裕纲、嫂嫂贺学龄、侄女张裕群

1962年,张焕乔负责了^{238}U对裂变谱中子裂变截面的绝对测量工作。陈进贵和崔德惠参加了该任务,二机部九局的刘桂生也曾参加这项工作。要实现对裂变截面的绝对测量,需要确定中子注量、裂变核数目和待测核产生的裂变事件数。一般,裂变事件数可用高效率的电离室探测,裂变核数目可用称重的方式获得(精度好于1%)。至于中子源强度的绝对测量,常见的方法有两种:一是用已知效率的中子探测器直接测量;另一种是用精确已知的某些物理量(如热中子诱发^{235}U裂变的平均瞬发裂变中子数$\overline{v_{pth}}$和^{235}U的裂变截面σ)来间接得到。在用^{235}U热中子转换体作裂变谱中子源时,利用^{235}U精确已知的热中子诱发裂变的平均瞬发中子数$\overline{v_{pth}}$值和记录它的裂变数来间接得到中子源的强度,方便可行。其优点是既不需探测中子又不需测量裂变中子谱,实验上只需记录热中子诱发^{235}U裂变的碎片,便可获得高精度的裂变谱中子的注量。在这项任务中,张焕乔选择了后者。

为了完成^{238}U对裂变谱中子裂变截面的绝对测量,他们采用了大裂变室套小裂变室的测量方案,并将此方法命名为双裂变室法。其中,小裂变室是一个很小的平行板结构的^{235}U裂变室,放置在大裂变室的中心,通过记录裂变事件、监督^{235}U转换靶产生的裂变谱中子。小裂变室本身也是^{235}U转换靶的一部分。大裂变室是直径为15厘米、高16厘米的圆筒形天然铀裂变室。考虑到天然铀中含99.27%的^{238}U,因此采用天然铀来代替^{238}U作为样品。反应堆的热中子束入射到^{235}U转换靶及^{235}U裂变室上,产生裂变谱中子。这些裂变谱中子与大裂变室中的天然铀发生作用。通过测量^{235}U裂变室的裂变事件可得到^{235}U转换靶产生的裂变谱中子的注量。然后通过测量圆筒形天然铀裂变室的计数即可得到天然铀的裂变事件。

在该方案中,设计满足要求的双裂变室是完成任务的关键。为了防止热中子散射的干扰,天然铀裂变室的直径要大,其难点在于要制作一块定量的、厚度均匀的大面积天然铀样品,由此不仅解决了热中子散射的本底问题,也解决了^{238}U裂变计数率低的问题。为了完成这一任务,张焕乔事先做了充分调研,比较了铀样品不同的制备方法。在调研的文献中有一篇是德文文章，是介绍用电化法在铝箔上制备UO_2样品的。为此，张焕乔请教了何泽慧先生，在何先生的讲解下，他读懂了这篇文章，采用这篇文章中的方法成功地制成了3块12厘米×47厘米的天然铀大面积样品❶。

在实验测量中，他们首先用^{235}U监督裂变室和石蜡慢化的$4\pi BF_3$中子探测器阵列之间的慢符合对裂变谱中子进行了测量，得到了阵列对裂变谱中子的探测效率；接着确定了裂变谱中子数和^{235}U监督裂变室脉冲计数的比值R，以及天然铀裂变室脉冲计数与^{235}U监督裂变室脉冲计数的比值T。至此，就可由^{235}U裂变室的监督裂变脉冲计数通过R得到裂变谱中子注量（其中含$\overline{v}_{pth}$），再通过天然铀裂变室的裂变计数，就得到了天然铀的裂变截面；扣除其他铀同位素的贡献后，就得到了^{238}U的裂变截面。

该工作考虑细致，对天然铀中其他铀同位素含量和其余有影响的因素进行了修正，实验结果的精度较高（2.3%）。完成任务后，工作报告报送到国家科委。从成果登记号知道，这是国家科委接收中子物理领域的第一项成果，也是中子物理研究室（二室）完成并以书面形式上交的第一项正式成果❷。

由于当时中子注量和中子源强度标定技术还没有开展，为规避对中子注量的直接测量，张焕乔巧妙地提出了利用产生裂变谱中子的转换靶^{235}U对热中子的裂变平均瞬发中子数$\overline{v}_{pth}$作为基准来绝对测量裂变谱中子引起^{238}U裂变截面的方法。该方法行之有效，创新性强，大大提高了实验测量精度，得到了很好的结果——即便已过去50多年，该结果仍与新近测量的数据一致，精度之高令人赞叹。

1962—1963年，张焕乔负责完成了裂变谱中子诱发^{235}U的裂变截面测量。1963—1964年春，他又负责完成了裂变谱中子诱发^{239}Pu的裂变截面测量。考虑到对裂变谱中子诱发^{238}U的裂变截面已进行过绝对测量，而且精

---

❶ 张焕乔，用电化法在铝上制备UO_2涂层，原子能科学技术6，464（1963）。

❷ 张焕乔，陈进贵，崔德惠，裂变谱中子对^{238}U的平均裂变截面测量，中华人民共和国科学技术委员会原子能科学技术文献，1963年3月。

度很高。因此，测量^{235}U和^{239}Pu的裂变截面时，他们采取了相对测量方法，即相对^{238}U的裂变截面进行测量。为此，他们制作了背靠背的双平行板裂变室（一个裂变室放置天然铀样品，另一个裂变室放置待测样品），利用裂变谱中子对背靠背裂变室进行照射，直接测量^{235}U（或^{239}Pu）样品与天然铀样品的裂变计数，由此得到^{235}U（或^{239}Pu）对裂变谱中子的裂变截面。1965年，他将这两项工作合写成一个书面报告，以文件的形式报送国家科委，成为国家科委收到的中子物理方面的第6篇文献❶。在开展^{239}Pu裂变截面测量期间，中国科学技术大学近代物理系毕业生杨开斌来该组实习，根据安排，他参加了这项研究工作。张焕乔首次完成了指导大学生做毕业论文的任务。

1963年春，鉴于张焕乔的优异表现，何先生又交给他一项紧急任务——异形α源强度的测量，要求在两个季度内完成。这一任务关系到我国第一颗原子弹的点火中子源的研制，因此十分紧急。接受任务后，他领导二机部九局翟国良和崔文光开展了广泛调研，根据所测α源的强度，决定采用小立体角装置，即将α探测器放在离α源较远的地方，对源的某一部分形成一个已知的、较小的立体角。他们动手设计了测量装置的图纸，第一时间交付实验工厂加工。工厂紧急加工，很快建成了装置。张焕乔等人首先用标准α源检验了该装置的可靠性，开展了一系列提供系统误差的辅助实验，然后对化学线503组制备的柱形和凹形Po-α放射源进行强度测量❷。在这一过程中还帮助化学线503组检验了对Po的提纯工艺。后来由于原子弹采用了另一种点火中子源技术，这项工作的紧迫性有所减弱。但他们通过进一步研究，使钋铍（Po-Be）中子源的制备技术趋于成熟。1964年，该技术在我国核武器试验所需的模拟裂变谱中子源，以及常规钋铍中子源方面发挥了作用。

使用放射性元素的科研工作是具有一定危险性的。当时，张焕乔和其

❶ 张焕乔，李泽，周书华，铀-235和钚-239对裂变谱中子的平均裂变截面测量，中华人民共和国科学技术委员会原子能科学技术文献，1965年2月。

❷ 张焕乔，崔文光，翟国良，用小立体角法测量异形α放射源的绝对强度和均匀性，中国科学院原子能研究所Z. K. Y. Y. I2R0126（1964年10月）；用小立体角法测量α放射源的绝对强度，中国科学院原子能研究所Z. K. Y. Y. I2R0125（1964年10月）。

他科研人员一样，一心想着尽快高质量地完成国防任务，全部精力都投入到实验研究中，无暇顾及工作中的放射性风险。就在张焕乔如火如荼地开展实验研究时，放射性事件不期而至。

由于张焕乔课题组曾在101#工号210放射性实验室测量过Po-α放射源，该实验室因此有一定的α沾污。1964年春节后，他在剂量员张永祥的现场监督下开始了对该实验室的去污。在去污过程中，张焕乔需要把沾污的机械泵油倒出。由于一人难以操作，他就请同组的周书华帮忙。倒完后周书华发现袖口沾了一点油，就请剂量员检测工作服的袖口。结果出乎所有人的预料，放射性沾污的地方不只是袖口，他全身都有放射性沾污。为了进行全面检查，剂量员给张焕乔也进行了检测，结果也是全身放射性沾污。后来，剂量员扩大范围进行检测，发现他们楼下的办公室也被污染，反应堆大厅也有大面积污染。

为了弄清沾污的原因，大家摸排造成污染的各种因素。起初，大家怀疑是Po-α放射源污染。由于早已虑及Po可能造成污染，因此，在测量Po-α源强度的过程中张焕乔控制得非常严格，只限于在210实验室操作，工具专用。如果是Po污染，不会造成如此大面积污染。鉴于污染面积如此之大，Po污染难以解释。为了判明污染物的性质，他们对污染物进行了取样，并用核乳胶测量污染物的α能谱。测量结果表明：污染源是钚。怎么会有钚污染呢？为了一探究竟，他们进行了仔细查找后发现，他们组公用的、用于裂变中子转换靶的16克钚粉末的密封盒由于密封失效发生了泄漏。

随后，他们进行了大面积普查，并随即开展大面积去污，前后耗时一个多月。由于这次事故，在22组工作的梅启庸（二机部九局实习人员）和24组的李泽、周书华和张焕乔两次住进解放军307医院，黄胜年则去小汤山疗养院住了一段时间，给科研工作带来了一定损失。在住院期间，张焕乔关心和焦虑的不是自己的身体，而是他多年用辛勤和心血写成的读书笔记和工作记录作为放射性污染废物被处理了，他在武汉大学就开始阅读的那本原版《中子》——他进入原子核物理领域的启蒙书，也被处理了。

所谓亡羊补牢、为时不晚。被放射性物质沾污是一件对人体、对工作、对设备都有重大影响的坏事，但不幸中的万幸是发现问题还不算太晚。若不是周书华衣服因油沾污进行检测及时发现了问题，在101大厅工作的人员很可能还会在不知情的情况下继续接受放射性污染呢。如若这样，后果真不堪设想，幸好没有造成更严重的后果。这件事也给忙于核科研生产的人们提了一个醒：对辐射安全不能有丝毫怠慢，必须时刻提高警惕，必须严格遵守规章制度定期进行检查，确保工作人员的身体健康和财产安全。

当时，根据规定，知识分子除了每年在附近进行半个月的劳动外，还要不定期到农村进行长期的劳动锻炼。1964年11月，张焕乔被下放到河南省罗山县子路公社十八里庙劳动，住在农民家院门口的角楼上，与农民同吃同住同劳动。入冬后，公社调张焕乔所在连队参加修建子路水库，在河边搭了草棚居住，自行开伙。他们搬运石头，记工分，这段时间由于劳动强度较大，伙食有所改善。翌年春天，他被调往河南省信阳县参加"四清"运动，分配到五里店公社凤台大队桥头生产队。每天白天与社员一起劳动，晚上与地方干部一起工作，常常开会到深夜。这段时间他得到了生产队队长和广大农民的许多帮助和照顾。比如，秋收时挑稻捆子，队长就对他说，"老张，你腰没有劲，挑不起来，别挑了，不然你的腰会受伤的"，分配他去干稍轻一点的农活。下放参加劳动和"四清"一年，张焕乔与劳动人民同吃同住同劳动，深入了解了他们的生活、劳动情况，感受到了农民兄弟的勤劳朴实，这些直观感受给了他很多启示和教育。他深刻认识到自己的工作条件比农民好千百倍，更应珍惜工作环境和条件，全力以赴地工作，努力为国家多做贡献。

1965年11月，张焕乔从河南回到北京原子能研究所二室，被分配到宏观中子组（25组）任组长。原组长在一次紧急任务的实验中被一个大水箱中子屏蔽体砸伤脊椎，造成终身残疾，无法继续工作。这件事再次印证了中子物理实验的风险，给他以深刻警醒。上任不久，他就接到了上级交来测量国产石墨核性能的任务。

» 图3-6 下放河南劳动，在罗山子路公社修水库（1965年）。前排左3是张焕乔

钚是研制核武器的一种重要燃料，但在自然界不存在，需要用反应堆进行生产。生产钚的这种反应堆就是天然铀石墨生产堆，而这些石墨就是我国建造天然铀石墨生产堆必需的材料。由此可见这一任务的重要性。25组的阮景辉曾用脉冲中子源技术测量过苏联石墨的核性能，但当时他到河南参加"四清"去了。为了验证他们曾经使用过的脉冲中子源技术，张焕乔决定通过测量标准中子截面的办法对这一技术进行检验。

为此，他们首先用这一技术测量了天然锂和天然硼的热中子吸收截面，得到了很好的结果[1]。然后，他们用这一方法测量国产石墨的核性能。新方法与原方法的唯一改进是在石墨棱柱体的镉屏蔽层外增加了一层碳化硼，用以加强对热中子和热上中子的屏蔽。就在开始测量时，阮景辉从河南回来了，于是他们一起完成了用脉冲中子源技术对国产石墨进行核性能测量

❶ 张焕乔，赵裕民，姚锦章，汪惠慈，天然硼和天然锂热中子吸收截面的测量，原子能科学技术资料选编第二辑，原子能出版社，1978年，第214页。

的任务，测量数据交给了生产厂家和使用单位。

完成这项任务后，“文化大革命”已经开始，科研工作基本上陷于停顿，但由于党中央有明确要求，核试验没有停止。在此期间，他们完成了两批核试验样品的分析测量任务。

1966年5月，我国成功地进行了一次含热核材料的原子弹爆炸试验。当时，领导考虑到第一次含热核材料，燃耗可能加深，怕取样中的铀含量分析出现问题，于是决定由中子物理研究室采用电离室和固体径迹探测器两种方法进行对比测量。固体径迹探测器法由同组的郭士伦负责，周书华、温同庆参加；电离室法由张焕乔负责，梁祺昌、刘宝星参加。总的工作由朱善根、丁锡祥负责，具体工作由科技处王婷联系。

现场样品到达研究所的当夜，在原子能所高压倍加器上以氘粒子的最大束流（约550微安）、通过氘-氚（d-T）反应产生的14MeV中子照射，对现场收集样品与标准铀样品组成的背靠背电离室进行相对测量，给出现场样品的铀含量，提供第一次速报数据。然后，立即转移到北京师范大学的强流高压倍加器上，以毫安级氘粒子束流、通过d-T反应产生更强的中子，对全部现场样品进行辐照、测量。最后，通过对现场样品进行的强、弱两次中子照射测量结果的综合分析，给出正式的上报数据。

1966年12月，我国进行了一次关键性的氢弹原理试验，张焕乔等又承担了这次试验中现场取样铀含量的分析任务。他们仍用上述弱、强两种中子束流对样品进行照射、测量，通过对比、综合，给出了可靠的实验数据。张焕乔等圆满地完成了两次样品铀含量分析的任务。从两次测定铀含量结果来看，两种测量提供的数据在1.5%~2%范围内一致，保证了用于核试验燃耗计算数据的可靠性。

完成氢弹原理试验的铀含量分析任务后，张焕乔因参与我国第一颗氢弹研制任务而倍感自豪。多年未拍照的他特地到天安门前拍了一张照片，作为纪念。

1967年，张焕乔研究组又接到一个任务——协助原子研究能所五室为国防科学技术委员会21所在回旋加速器上建立一个特定能谱的中子源。为此，五室陈朝清从中关村（原子能所一部）专程来到房山坨里（原子能所二部）与他们组进行合作。为了消除γ射线对中子的影响，他们调试了饱和法与抵消法n-γ甄别线路。当时凭借示波器观察脉冲形状对中子和γ脉冲的幅度分布、找出n-γ分辨的最佳条件，建立了消除γ射线影响的芪晶体快中子闪烁谱仪。1968年，他们协助五室圆满完成了在回旋加速器上建立特定能谱中子源的任务，并测量了该中子源的能谱。

» 图3-7 我国氢弹原理试验后，张焕乔在北京天安门前留影（1967年）

1973年，九院向原子能所提出了“精准测量^{239}Pu快中子裂变瞬发中子平均数随入射能量变化”的任务，要求精度好于1%。黄祖洽先生代表九院介绍了这一任务的重要性。他说：“关于对^{239}Pu裂变平均中子数精度的要求，它比对裂变截面的要求要高，因为最后起作用的是平均裂变瞬发中子数$(\bar{v}_p)$减1后乘以裂变截面(σ_f)。”黄祖洽先生用科学的语言，将任务的重要性和精度要求说得清楚透彻。张焕乔任题目组长，他十分清楚这项工作对核武器研制的意义。为了加强这个项目，室领导又将许谨诚从裂变产物产额组调了回来，参加该课题组的工作。参加这一课题的还有刘祖华、孟江辰、温同庆、陈志才，足见领导对该任务的重视。

为了圆满完成这一任务，他们仔细分析了原有条件，在此基础上，认真讨论了新的实验方案。最后决定对原有设备进行如下改造：

（1）将原来的载镉液体闪烁体改为载钆液体闪烁体。原因是钆的热中子吸收截面比镉大得多，这样载体的量可以大大减少，从而增加液闪的稳定性和透光性，提高中子探测效率；

（2）研制新的 ^{239}Pu 快裂变室。以前的钚裂变室的 ^{239}Pu 载量太少（小于 1 毫克），用于快中子测量必须大大提高钚裂变室的 ^{239}Pu 载量；

（3）改善门电路稳定性，以前门电路的门宽不稳定，需要随时调整；现决定采用石英晶体振荡器、然后分频制作稳定的门电路，并以此为基础制成脉冲多重性分析器；

（4）在重水反应堆内照射天然铀元件，获得 ^{240}Pu 含量较低的 ^{239}Pu 样品，以减少 ^{240}Pu 自发裂变的影响；

（5）请化学线 10 室从照射天然铀样品中分离出 ^{239}Pu 并制成 ^{239}Pu 电镀样品；

（6）请 13 室为 ^{239}Pu 快裂变室研制快电流前置放大器，以减少高载量的 ^{239}Pu 快裂变室的 α 脉冲堆垒。

根据讨论，张焕乔写出了书面报告，并呈报所科技处。很快得到领导批准，并将上述涉及协作的项目逐一落实。为了加快对 ^{239}Pu 快裂变室的性能研究，在没有得到 ^{239}Pu 样品前，他们向 10 室冯克明小组领取了 ^{242}Cm 和 ^{244}Cm 样品，用锔代替钚进行了快裂变室的预先研究。最后，快裂变室的 ^{239}Pu 总载量达到 105 毫克（用了 5 个裂变室，每个载量 20 多毫克），比原来提高了两个多数量级[1]。

[1] 张焕乔，温同庆，^{239}Pu 快裂变室，原子能科学技术 13（2），113（1979）。

在“文化大革命”期间，开展研究工作是很不容易的，比如当时从天津买来的氧化钆，原本白色的原料却已成了黄色，他们不得不从原料脱色做起。经过不到三年的努力，1976年年中他们建成了大型载钆液体闪烁体中子探测器装置；用^{240}Pu自发裂变调试了探测器和电子学系统，证明其工作正常。从1977年起，在所里的静电加速器上进行实验测量，到1978年年中完成了多个中子能点的测量任务，获得了精度约0.8%的好结果，与国外当时最高水平相当[1]。他们的测量揭示：^{239}Pu裂变瞬发中子平均数，即$\overline{v}_p(E_n)$，随能量增加曲线斜率有下降的趋势，这个结果得到了美国评价核数据库（ENDF）的支持。

由于工作的重要性及其取得的出色成果，这项工作，连同^{252}Cf等的裂变瞬发中子数测量一起，以“自发裂变和中子诱发裂变的瞬发中子多重性研究”为题，获得了1990—1991年度吴有训物理奖。张焕乔是该项目第一获奖人。

1978年，科学界对“文化大革命”的极“左”路线进行了拨乱反正，召开了全国科学大会，对之前取得的优秀成果进行了奖励。在全国科学大会上，公布了获奖项目和获奖人员。张焕乔成绩卓著，他共获得了五项全国科学大会奖。这五项奖分别是：

（1）核爆炸燃耗测定的研究；

（2）第二代核武器研制和试验所需的核数据的编评与计算；

（3）核装置点火中子源的研制；

（4）固体径迹探测器及其应用；

（5）在外场作用下某些单晶的中子衍射强度异常增大现象的发现。

这些奖项是对张焕乔1978年之前工作的肯定和鼓励，也进一步激励他继续前进。

1978年，中国物理学会在庐山召开了第三届全国核物理大会，会期近1

[1] 张焕乔，许谨诚，刘祖华，温同庆，丁声耀，陈志才，^{239}Pu瞬发裂变中子平均数随入射快中子能量的变化，原子核物理2，29（1980）。

个月，国内核物理泰斗级人物几乎全参会，杨振宁作了大会报告。张焕乔也参加了会议，并报告了他们自己的研究工作。在这次大会上，他收获很大，备受启发。

» 图 3-8　1978 年中国物理学会第三届核物理大会期间，在庐山五老峰留影。前排左起：顾以藩、李寿枬、王淦昌、何泽慧；二排左起：文克玲、张焕乔、洪润生

在价值观极具多元、很多人追求物欲的今天，人们很难想象那是怎样的一段激情燃烧的岁月，也很难理解如钱三强、何泽慧等老一辈科学大家放弃国外优厚待遇，全然不顾个人得失甚至个人安危回国创业，在艰苦危险的环境中，甚至是基本生活都一度难以保障的情况下忘我工作、无私奉献的壮举。也正是凭借这种后来被凝练成“两弹一星”精神的精气神，无数科技工

作者、工人、解放军指战员用青春和生命造出了原子弹、氢弹，构筑了强大国防，保卫了新中国的安全。

作为历史的书写者和见证者，张焕乔至今仍然清晰地记得那些为任务奋斗的日日夜夜。每当忆起那段时光，他总是精神焕发、滔滔不绝，仿佛事情就在昨日。当时的科研人员都全身心地投入到工作中，除了吃饭、睡觉外，其余时间几乎都在实验室里度过。不少人一直工作到午夜，吃完夜宵后才往生活区走，当时连自行车都没有，回生活区时全靠步行。就这样，大家三五成群，队伍连绵不绝，气势浩浩荡荡。还有人通宵达旦在工作区做实验，吃住全在工作区。整个实验室经常是彻夜灯火通明。还有些人将年幼的孩子送回老家，请爷爷奶奶或姥姥姥爷帮助照看，自己全心全意地投入工作，因为钱、何两位先生为大家做了榜样——两位先生当时将他们的儿女放在中关村，请保姆照顾，自己则全身心地在坨里工作。

当时的张焕乔是室里的主要骨干，承担了多个国防任务。他深受何泽慧先生“吃要吃得好一点，穿不要去讲究”[1]的影响，对个人生活很不讲究。通常，他每周只花一个晚上在生活区料理家务，其他时间都在工作区。他在生活区宿舍用的那床被子是他在中学时用的，陈旧且短小。睡觉时腿若伸直，脚就会从被子里露出。为了保暖，他索性用麻绳把被子的一头系上，这样脚就不会伸出去，同时也省出了每天的叠被时间。张焕乔将他宝贵的青春年华都献给了祖国的国防事业。

当时每个研究室就是一个大家庭。群众的工作热情越高，室领导就越关心群众。何先生是提倡晚婚晚育的，二室不少同志积极响应，张焕乔自然如此。到了60年代末，张焕乔已经参加工作十多年，任务完成了不少，却无暇顾及自己的个人问题，30多岁仍是单身一人。室里的党支部和周围的人都非常关心他。1968年，经人介绍，他认识了在本所工作的张佩珠。她是搞电子学的，事业心也极强，同样是整天忙于国防任务，没有时间顾及个人问

[1] 何泽慧先生常说，“吃要吃得好一点，穿不要去讲究”。何先生自己就是这样，冬天穿一条呢裙子，上面还打着补丁，骑一辆很老的自行车上下班。她说穿不要紧，但是要吃好，这样能保证有一个好的身体和旺盛的工作精力。她的这一观点对大家的影响很大。

题。与张焕乔相似，她也曾被组织送往苏联联合核研究所培养，是电子学方面的业务骨干。

两人交往一段时间后，由于价值观相同，都对事业极端负责，不愿辜负祖国的培养，要为原子能事业多做贡献，因此谈起来非常投机，志同道合，两人很快就确定了关系。张佩珠姑姑家住在北京市内南池子，平常二人周日就去她姑姑家会面。1969年9月，两人正式结婚。正所谓不是一家人、不进一家门，痴迷工作的两人终于结成了难觅的一对。三年之后，他们有了自己的掌上明珠，自此变成了幸福美满的三口之家。几十年来，张佩珠作为张焕乔无可替代的贤内助，给予了丈夫充分理解、大力支持和无私帮助，以实际行动支持着祖国的国防事业[1]。

» 图3-9 张焕乔与张佩珠结婚（1969年，重庆）

» 图3-10 张焕乔一家三口（1976年，北京）
左起：张佩珠、张欣蓉、张焕乔

国际先进的裂变研究

裂变，准确地说，应是核裂变或原子核裂变，是指由重原子核分裂成两

❶《张佩珠访谈录》，2018年3月31日；《张焕乔自述》，2018年4月3日。

个或多个质量较小原子核的一种核反应形式，是由德国哈恩（O. Hahn）和斯特拉斯曼（F. Strassmann）于1938年年底发现的。我国著名核物理学家钱三强和何泽慧于1946年发现了铀核裂变的三分裂和四分裂现象，并因此名垂核裂变史册。

只有一些质量非常大的原子核像铀、钍和钚等才能发生核裂变。这些原子核在吸收一个中子以后会分裂成两个或多个质量较小的原子核，同时放出两到三个中子和很大的能量。这些中子又能促使别的原子核接着发生核裂变，这种过程称为链式反应。原子核在发生链式核裂变时，释放出的巨大能量，就是人们常说的核能。1千克^{238}U全部核发生裂变时将产生20000兆瓦时的能量，足以让20兆瓦的发电站运转1000小时，与燃烧3000多吨煤释放的能量一样多。核裂变也可以在没有外来中子的情况下发生，这种核裂变称为自发裂变。

对核裂变现象的研究，几十年来始终是核物理的一个活跃分支。这是由于：

（1）核裂变有着重大的实用价值，裂变释放的能量能够为人所用，如原子弹、裂变核电站就是核裂变的应用；另外，裂变产物多数具有放射性，能够广泛应用于工业、农业、医学等方面。

（2）核裂变是一个极复杂的核物理过程，研究这一过程也有助于发展原子核物理学。

核裂变是大形变集体运动的结果。处于激发态的原子核（例如，^{235}U核吸收一个中子之后，就形成激发态的^{236}U核）发生形变时，一部分激发能转化为形变势能。随着原子核逐步拉长，形变势能将经历一个先增大后减小的过程。这是因为有两种因素在起作用：来自核力的表面能是随形变增大而增大的；而来自质子之间静电斥力的库仑能是随形变的增大而减小的。两种因素综合作用的结果形成一个裂变势垒，如图3-11所示。原子核只有通过势垒顶点才能发生裂变，势垒的顶点称为鞍点。到达断点（即图中的剪裂点)后,两个初生碎片受到相互的静电斥力作用,最终断开,向相反方向飞离。了解裂变过程的各种复杂的现象,弄清它的机制,是研究核裂变的目的。从核裂变发现至今已有80多年,人们对核裂变的基础研究始终没有间断。直至今天,它仍然是核物理研究中一个活跃的领域。

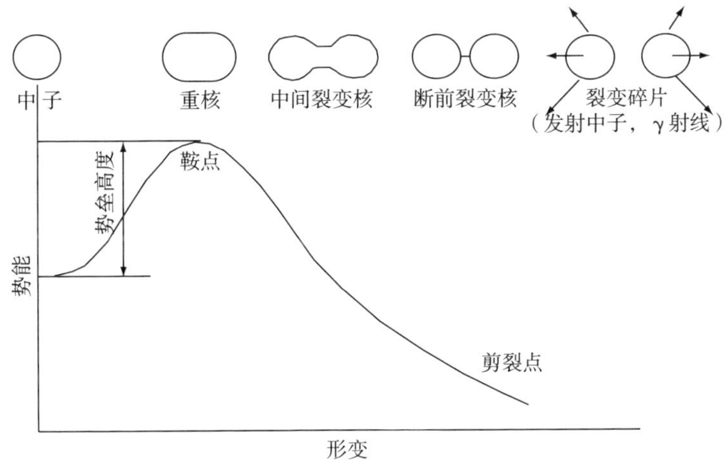

» 图3-11　裂变过程示意图。图的上方是不同阶段的裂变核及碎片

从20世纪40年代起,一些大国(如美国、德国、法国、英国、苏联)就非常重视核裂变的研究,起初主要是出于制造原子弹的目的,后来转向核能应用。之后,人们开始从核物理的角度对核裂变的机理进行研究。尽管钱三强、何泽慧在国外就进行过核裂变的研究,且富有成果,但国内启动这方面的研究是从1958年我国拥有反应堆后才开始的。

20世纪60年代初,二室已有若干个大组,如慢中子截面组(代号23组),裂变物理组(代号24组)、宏观中子组(1960年前代号21组,1960年后代号25组)、倍加器和快中子截面组(代号27组,也含九院代培人员)、九院代培组(代号28组)和轻核反应组(代号29组)。每个大组又分若干个小组,即课题组。为了适应国家核武器研制需要,1960年8月,室领导决定将张焕乔由中子衍射组调至裂变物理组，即24组。自此，张焕乔就与核裂变结下了终身之缘。

核裂变物理兼有实际应用和学科研究双重性质。20世纪50年代—70年代末，裂变物理组所从事的研究（如裂变瞬发中子数、裂变截面等）主要与我国的核武器研制相关。二室刚成立时，所长钱三强先生亲自兼任该组组长，何泽慧先生也参与该组的研究工作。后来由于钱先生工作繁忙，组长由肖振喜接任，不久肖先生调至中国科大任教，组长由黄胜年继任。

张焕乔到裂变物理组后，开始参加热中子引起的^{235}U裂变的瞬发中子数目分布测量。不久，如前文所述，何先生让他负责裂变谱中子引起的^{238}U全截面和裂变截面测量的国防任务，这是以二机部九局名义下达的第一批核数据测量任务。张焕乔按时圆满完成了任务❶。1962—1964年春，他负责完成了裂变谱中子诱发^{235}U和^{239}Pu裂变的平均截面测量❷。因为^{235}U、^{238}U和^{239}Pu等裂变物质是核武器研制的重要燃料，而且裂变谱中子与这些核的作用截面，可以直接用于核武器的设计计算中，不像单能点微观数据那样需要经过群常数的制作处理（当时我国在裂变谱中子能区没有单能中子源，不能进行单能点的中子数据测量）。因此，张焕乔承担的相关任务对我国早期的核武器研究很有价值。

1962年，苏联科学家观测到^{241}Am（实际为^{241m}Am，是^{241}Am的裂变同核异能素）自发裂变半衰期仅为14毫秒，难以合理解释。1967年，苏联科学家斯特鲁金斯基（В. Струтинский）在裂变理论上提出了壳修正的液滴模型，预言裂变核存在双驼峰裂变势垒，对1962年发现的令人不解的^{241}Am自发裂变半衰期（实际是^{241m}Am裂变同核异能素的半衰期）作出了合理的解释。该理论也很好地解释了1968年观察到的垒下中子共振裂变以及随后兴起的近阈

❶ 张焕乔，张培恕，陈进贵，黄胜年，裂变谱中子对^{238}U全截面的测量，原子能研究所Z. K. Y. Y. C1. P0046（1962）；张焕乔，陈进贵，崔德惠，裂变谱中子对^{238}U的平均裂变截面测量，中华人民共和国科学技术委员会原子能科学技术文献，1963年3月。

❷ 张焕乔，李泽，周书华，铀-235和钚-239对裂变谱中子的平均裂变截面测量，中华人民共和国科学技术委员会原子能科学技术文献，1965年2月。

共振裂变。在该理论的推动下，从实验上寻找裂变同核异能素的研究迅速成为研究热点，一个又一个裂变同核异能素被发现，这些核的双驼峰势垒参数也得以测量。当时，张焕乔对此十分感兴趣，跟踪了这方面的研究，也很想开展这类实验，但“文化大革命”严重干扰了科研工作，他只能在深夜读些文献，根本没有条件进行实验。

1969年10月—1971年2月，张焕乔在湖北潜江“五七”干校劳动。1971年3月从干校回来后，他用载镉大液体闪烁体探测器绝对测量了^{240}Pu自发裂变的平均中子数，并在快中子能区测量了^{238}U裂变瞬发平均中子数随中子能量的变化❶。

1973年，应国防任务需要，张焕乔负责建立了载钆大液体闪烁体探测系统❷，完成了快中子诱发^{239}Pu裂变的瞬发中子平均数随入射中子能量变化的测量❸。完成该测量后，从1979年起，他们利用建立起来的载钆大液体闪烁体探测系统，采用从兰州近代物理研究所借来的一个^{252}Cf自发裂变源，对^{252}Cf自发裂变体系进行了较为系统的实验研究。

首先，他们精确测量了^{252}Cf自发裂变的平均瞬发中子数及中子数目分布P(ν)❹。因为^{252}Cf的平均瞬发中子数是^{252}Cf中子源产额的初级标准，国际上都下大力气对它进行精确测量。在实验条件捉襟见肘的情况下，张焕乔小组工作严谨、细致，贡献了国际先进的成果，为这一初级标准提供了高精度的数据，被国际上赞誉为“高质量的测量”。

值得一提的是，当时国际上用大液体闪烁体探测器测量的^{252}Cf自发裂

---

❶ 裂变中子数测量组，^{240}Pu自发裂变瞬时平均中子数的绝对测量，原子能科学技术4，285(1975)；^{238}U瞬发裂变平均中子数在快中子能区随中子能量的变化，原子能科学技术4，362(1975)。

❷ 许谨诚等，闪烁液体载钆，原子能科学技术12(1)，14(1978)；张焕乔，温同庆，^{239}Pu快裂变室，原子能科学技术13(2)，113(1979)；刘祖华，中子数目分析器，原子能科学技术13(3)，337(1979)。

❸ 张焕乔，许谨诚，刘祖华，温同庆，丁声耀，陈志才，^{239}Pu瞬发裂变中子平均数随入射快中子能量的变化，原子核物理2，29(1980)。

❹ 张焕乔，刘祖华，^{252}Cf裂变瞬发平均中子数及中子分布测量，原子核物理1(1)，9(1979)。

变瞬发中子平均数有高、低两组不同的结果，彼此相差较大。张焕乔小组得到的值较低，支持澳大利亚波尔德曼（J. W. Boldeman）的结果。他们的实验结果出来后不久，美国橡树岭国家实验室（ORNL）的斯潘塞（R. R. Spencer）发表了一个精度甚高的数据，但其数值比所有实验室的结果都高得多。鉴于数据差异巨大，该实验室的美籍华人科学家黄卓然致信张焕乔，请他们仔细检查得到数据的各个环节。他们进行了认真检查并重新进行了独立计算，仍然得不出支持斯潘塞数据的结论。

不久，锰浴法和硼堆法也给出了新数据，其结果与张焕乔等人和波尔德曼等人的数据一致性很高，也不支持斯潘塞的数据。这样便消除了^{252}Cf自发裂变中子平均数在大液体闪烁体探测器方法和锰浴、硼堆方法长期以来存在的分歧。自此国际上就该问题达成了一致，时至今日也没有再出现新的测量。

后来，国际核数据委员会将张焕乔等人的数据作为原始标准数据收集和推荐，是该委员会认可的13个数据中精度最高的4个数据之一，是《热中子截面和^{252}Cf自发裂变中子产额》标准中作为原始数据被收入的唯一中国数据，多次被国外引用和评价。1980年，他们的结果送中子源国际会议后，立即得到国际原子能机构（IAEA）数据科拉麦尔（H. D. Lammel）的响应，也得到会议主席、美国标准局负责人卡尔松（A. D. Carlson）的关注。他们随即主动致信张焕乔，并寄来相关材料，希望与张焕乔课题组建立联系。1980年，欧洲联盟核测量联合研究中心总局的艾克顿（E. J. Axton）到原子能研究所访问，主动提出要与张焕乔见面。见面后他与张焕乔专门讨论了^{252}Cf的结果，并赠送了他的评价报告。张焕乔给他提供了关于^{252}Cf研究的英文文章。之后，艾克顿（E. J. Axton）又分析、评价了张焕乔等人关于^{252}Cf的研究工作。

其次，他们对^{252}Cf自发裂变体系进行了多参数关联测量。为此，他们在多参数数据获取系统方面花了不少时间和精力。张焕乔和刘祖华，与多道组的曲凤山、计算机组的张其欣等人合作，开发了逐个事件测量分析（event-by-event)的多参数获取技术。当时所里已开发了四参量在线处理程序,可以处理4个参数,但在线处理只能获得2个参数的结果。张焕乔等人的物理测量需要能够在线处理多个关联参数、逐个事件测量分析的多参数获取系统。当时四参量程序开发者表示他已试过多次,难以实现,劝张焕乔不必再费工夫。但他们并不死心,下定决心继续搞研发。他们用多路关联脉冲产生器在回旋加速器厂房(201厂房)的Tradak-C双通道输入的计算机多道分析器上开展多参数获取试验。坚持了几个月的时间,反复尝试,经过了失败、改进,再失败、再改进,他们不断总结规律、摸索经验,不断完善改进。苦心人,天不负,他们终于取得了成功。

鉴于此,他们就将载钆液体闪烁体中子探测器系统从静电加速器厂房(614厂房)搬到201厂房,开展了^{252}Cf自发裂变的瞬发中子数与碎片的质量、电荷和总动能三参数的关联测量,加上他们之前二参数测量的结果,实现了对^{252}Cf自发裂变瞬发中子较为全面、细致、深入的研究[1]。通过这些关联测量,给出了固定碎片质量和碎片质量加权平均的裂变平均瞬发中子数$\bar{\nu}_p$和瞬发中子数目分布宽度σ_υ随裂变碎片总动能E_k的变化,即$\bar{\nu}_p(E_k)$和$\sigma_\upsilon(E_k)$,也给出了固定总动能(E_k)的情况下裂变平均瞬发中子数$\bar{\nu}_p$和瞬发中子数目分布宽度随重裂变碎片质量的变化,即$\bar{\nu}_p(M_H)$和$\sigma_\upsilon(M_H)$,以及裂变平均瞬发中子数随裂变碎片电荷z的变化$\bar{\nu}_p(z)$。他们在不同碎片质量比和总动能下测量得到的^{252}Cf自发裂变瞬发中子多重性结果比同期美国洛斯·阿拉莫斯国家实验室(LANL)霍福曼(D. C. Hoffman)等人在《美国物理评论C》(*Phys. Rew. C*)上发表的结果好得多。霍福曼等人只测量了1万个裂变事件,而他们测量的事件多达10万个,因而得到的结果具有更好的统计性和规律性。他们的单碎片发射中子平均数随碎片质量变化的结果,最近还被美国理论家朗德鲁普(J. Randrup)引用。

再次,他们对^{252}Cf三分裂的瞬发中子数目分布及瞬发中子平均数与长程α粒子的动能进行了关联测量,首次在文献中给出了^{252}Cf三分裂的瞬发

---

[1] 刘祖华,张焕乔,丁声耀,许谨诚,刘绍明,张其欣,在不同碎片质量比和总动能下^{252}Cf自发裂变瞬发中子多重性,原子核物理6(1),1(1984)。

中子数目分布的实验数据，得到了三分裂与二分裂瞬发中子数目分布相似、但三分裂的平均瞬发中子数（3.03±0.02）明显小于二分裂的平均瞬发中子数（3.743±0.018）的实验结果。这意味着^{252}Cf长程α粒子伴随裂变（即三分裂变）的碎片平均总激发能比二分裂的碎片平均总激发能低约6MeV。从这两种裂变的瞬发中子数目分布的相似性可以推测得出：两种裂变在断裂时围绕平均状态的涨落十分相似。^{252}Cf三分裂的瞬发中子平均数与长程α粒子动能呈负关联，即随长程α粒子动能的增加而减少。结果表明碎片发射中子数与核断裂时刻碎片的初始形变相关。而三分裂瞬发中子平均数随长程α粒子动能的变化主要反映核三分裂时碎片变形程度与长程α粒子最终动能的某种关联，他们对两种极端情况进行了讨论❶。

此外，他们还对国内可获得的超铀核（包括^{240}Pu、^{242}Cm、^{244}Cm和^{252}Cf四种核素）的自发裂变平均瞬发中子数$\bar{\nu}_p$及中子数目分布P(υ)进行了精确测量，并得到了两个经验规律❷：即自发裂变瞬发中子平均数$\bar{\nu}_p$与裂变核质量数和裂变中子数目分布宽度σ_υ分别呈线性依赖关系。他们还用小立体角装置和云母径迹探测器分别测定了^{242}Cm的α衰变和自发裂变的半衰期，这是当时国际上衰变数据评价迫切需要的数据之一。他们充分利用国内条件，推动了超钚原子核的物理研究。他们的结果在国内发表后，被美国《核科学与工程》杂志选登。

一分耕耘、一分收获。张焕乔小组于20世纪70年代末到80年代初，在实验条件有限的情况下，基于其建立的载钆大液体闪烁体探测系统，对自发裂变核，特别是^{252}Cf的平均裂变瞬发中子数，裂变瞬发中子数目分布及其与裂变碎片的质量、电荷、总能量，以及三分裂的平均瞬发中子数与长程α粒子动能分别进行了单举和关联测量，取得了国际先进水平的结果，为我国乃至世界核裂变物理研究做出了重要贡献。张焕乔小组抓住裂变不放松，

---

❶ 刘祖华，张焕乔，丁声耀，刘绍明，^{252}Cf三分裂瞬发中子平均数与长程α粒子动能的关联，原子核物理3，281（1981）。

❷ 张焕乔，刘祖华，丁声耀，刘绍明，^{240}Pu、^{242}Cm和^{244}Cm裂变瞬发平均中子数及中子分布测量，原子核物理3，149（1979）。

继^{252}Cf等的自发裂变研究之后，从80年代后期开始，又在中国原子能科学研究院HI-13串列静电加速器上开展了近垒及垒下重离子熔合裂变反应研究，取得了一系列重要成果，至今这方面的研究仍在继续。

集体浸润与大师领航

张焕乔是幸运的，可谓生逢其时。1955年，北京大学物理研究室面向全国选拔优秀学生，张焕乔有幸入选。1956年9月，张焕乔北大毕业参加工作，恰逢中国科学院物理研究所中子物理研究室（二室）成立，钱三强、何泽慧等先后担任室主任，直接领导二室工作。张焕乔从一张白纸开始，就在大师麾下工作，师承大师学风，感悟大师品格，与集体共成长、同进步，备受教诲，受益终身，为他后来在学术上多有建树、领军一域奠定了基础。

二室为核武器研制而生，以服务"两弹一艇"为己任，逢山架路、遇水搭桥，做出了卓越贡献。如果翻一翻当时二室的花名册，一定会有种灿若星河的感觉——除了有钱三强、何泽慧、朱光亚这样世界知名的室领导之外，这个室还有一批年轻力壮、从欧美留学归来或国内名牌大学毕业的研究人员，如戴传曾、郑林生、李德平、肖振喜、陆祖荫、胡仁宇、唐孝威、孙汉城、项志遴、丁大钊、周德邻等，以及从苏联留学回来的生力军，如杨桢、黄胜年、顾以藩、钱皋韵、罗安仁、杨衍明等。加上张焕乔、王乃彦、王世绩等这批北京大学毕业生，二室的确是藏龙卧虎。据不完全统计，在二室工作过的两院院士多达15位，其中有两位是"两弹一星功勋奖章"获得者。

这个生机勃勃的集体心系祖国，以国家任务为使命，不服输、不怕苦、不嫌累，迸发出无比强大的战斗力。在钱、何两位先生的领导下，他们"边干边学、在干中学、干成学会"。基于反应堆和加速器，二室很快就成为当时国内唯一的中子物理基地，全面开展了核反应截面、中子能谱、裂变参数、中子注量和中子源强度测量，逐渐成为了一支听党指挥、能打硬仗的队伍。20世纪60年代初，国内有条件开展中子核数据实验测量的单位，实际上只有原子能研究所中子物理研究室一家。因此，他们承担并出色完成了我国核武器设计和核爆炸测试所需的核数据测量、检验以及核潜艇的中子屏蔽任务，并因此载入史册。

让我们简要回顾他们为我国“两弹一艇”的研制做出的重要贡献：

(1)在原子弹研制和核爆炸测试方面，为相关单位培养和输送了大批重要人才，如朱光亚、胡仁宇、唐孝威、陆祖荫、王乃彦、王世绩等；

(2)为核武器设计和核爆炸测试提供了很多重要核数据，如裂变截面、裂变中子数、裂变瞬发中子谱、裂变产物产额、中子去弹截面、次级中子微分截面和双微分截面，以及快中子核反应激发函数等；

(3)提供了金属铀(钚)的本底中子测量装置，并对第一颗原子弹所用的金属铀的本底中子进行了测量；

(4)提供了多种核爆测试方法和探测设备(如用核乳胶和固体径迹探测器测量核爆中子注量和能谱的方法)，并帮助测量分析了多个核试验样品(在含热核材料的原子弹试验和由空爆转入地下核试验的关键试验中，二室都承担了核试验样品的分析任务)；

(5)为氢弹研制及其测试提供支撑，早在1960年，二室即成立了与氢弹研制有关的轻核反应组，为氢弹所需核数据的测量做准备；后来又分别以何泽慧和杨桢为首，以二室为主或完全由二室人员完成了事关氢弹技术路线的紧急任务——氘-锂和中子-锂的反应数据测量；

(6)为我国核潜艇反应堆的中子和γ屏蔽提供技术支持，早在1958年，二室为配合核潜艇研制专门成立了核潜艇反应堆中子和γ屏蔽研究组，为核潜艇屏蔽做了大量研究工作。

此外，还在点火中子源、模拟裂变谱中子源、快堆中子谱测量等方面配合核武器研制单位做了许多研究工作。

伟大事业孕育伟大精神，伟大精神引领伟大事业。在几十年的拼搏进取中，二室在完成“两弹一艇”国家任务中逐步培育了一种精神，人们称之为“二室传统”：即“任务第一”的爱国思想、工作入迷的敬业精神、“着眼新奇”的创新意识、不计名利的无私奉献、崇尚勤俭的中华美德、严谨求实的科学作风、大力协同的全局观念、“边干边学”的育人方针[1]。

张焕乔浸润在这样的集体中，一步一个脚印地前进，一点一滴地成长，逐步从大学生转变为科研人员，再成长为科研骨干，之后成为课题组长、专业组长、学术带头人、知名专家。在这个过程中，他受到了钱三强、何泽慧、戴传曾等多位大师的感染、鼓舞、教诲、指导。入二室时，他如同一只雏雁，大师们如同领头大雁，引领他们飞翔，在一次次的飞行中，他逐步成长，逐步由尾雁成为中坚力量，进而继续大师未竟的事业，成为新时期领航核物理发展的领头雁。

其中，有三位大师令他终生难忘。

第一位是张焕乔参加工作后的第一任组长——戴传曾。戴先生是他进入学术研究的第一任领路人。当时戴先生的名气虽没有钱三强先生和何泽慧先生那样大，但也是全国知名的留英核物理学博士，是物理所和二室的业务骨干。他曾于1955年获中国科学院自然科学奖三等奖，即首次国家自然科学奖三等奖。

» 图3-12　戴传曾先生

戴传曾先生1921年出生在浙江宁波的一个知识分子家庭。祖父是清朝末年的举人。父亲是一名中学数理化教师。1938年他以优异成绩考入西南联合大学，成为该校第一届学生。1942年，在吴大猷的指导下，完成了关于用分析力学解决天体中行星运动问题的毕业论文。毕业后他留校任助教。1946年，他参加中英“庚子赔款”官费留学考试，在报考物理专业的400人中高居榜首，被录取到英国留学。1947年8月，他

❶ 参见《中子物理研究室成立六十周年纪念文集》，唐洪庆等，2016年。

赴英国利物浦大学，师从中子发现者、诺贝尔奖获得者查德威克（James Chadwick）教授。戴传曾与英国同学米德尔顿（R. Middleton）合作做氘核轰击其他原子核引起的中子角分布实验研究，计算得出了很多原子核能级的宇称和自旋，成为研究（d，n）削裂反应的首批成果。他还研究了核乳胶的收缩因子及射程修正。1951年获英国利物浦大学哲学博士学位。1951年年底，他回国后到近代物理所工作，接过钱三强所长亲自主持的核探测器组，开始了艰苦创业，研制中国第一代核探测器。1952年年底，他任核探测器组组长。从1956年开始，张焕乔在戴传曾先生的带领下，利用原中央研究院留下的一台X光衍射仪在所里实验工厂改建成中子晶体谱仪。同时在戴先生指导下，张焕乔等与长春光机所合作，设计、建造了另一台中子晶体谱仪；并将与长春光机所合作制成的中子晶体谱仪改建成了中子衍射仪。这是中国第一台中子衍射仪，也是当时社会主义阵营内精度最高的中子衍射仪[1]。

张焕乔在戴先生领导下工作的时间虽仅有4年（包括张焕乔留苏的15个月），但戴先生活跃的学术思想、敢为人先的开拓精神、严谨踏实的治学态度深刻影响了他。2001年，原子能研究院纪念戴传曾院士诞辰八十周年时，张焕乔撰文深切缅怀他的恩师——戴传曾先生[2]。文中说道："我一踏上工作岗位，就有幸在他的领导之下，得到他的指导和教诲，这使我的科学研究工作一开始就有了一个良好的开端。记得他第一次给我布置工作时，要求我在一个月内读完五篇文章和Hughes写的*Pile Neutron Research*（注：胡格斯写的《堆中子研究》）一书的两章内容，写出读书笔记交他审阅，并作报告。当时我英文很差，全靠一本（英汉）词典，经过夜以继日的努力，总算提前几天完成了任务。虽不知戴先生如何评价，但我受益匪浅。戴先生当时是气体探测器大组的组长，除在气体探测器方面指导四位大学生外，同时还要指导六位大学生研制中子晶体谱仪、NaI（TL）晶体及闪烁谱仪、栅网电离室、锰浴法的中子源强度标定等多项课题。每周一、二他找每个课题的人讨论工

[1]《戴传曾论文选集》，原子能出版社，1995年。

[2] 张焕乔，深切怀念尊敬的戴传曾院士，《原子能院报》纪念戴传曾院士诞辰八十周年专版，2000年10月17日。

作，检查和解答工作中的问题，并布置新的工作。有时他为我们讲课，有时由我们作报告，他向我们提问，生动活泼地讨论，紧张愉快地工作。我们就是这样在戴先生亲自指导下成长起来。他是一位要求严格、平易近人、待人热情、可亲可敬的师长。”

文中还说：“我在戴先生领导下工作的两年里，有许多这样的亲身经历，使我对他越来越敬佩。戴先生是一位基础深厚、治学严谨、勇于开拓的学者。他常常教育我们在工作一定阶段后要再去系统阅读基础知识，这样有利于融会贯通，开阔思路，拓宽知识领域。先生的言传身教给我们留下深刻的印象。”他还引用王淦昌先生为《戴传曾论文选集》撰写的序言作为文章的结尾：“在与他多年的交往中，我们深深地感到，他在实验核物理、反应堆物理、反应堆工程和核电安全等宽广的专业领域内，知识渊博、造诣很深；他爱国热情高，事业心强，哪里需要他就到哪里，对工作认真负责，为人光明磊落，坦诚直爽，坚持真理，无私无畏；他生活艰苦朴素，廉洁奉公，善于团结同志，热心培养人才。”

第二位是何泽慧先生。何先生是20世纪世界知名的核物理学家，被誉为中国的“居里夫人”，是铀核三分裂和四分裂的发现者。当时她直接领导二室，张焕乔与她的接触较多，受其影响颇深。

何先生1914年出生于苏州。父亲何澄早年留学日本，是同盟会最早的成员之一。他对子女的教育思想是：“科学、自由、平等、独立”，要求子女“对技术要精细周到，对事物要明快通达，对人要忠厚宽大。”何先生的母系也是书香门第。她从小就受到父系和母系双重书香门第、开明家庭的熏陶，于1920年进入振华女校，在该校共学习了12年，从小学读到高中毕业。在振华女校，她在德智体美、诗文书画等方面得到了全面发展，在理科和英文方面也打下了很坚实的基础。

» 图3-13　何泽慧先生

1932年，何先生考取了清华大学物理系。最后以《实验室用电流稳压器》为题的毕业论文获得了90分的最高分，与钱三强先生并列第一。毕业后，何泽慧先生选择赴德国攻读博士学位。出于抗日爱国热诚，她毅然选择了柏林高等工业大学技术物理系“实验弹道学”专业。何先生打破了技术物理系不招收外国学生和弹道专业不招收女性学生的先例。1940年，她以一篇《一种新的精确简便测量子弹飞行速度的方法》的论文，获得工程博士学位。随后进入柏林西门子公司弱电流实验室工作。在那里她见到了南京安全区国际委员会主席、西门子公司驻华主管拉贝。拉贝将自己搜集的日军暴行照片给她看，何先生成了拉贝这一历史性义举的见证人。1943年，经帕邢教授介绍，何先生到海德堡威廉皇家学院核物理研究所，在波特（1954年诺贝尔物理学奖获得者）指导下从事原子核物理的实验研究。1945年，何泽慧先生在研究正电子能谱时，发现一条近似于S形的径迹，这是正负电子碰撞而不湮没的稀有现象，发现了正、负电子散射。1945年11月3日，英国自然期刊（*Nature*）称何博士的发现是“一项科学珍闻”。从1943年起，何先生与同学钱三强开始书信往来，在异国他乡和战火纷飞的环境下，两颗心逐渐靠拢。1946年春，何先生离开德国；4月8日，他们在中国驻法大使馆办理了结婚手续。晚上在东方饭店举办了婚宴，从此与钱先生开始了共同的科学生涯。1946年下半年，钱三强和何泽慧发现了铀原子核在中子轰击下发生的三分裂变现象。1946年11月20日，何先生发现了第一个四分叉事例；次年2月，又发现了第二个四分叉事例，他们发现了原子核的四分裂。这些发现得到了许多著名科学家的祝贺。尽管在科研上取得了重要成就，钱三强先生和何泽慧先生没忘记出国学习的初衷，决定尽快回到祖国去，和其他科学家一起，使原子核物理这门新兴科学在祖国的土地上生根、开花、结果。1948年5月，钱三强和何泽慧由巴黎动身回到祖国。随后她被聘任为北平研究院原子学研究所专职研究员。1950年5月她任中国科学院近代物理研究所研究员。

自1950年2月起，何泽慧先生指导并亲自开展了原子核乳胶、威尔逊云室和电子放大器的研制及重元素分离的方法研究。何先生领导的小组在十分简陋的条件下开展核乳胶的研制工作，经过几百次试验，终于在1956年制成了主要性能达到英国伊尔福C-2水平的核乳胶。这项工作获得1956年度中国科学院自然科学三等奖，即首次国家自然科学奖三等奖。

1955年1月，党中央作出了我国发展原子能事业的决定。中子是利用原子能的关键，但中子物理实验在我国的研究基础几乎是零。何泽慧先生承担了建立和发展我国中子物理的重任。

1956年9月，中科院物理所中子物理研究室成立。张焕乔正赶上研究室的创建时期，在何先生的直接领导下参与了中子物理实验设备的建设和许多国防任务，亲身感受到了何先生的言传身教和大师风范。何先生去世后，张焕乔悲痛万分，在他写的悼念何泽慧先生的文章[1]中说："何先生是引领我步入科学研究的恩师"，他还叙述了何先生给他回信的故事："1958年9月何先生作为我们的室主任，通知我去苏联实习。我到了莫斯科库尔恰托夫原子能研究所，由于是从国内'大跃进'形势下出去的，一时不适应苏联正常的研究环境，自己头脑还发热，不到三个月就写信给何先生，要求回国继续参加'大跃进'。非常感谢何先生及时给我一封回信，明确指出要注意学习人家积累的科学研究方法和先进经验，并告诫我这些正是我所欠缺的。何先生的忠告使我冷静下来，不仅安心努力工作，也更有意识地学习人家工作中的思路、方法和特长，从中得到不少收益。"还叙述了何先生对待新发现的态度，"1960年2月回国后不久，杨桢先生在中子晶体谱仪上发现压电振荡石英单晶中子衍射增强的现象。何泽慧先生作为室主任，亲自抓这项工作，组织多次研讨，严格把关，确立发现，集思广益，探讨机制。我有幸参加了这些研讨，亲眼看到一位高级科学家如何抓新现象发现的全过程，深受教育。使我联想到钱三强与何泽慧先生当年在法国发现原子核三裂变与四裂变的情景。"在这篇悼念文章中他还回忆了何先生鼓励年轻人创新的教诲，"1960年秋，为了适应国家研制核武器的需要，钱三强所长知道我在苏联参

---

[1] 张焕乔，引领我步入科学研究的何泽慧先生，《原子能院报》，2011，第38期；或《何泽慧文选和纪念文集》，山西教育出版社，2015年，第259页。

加过中子裂变截面的测量,决定将我从中子衍射组调到裂变物理组,在何泽慧先生领导下开展工作。何先生总是鼓励我们年轻人,要相信自己,多动脑筋,不要迷信外国人,走自己的路,要在现实条件不足的情况下想办法做出高水平的工作。她的言传身教,使我更加明白做科学工作贵在创新的道理。1961年下达测量^{238}U裂变谱中子平均裂变截面的任务,当时中子物理研究室初建,中子源强度标定工作刚开始,中子通量测量技术还未开展,正是在何先生领导下,我想出用热中子平均裂变中子数来代替中子通量的测量,确立了一个好的方案,实现了裂变截面的绝对测量。但是,在实际工作中需要制备一块约12厘米×58厘米的大面积的均匀铀样品,这是一个难点。为了解决这个问题,我想先调研不同制靶方法的文献,进行比较。当时找到一篇用电化置换法制备铀样品的德文文章,那时我不懂德文,只好去请教何先生,她从头到尾给我详细讲了这篇文章,最后还对我说,以后你要先自己读,把看不懂的地方记下来,再来找我,这样会使你印象深刻。这使我再次懂得做科学研究工作一定要自我锻炼,下苦功夫。这次总算用电化置换法制成3块样品,顺利完成测量任务,测量结果至今与国外数据很好一致。那时组里经常有学术报告,何先生都来参加,有时还请理论家来一起讨论,帮助我们尽快成长,也让我们提出报告,谈自己的学术见解。在工作中她要求我们独当一面,直接负责工作。在她指导下,在这四年里,我先后完成了^{238}U裂变中子谱的平均全截面和^{235}U、^{238}U和^{239}Pu裂变中子谱的平均裂变截面的测量,并完成了异形钋α放射源强度的绝对测量和建立小立体角测量装置的紧急任务。1965年年底下放回来,何先生又安排我承担检验国产石墨核性能的测量,为军用天然铀石墨生产堆的安全运行提供必要的数据。我深深感觉到在何先生领导下,她让我们明白完成国家事业的需要就是我们的责任,她对实验原始数据的极度重视,促使我们在工作中更加细心严谨,她常说要'立足常规,着眼新奇',鼓励我们注意在工作中创新。回想起来这段时间过得充实而紧张。"最后张焕乔深深庆幸自己能在这样的名师指导下工作,"我感到非常幸运,在我刚步入工作,就有这样一位治学严谨、刚正不阿、爱国奉献、淡泊名利、生活朴实和平易近人的何泽慧老师领我入门，她对事业的热爱和追求给我留下永远的记忆。何泽慧先生永远是我学习的榜样。”的确，在事业心、创新、勤奋、节俭、严谨、细致等方面，可以说，张焕乔从何先生身上得到了真传。

第三位是钱三强。钱三强曾兼任二室主任和裂变物理组组长。张焕乔当时正在二室工作，还在裂变物理组工作过，有了近距离接触钱三强先生的机会，也受到钱先生言传身教。

» 图3-14　钱三强先生

钱三强先生出生在浙江湖州的一个书香世家，他的父亲钱玄同，是我国近代著名的语言文字学家。他受章太炎、秋瑾等革命党人的思想影响，竭力主张推翻清朝统治。随后他又与陈独秀、李大钊、严复、胡适等一批有进步思想的教授一起，投入了新文化运动，是进步刊物《新青年》的积极支持者和轮流编辑。钱三强少年时代即随父亲在北京生活，从小就接受了良好教育和进步思想的熏陶。1929年，在父亲的支持下，钱三强考入了北京大学理科预科，同时还听本科的课程。吴有训先生教授的近代物理学、萨本栋先生教授的电磁学吸引着钱三强。两位学者的博学及严谨的治学精神对钱三强产生了深刻的影响。钱三强决定学习物理，于是报考了清华大学物理系，就读在吴有训教授门下。1936年，钱三强以毕业论文90分的优异成绩毕业。经吴有训教授的推荐，他到北平研究院物理研究所著名的物理学家严济慈所长的手下工作。之后，钱三强考取中法教育基金会的公费留学生。1937年9月，钱三强来到巴黎大学镭学研究所居里实验室攻读博士学位。导师是伊莱纳·约里奥-居里夫人。为了使钱三强有更多的学习机会，居里夫人提议，让他到约里奥先生主持的法兰西学院的原子核化学研究所学习，他可以在这两个地方轮流工作。在导师的指导下，钱三强很快完成了博士论文——《α粒子与质子的碰撞》。

1940年获得了法国国家博士学位。1946年春，他与何泽慧先生等人合作，经过反复实验，发现了铀核的三分裂和四分裂现象。1946年年底，他荣获法国科学院亨利·德巴微物理学奖。1947年升任法国国家科学研究中心研究导师。同年，法国科学院还向钱三强颁发了物理学奖。在法国11年的勤奋努力使钱三强获得了最高的奖赏，也赢得了留法中国人中学术水平最高的地位。在这样优越的工作条件和生活条件下，钱三强却决心回国。得知他要回国后，身为法国共产党员的导师约里奥满意地说："要是我，也会作出这样的决定。"钱三强又去向居里夫人话别。居里夫人语重心长地说："我俩经常讲，要为科学服务，科学要为人民服务，希望你把这两句话带回去吧！"导师的话，成为他一生的座右铭。1948年5月，钱三强和夫人何泽慧，抱着未满半岁的女儿，离开巴黎，回到了阔别11年的祖国。他回国不久就遇到1949年1月的北平和平解放，他在兴奋中骑着自行车赶到长安街汇入欢庆的人群。

1955年1月14日，周恩来总理在办公室会见了钱三强和地质学家李四光，听取了李四光关于我国铀矿资源勘探情况和钱三强关于原子核科学技术研究状况的介绍。听完后，他告诉钱三强和李四光："明天毛主席和中央其他领导要听取这方面的情况汇报，你们可以带些铀矿和简单的仪器，作现场演示。"第二天，钱三强和李四光来到中南海的一间会议室。毛主席开宗明义："今天，我们做小学生，就原子能问题，请你们来上课。"李四光先讲了铀矿资源以及与原子能的关系。钱三强汇报了几个主要国家原子能发展的概况和我国这几年做的工作，并做了演示。最后主席做总结：过去几年，其他事情很多，还来不及抓这件事。这件事总是要抓的，现在到时候了，该抓了。

1956年钱三强参加了我国第一次12年科学规划的制定，与钱伟长、钱学森一起，被周恩来总理称为中国科技界的"三钱"。1950年，中国科学院近代物理研究所成立后，钱三强先后担任了副所长、所长，中科院物理所（1953年由近代物理所更名）、原子能所所长（1958年由物理所更名）和二机部副部长等职务。钱三强先生为我国核武器发展呕心沥血、甘愿放弃自己的学术事业，为我国科学发展而仗义执言的大无畏品质，高瞻远瞩、大力协同、全国一盘棋的全局观念，对青年科学工作者的关心、重视和培养的爱才之心，给张焕乔留下了深刻的印象，鼓舞着他在困难和挫折中奋勇前进。张焕乔在《学部通讯》中撰文分四方面回忆了钱先生的指点与教导[1]。

在第一部分“鼓励我走上工作岗位”中写道：“记得1953年武汉大学邀请钱先生与物理系师生见面，作为学生这是我第一次见到钱先生。记忆中，他手提一个满载的大公文包，精力充沛地走进会场，做了一个精彩的报告，让我了解到国家核物理事业正百废待兴，急需一大批人才。我在物理系学习前就对核物理很感兴趣，听完报告后更是深受鼓舞，坚定了自己学习核物理的信心。1955年，国家为了发展原子能事业，培养人才，决定从几所重点大学选拔学生到北京大学物理研究室（技术物理系前身）学习，我有幸被选中。在此期间，钱先生给我们做过两次报告，一次是入学动员报告，另一次是毕业分配动员报告。他生动而精彩的报告给了我们极大鼓舞和力量。钱先生对青年学子寄予极大希望，教育我们要努力学习，掌握科学知识，报效祖国；要求我们服从国家分配，响应国家急需，积极投入工作。在钱先生的谆谆教导下，我愉快地走上了工作岗位，被分配到中科院物理所（原子能所前身）中子物理研究室。钱先生是室主任，何泽慧先生是副室主任。……我分到戴传曾先生领导的研究组，参加他负责的中子晶体谱仪课题。戴先生曾提到，因当时国内精密加工条件差，需要多单位协作开展研究，为此，钱先生专门与长春光机所王大珩所长商定由两家合作研制谱仪。我听了很吃惊，心想钱先生那么忙，还能亲自出面，仔细关心一个课题，确实令人佩服。我心想，有这样的好所长，又有戴先生这样的好老师领着干，自己一定要加倍努力把事情做好。”

在第二部分“敏锐的科学眼光”中说，“1959年，我在苏联库尔恰托夫研究所实习，有一次，钱先生、朱光亚和力一他们去杜布纳联合核研究所出席成员国全权代表会议。会后，他们在莫斯科短暂停留，一天晚上，我向钱先

[1] 张焕乔，《钱三强院士的指点与教导》，学部通讯 3，7（2015）；或《张焕乔文集》，科学出版社，2016年。

生和朱先生汇报在苏实习情况，报告了除在库尔恰托夫研究所参加中子晶体谱仪和机械单色器上裂变截面测量外，还在苏联理论与实验物理研究所参加在极化中子衍射仪上研究低温反铁磁性实验。钱先生当即强调要我们眼光放远一些，学习知识不要局限，多关注反应堆上研究工作的新动向。过两天，钱先生他们来库尔恰托夫研究所参观，我的导师彼伏日涅耳陪同。当钱先生看到他们正在反应堆上用热中子非弹性散射来研究固体声子谱时，他很感兴趣。当场向彼伏日涅耳提出，请他将我学习时间延长半年，参加这项工作。当时，我国反应堆刚启动，正进行核物理实验研究，钱先生就深谋远虑地考虑到下一步。1972 年钱先生陪同美国高能物理代表团来我所访问，我向来访者介绍了压电振动石英晶体中子衍射增强现象的发现，引起来访者的兴趣。当钱先生了解到我所这方面工作仍处于停顿时，多次建议李寿枬副所长尽快恢复这方面工作。后来，钱先生还极力推动我所与法国合作建立冷中子源。”

在第三部分“谆谆教导，为‘两弹’出力”中谈道：“由于苏联背信弃义撕毁协议，撤走专家，中央决定自力更生开展‘两弹’研制。当时，我所上下一心全力支持国家‘两弹’任务，钱先生费尽心血，日夜操劳，他大力推荐了一批高级科学家和优秀青年科学骨干人才直接参加核武器研制工作。在原子能所，他成立了相应的任务组。1960 年秋，钱先生提出将我从中子衍射组调到裂变物理组，承担核武器研制计划第一批中子核数据——重核对裂变谱中子的平均裂变截面的测量任务。在这期间，钱先生经常来到我们研究室，给我们讲国家需要，给大家鼓劲，还用数学上的矢量作比喻来讲又红又专的关系，感觉挺形象，希望我们做又红又专的人。我还记得有一次他来到研究室传达陈毅元帅的讲话：‘如果你们把原子弹搞出来了，我这个外交部长的腰杆子就硬了，外交部长也好当了。’听到这样的话，我们内心不由热血沸腾，攒足了劲干活。1962 年夏天的一个深夜，我回宿舍路上碰到钱先生在散步，他关切地问起我工作进展，我告诉他：‘我们刚测出 ^{235}U 裂变截面，比国外仅有的一个数据大 5% 左右，似乎我们的结果可信。’钱先生说：‘你们做科学研究，一定要反复推敲，提供可靠的数据。重要的数据不要轻易相信国外的，他们也不轻易给。要自己做工作，相信自己。还要抓紧工作，有紧迫感。'钱先生的教诲，让我小心做事，踏实工作，对国家负责，对人民负责。”

在第四部分“最后的教诲”中说：“1992年1—2月份，我最后两次见到钱先生，一次是他让我带口信给黄胜年，另一次是我去与钱先生和何先生辞行，因三月份我要去意大利工作一年半。见面时，钱先生教导说：‘现代的科学研究都规模很大，搞原子弹氢弹不只是少数人奉献，主要是党的领导，大力协同，这是集体创造……任何时候，科学研究都要大力协作，既要发挥个人才能，也要发挥集体的智慧，努力创新……'钱先生还告诫我们：‘在谈自己工作时，一定要实事求是，切忌夸大，不要把别人的工作说成是自己的工作，更不要把身边年轻人的工作说成自己的。'这些教诲，我牢记终身。”

钱三强、何泽慧、戴传曾，三位大师有一个共同特点——爱国心和事业心极强，他们视祖国为自己的母亲，视原子核事业如自己的子女。他们每天除了少量的睡觉时间外，其余时间和所有的精力几乎都投入到了他们热爱的工作上。而且不畏挫折、勇往直前，废寝忘食地进行科学研究。戴先生在“拔白旗”运动中大受批判，连对他搞极化中子的β衰变来验证李政道-杨振宁的宇称不守恒理论也被批为“黑题目”。但运动之后，为了迎接反应堆的启动，他马上抓紧时间研制中子晶体谱仪。何先生在“社教运动”中被间接批判后，仍亲自挂帅完成事关氢弹技术路线的任务。钱先生为我国核武器研制调兵遣将，安排好各种大小课题之后被架空，而且在我国第一颗原子弹爆炸三天后就下放到农村，回来后仍一如既往地工作。“文化大革命”中，钱、何被抛出，作为全所的反动学术权威，遭到了批判、关管和抄家，后来又下放到陕西合阳“五七”干校，在那样艰苦的条件下，他们仍以浩瀚的宇宙作为实验室，研究天空出现的彗星。他们对科学事业的忠诚和热爱，对个人得失的淡泊，令人敬仰。他们永远是张焕乔心中的榜样。这三位榜样的爱国敬业、忘我奋斗、坚毅不屈、永不言弃，始终是张焕乔科研生涯的精神食粮和营养，永远鼓舞他奋勇前进。

作为原子能所二室的创业团队成员，张焕乔与二室共同成长，在二室这个光荣战斗的团队里，张焕乔经过创建谱仪的锻炼，经过留苏的锤炼，逐步担负起国防任务的重任，在大师们的指导、感染和教诲下，一步步成长成才，逐渐成为一位事业心强、勤奋刻苦、严谨细致、经验丰富、年富力强、能独当一面的学科带头人。此后，张焕乔将在更广阔的范围开展科研探索、将走向更宽广的科研舞台、将取得更多元的重要成果，并引领有关实验研究的发展，为中国核物理赢得更多声誉。

第四章

科研中格物致真

进入大学后，张焕乔一直对核物理情有独钟。参加工作后，他的核物理研究主要是在谱仪建设和完成国防任务方面。在“两弹一艇”研制的关键时期，他把国防任务放在第一位，同时，在不影响国防任务的前提下，也关注核物理中的新现象，跟踪国内外核物理研究动向。随着国防任务的减少，国家实施改革开放，核物理研究迎来了春天，他又不失去时机地由为国防服务转入为国增光的核物理研究领域。作为一个有准备、有想法、有能力的中青年科学家，张焕乔敏锐地把握核物理实验研究热点领域，想方设法、创造条件开展实验。为了在我国新建设备上开展研究，他走出国门，到国外研究机构访问、开展合作研究。积累经验后，回国建设自己的实验平台，推动我国相关研究工作进入国际前列，并取得了令世人瞩目的重要成果，逐渐蜚声海内外。1997 年，他当选中国科学院院士，得到了国家和同行的认可。然而，这一路走来，道路并不平坦，故事很多。

矢志不渝
建实验平台

自从被选调到北京大学学习核物理专业，张焕乔就如鱼得水似的进入了核物理领域。毕业后更是分配到了从事核物理研究的物理所二室，自此开始了他与核物理的亲密接触。在前期工作中，由于国防建设的需要，张焕乔从事的更多是工程应用工作，进行基础研究的机会不多。但是，他对基础研究的兴趣并未消减。

20世纪60年代中期，苏联科学家斯特鲁金斯基（В. Струтинский）在原子核液滴模型的基础上加入了原子核的壳修正，预言了裂变双峰势垒和裂变同核异能素的存在。张焕乔对寻找新奇核很感兴趣，时值“文化大革命”，无法开展实验，他就利用业余时间阅读文献，跟踪国际动态。

70年代初，国际上理论家用带壳修正的宏观-微观液滴模型预言，在质子数Z=114和中子数N=184附近，存在一个超重元素稳定岛。平均场理论则预言，在Z=120、N=172或Z=126、N=184附近存在超重元素稳定岛。张焕乔对在实验室和自然界寻找超重元素高度关注，从“五七”干校回京后立即开展了学习和调研。1972年，在第一届全国核物理大会上，他提出将他们组里的大型载镉液体闪烁体中子探测器放到地洞中寻找自然界超重核的建议。著名核物理学家赵忠尧先生在总结报告中对他的建议予以表扬。原子能所领队苏宜生由此跟他开玩笑说：“你是受到核物理学界老前辈赵忠尧先生表扬的人。”

与张焕乔同组的许谨诚、刘祖华等人对裂变双峰势垒、裂变同质异能素、超重元素稳定岛也很感兴趣。70年代初，他们一起探寻裂变同质异能素和超重核。彼时他们风华正茂，博闻强识，精力充沛。他们到军事医学科学院，与有关人员沟通，劝他们设法恢复该院的强流高压倍加器，以便用该加速器的强流氘束、通过 d-T 反应产生高强度的中子，用以辐照重原子核得到裂变同质异能素。另外，许谨诚趁去贵州探亲之机，专程到贵阳地化所求助，请他们帮助制备陨石和海底锰结核粉末样品，并计划用夹心云母固体径迹探测器的方法进行符合测量，寻找自然界的超重核。正当他们开始将计划付诸实施时，1973 年九院向原子能所提出了“精准测量 ^{239}Pu 快中子裂变瞬发中子平均数随入射能量变化”的任务。为了保障任务完成，所、室领导让他们立即转向。为了我国核武器的发展，他们二话没说，听从安排，立即着手建立载钆液体闪烁体探测器系统，准备相关测量条件，于 1978 年顺利地完成了该项任务。

张焕乔小组的思路很清晰：有国防任务时，一切为任务让路；没有任务时，人不能闲着，必须想法开展有意义的基础研究。完成快中子诱发 ^{239}Pu 裂变瞬发中子平均数测量任务后，他们利用测量 ^{239}Pu 裂变瞬发中子数的载钆大液体闪烁体探测系统，开始了裂变物理的基础研究。

他们从兰州近代物理研究所借来 ^{252}Cf 裂变源，对 ^{252}Cf 自发裂变瞬发中子平均数和中子数目分布，及其与裂变碎片质量、电荷、总动能的关联进行了测量研究，探讨了这些参量之间的关系和规律。

1979 年，正当张焕乔用 ^{252}Cf 进行裂变多参数测量的时候，原在二室工作过的唐孝威从德国回来（唐孝威在德国丁肇中组工作时，曾参与发现胶子）。应王淦昌所长的邀请，唐孝威到原子能研究所指导所里的有关工作。彼时唐孝威住在原子能所集体宿舍，张焕乔与他进行了广泛的讨论。他们反复研究后决定，合作检验李政道先生提出的西格玛（σ）模型。该模型认为，自然界中除了正常态的核物质外，可能还存在高密度的核态物质。这种超密原子核的特点是其密度比正常态原子核的密度高，每一核子的结合能特别大，可能达几十兆电子伏到几百兆电子伏。

为了探寻可能存在的超密核，他们用铅玻璃契仑柯夫全吸收谱仪在 ^{252}Cf 自发裂变中搜索高能 γ 射线，对能量在 50~240MeV 区域的高能 γ 射线进行了测量,得到了每次裂变放出高能γ射线的概率不超过1.4×10^{-6}的上限,置信水平为95%❶。

这些在核物理领域的研究与探索经历,使张焕乔在核物理方面的潜质逐步显现。时值70年代末,“两弹一艇”研制向原子能所二室提出的任务已越来越少,张焕乔决意开辟新的核物理基础研究。后来,恰逢原子能所从美国引进了一台串列式静电加速器。他通过调研提议在这台加速器上开展垒下重离子熔合反应研究,得到了所里批准,开启了他在核物理实验中格物致真的新征程。

但是在当时的历史背景下,原子能所引进串列式静电加速器并不是一件易事,经历了不少波折。早在1972年的第一届全国核物理大会上,原子能所、兰州近物所、上海核子所和高能所的与会人员就一致提出在中国建立一台串列式静电加速器的建议。考虑到赵忠尧老师是人大常委,有机会见到国家领导人,大家希望通过赵老师向中央领导递交建议信。赵忠尧先生积极支持这个建议,他早在60年代就提出过这样的设想。赵老师表示,这台加速器应建立在中关村,至少建在玉泉路。当时会上各单位领队不好当场表态,只说回单位汇报后再说,因此拖了下来。不久,“文化大革命”反击右倾翻案风掀起,从国外引进串列加速器一事在原子能所受到批判,此后谁也不敢再提。1978年党的十一届三中全会后,国家实行了“改革开放”的方针。这时原子能所重新提出建立串列加速器的建议。在所领导和老一辈科学家的大力支持下,很快得到了国防科工委的批准,同意从美国引进一台端电压为13兆伏(MV)的串列式静电加速器。

70年代末,所里成立了引进串列加速器物理筹备组,原子能所副所长李寿枬担任组长,二室和七室各派两人参加筹备组,张焕乔作为二室选派人员参加。筹备组人员一起讨论了串列加速器的物理终端、电子学和计算机获取系统等设备的建设问题。经过讨论,一致同意从瑞典引进一台分立磁极的磁谱仪(约80万美元)。后来不料筹备组长拍板,买进了一台当时国际上

❶张焕乔,丁声耀,刘祖华,张贵山,刘绍明,唐孝威,李焕铁,^{252}Cf自发裂变中高能γ的搜索,高能物理与核物理6(4),491(1982)。

最先进的Q3D磁谱仪(150多万美元),占用了大部分物理终端经费。由于磁谱仪占用的经费过多,在物理终端总经费有限的情况下,必然要削减其他项目的经费,因此引起了议论。最后剩下的串列物理终端经费由串列物理筹备组组长、七室主任和二室主任商定了分配方案:35万元人民币用于在束γ实验研究用的高纯锗γ探测器阵列,35万元人民币用于以极化束核反应研究为主的通用靶室,35万元人民币用于快中子飞行时间角分布谱仪,30万元人民币用于(n,n′γ)和高能γ射线探测用的NaI(Tl)探测器系统,18万元人民币用于张焕乔小组的裂变靶室系统。

在这样的背景下,张焕乔负责建立裂变靶室和滑动密封飞行时间靶室等设备,这些设备是他开展重离子熔合反应研究的实验平台。彼时,组内的许谨诚作为我国第一批访问学者赴美深造,张焕乔和刘祖华在国内。他们经过认真调研,结合他们原来从事裂变物理研究的经验,选定在串列加速器上开展近垒和垒下重离子熔合反应的研究方向,得到了所、室领导的认可。

当时,国际上观测到中重核反应系统垒下熔合截面比理论预言值高出2~3个数量级,垒下熔合增强研究方兴未艾。1979年,张焕乔开始与机械设计师林福章合作,完成了裂变靶室的设计。由于当时领导下达设计的裂变靶室直径较小,难以进行飞行时间测量,在征得领导同意后,又设计了一个滑动密封飞行时间靶室。1981年,他将靶室设计图纸交实验工厂加工。

1981年,针对引进的串列加速器,原子能所召开了串列加速器物理讨论会,邀请国内核物理界专家参会。根据领导布置,张焕乔在会上提交了“带电粒子裂变的进展”的调研报告❶。

1982年,考虑到我国串列加速器尚未建成、不能开展重离子实验研究,为了了解国际上在串列加速器上的物理研究情况,以便在新建的串列加速器上开展更有意义的研究工作,张焕乔应邀自1982年1月起赴意大利里亚洛国家实验室(LNL)工作了两年,并短期访问了德国、法国、美国、日本等国的核物理实验室,掌握了在串列加速器上开展重离子熔合反应研究的状况

❶张焕乔,带电粒子裂变的进展,原子能研究所串列加速器物理工作研讨会资料,1981年9月。

和实验技术。

1984年2月，张焕乔回国。回国后，他向领导汇报了在意大利的工作情况，并提出了拟在原子能所串列加速器上可能开展的工作建议。他拟议要开展的研究包括如下三个方面：

（1）测量近垒和垒下熔合裂变反应碎片角分布，抽取复合核的均方自旋值，检验垒下熔合模型理论；（2）测量重离子熔合裂变的中子多重性，揭示实验偏离统计理论的物理原因；（3）建立静电偏转器，测量近垒和垒下熔合反应激发函数，揭示新的耦合因素。

然而，事情并没有想象中的那样顺利。回到组里后，张焕乔得知裂变靶室还没有加工，滑动密封飞行时间靶室被否决，分配的经费更是从18万元人民币减为12万元人民币。这无疑给了他当头一棒。他立即到实验工厂了解情况，找李跃华厂长讲述了原来既定的工作安排和计划，得到了他的理解和支持。李跃华厂长承诺于1985年将裂变靶室加工出来。裂变靶室加工出来后，花了3.5万元人民币。由于经费的削减，原来计划加工的滑动密封飞行时间靶室和静电偏转分离器无法实施。张焕乔心急如焚，多次找李寿枬副所长反映情况，几经据理力争，经过研究，领导终于同意他们加工一台静电偏转器。

他们将加工好的裂变靶室安装在串列加速器一厅右60度的管道上，从清洗、检验真空到对中，一次完成。

1985年下半年，张焕乔与吴登喜合作设计了静电偏转器。1986年，请北京仪器厂加工，当年建成。他们立即开始在串列加速器实验准备间进行静电偏转器的安装和性能测试，由于真空要求高，而经费有限，只用了一台扩散泵，经过仔细改善密封性能，最后真空达到3×10^{-7}mm汞柱高，电极高压达到1.2×10^{5}V/cm。这台静电偏转器安装在串列加速器三厅的管道上。

早在1984年，张焕乔就提出了在串列加速器上的正式开题计划：利用裂变靶室开展近垒和垒下熔合裂变碎片角分布测量。1985年，串列加速器学术委员会批准给予束流时间，他们进行了实验准备。但串列加速器一直没有验收，不能提供使用。

由于HI-13串列加速器迟迟没有交付使用，在等待交付期间，张焕乔小组在原子能院回旋加速器上利用该加速器加速的α粒子开展了轻核拾取反应研究。他们用ΔE-E望远镜带电粒子探测器测量了$^{6}Li(\alpha,d)^{8}B$和$^{9}Be(\alpha,p)^{12}C$反应出射氘粒子和质子的角分布，并用平面波玻恩近似（PWBA）很好地解释了这两个反应的实验结果。通过这些实验，既为在HI-13串列加速器上开展工作在探测器、电子学等方面进行了准备，同时也为将来可能用到的理论工作建立了基础❶。

1987年，加速器已建成，在其正式供束之前，张焕乔又遇到了新问题。按院里科研改革的规定，带电粒子核反应研究不属于二室的研究领域，而属于七室。张焕乔的课题需要进行调整。考虑到张焕乔在核物理领域的潜质和已取得的成绩，人才难得，对于如何合理安排张焕乔的工作，并促进相关领域的科学研究，院所领导很重视。为了听取张焕乔本人的意见，院领导找他谈话，指出要将他所负责的重离子熔合裂变研究课题转到七室，如果他留在二室（中子物理研究室），可担任该室主任。张焕乔是一个非常务实、热心做具体实验研究的实干派，对官、权不感兴趣。他感兴趣的就是亲自进行核物理实验研究。这个课题是他筹划已久、多年心血和智力的结晶。早在引进串列加速器时他就打算开展一个研究熔合裂变的课题，为此进行了广泛深入的调研并向所里备案，还设计制作了裂变靶室，多次为经费与领导据理力争，好不容易才有了现在的局面。为了这个课题，他还远去意大利工作了两年、并访问了欧、美、日相关实验室，了解国际上的发展动向。为了这个课题他不知熬过了多少不眠之夜。这是他的下一个研究目标，即使舍弃一切，也要守护这个来之不易的课题。他当即表示，绝不会离开他的课题。他要跟课题走，课题到哪他到哪，室主任他可以不当，但不能离开课题。院领导

❶ Liu Zuhua, Zhang Huanqiao, Xu Jincheng et al., Exchange Processes in the $^{6}Li(\alpha,d)^{8}B$ Reaction, Chin. Journ. Nucl. Phys.11(1), 9(1989); Liu Zuhua, Xu Jincheng, Zhang Huanqiao et al., The importance of Exchange Processes in the $^{9}Be(\alpha,p)^{12}C$ Reaction, Chin. Journ. Nucl. Phys.12(3), 253(1990).

看他态度坚决，同意了他的意见，对他说："焕乔，那对不住你了，你跟着课题一起去七室吧。"

张焕乔守住了他亲自进行具体科研工作的初心，带着遗憾离开了二室。对于二室，他恋恋不舍。这是他工作的第一站，是二室锻炼、培养了他，在这里，他度过了31个春秋，走过了人生最美好的年华，取得了丰硕的成果。但张焕乔深知重离子熔合裂变研究才是他下一站攻克的目标。因此，他为了守护课题、毅然"舍官从研"，选择离开了二室。实际上，这种离开只是行政管理上的调整，他的办公室和实验室并没有变化，课题组的成员和二室成员仍像以前一样合作交流。

» 图4-1　新老二室成员在原子能院庆祝何泽慧先生90华诞合影（2004年，北京）
二排左起：唐洪庆、许谨诚、叶春堂、罗安仁、孙汉城、严武光、杨桢、何泽慧、黄胜年、张焕乔、丁林恺、叶宗垣、周德林、李少卿

1987年秋，新建成的HI-13串列加速器正式供束，张焕乔小组才做了第一次实验。此后，他们终于在我国的HI-13串列加速器上有了属于自己的

实验平台[1]。

1988年，兰州近物所郑纪文小组与张焕乔小组合作在裂变靶室上进行了实验。他们用位置灵敏的ΔE-E探测器测量了$^{16}O+^{28}Si$和$^{16}O+^{24}Mg$全熔合反应的激发函数，发现了激发函数上的粗结构和类共振结构[2]。

1989年兰州近物所戴光曦小组与张焕乔小组合作，在静电偏转器上建立了0°附近蒸发剩余核的ΔE-E和飞行时间二维谱鉴别系统，利用90MeV的^{19}F与^{28}Si靶核作用，做了第一个实验，在2°角方向上得到了分辨清晰的二维谱[3]。

借国际平台开展研究

科学没有国界，科学家有自己的祖国。科学家必须懂得借用国际条件推动本国科学研究的发展。国内没有平台，就放眼世界。为了积累经验，在改革开放的大背景下，张焕乔应邀自1982年1月起赴意大利里亚洛国家实验室工作。刚到意大利时，该实验室的XTU-15串列加速器刚建成，张焕乔

[1] Huanqiao Zhang, Jincheng Xu, Zuhua Liu et al., Anomalous Anisotropies of Fission Fragment Angular Distributions in Sub-Barier Fusion-Fission Reaction, Phys. Lett. B218(2), 133(1989).

[2] 郑纪文等（中科院近物所），张焕乔等（中国原子能院），$^{16}O+^{28}Si$全熔合激发函数，高能物理与核物理16(7)，640(1992)；Zheng Jiwen et al., ..., Zhang Huanqiao et al., Gross Resonance-like Structure of the Complete Fusion Excitation Function for the $^{16}O+^{28}Si$ Reaction, Chinese J. of Nuclear Physics 15, 201(1993)；王素芳等（中科院近物所），张焕乔等（中国原子能院），$^{16}O+^{12}C$全熔合反应激发函数的测量，高能物理与核物理16，453(1992)；刘国兴等（中科院近物所），张焕乔等（中国原子能院），$^{16}O+^{24}Mg$反应全熔合激发函数的类共振结构，核物理动态12(1)，20(1995)；王素芳等（中科院近物所），张焕乔等（中国原子能院），$^{16}O+^{nat}S$全熔合反应激发函数，高能物理与核物理18，6(1994)。

[3] 钱兴，蔡薇，戴光曦等（中国科学院近代物理所），张焕乔，刘祖华，许谨诚（中国原子能科学研究院），零度附近蒸发剩余核双鉴别系统，核电子学与探测技术12(3)，142(1992)。

参加了该串列加速器的落成典礼，典礼上结识了法国原子能委员会原主席法拉吉（H. Faraggi）夫人。当时，里亚洛国家实验室串列加速器大厅内的物理实验终端尚未建立，需从头开始建立设备。张焕乔的邀请人西诺里尼（C. Signorini）教授对他非常信任，请他负责近垒重离子熔合反应的检验实验，利用该实验室从德国慕尼黑实验室带回来的一个偏转7°的飞行时间管状靶室测量 $^{48}Ti+^{27}Al$ 近垒熔合反应蒸发剩余产物核的质量分布和激发函数。张焕乔顺利地完成了实验测量和数据处理，并用理论程序计算了实验结果。由于测量的是轻体系，用半经验理论和 Wong 公式都可以很好地进行分析。1982 年，张焕乔在意大利物理年会上就 $^{48}Ti+^{27}Al$ 反应实验做了报告，得到了与会者的好评，随即给 1983 年的国际核物理大会提交了摘要和大字报。

» 图 4-2　20 世纪 80 年代初，张焕乔在意大利里亚洛国家实验室（LNL）当访问学者

1982年7月，张焕乔由意大利里亚洛国家实验室资助参加了在瓦雷纳(Varena)举办的国际费米暑期学校的学习。在那里，张焕乔听了塔尔米(I. Talmi)教授讲授的IBM模型、莫雷托(L. G. Moretto)教授讲授的重离子扩散模型、勒佛(M. Lefort)教授讲授的重离子熔合与裂变反应、西姆森(R. H. Siemmsen)教授讲授的重离子核反应、费尔德梅耳(H. Feldmeier)教授讲授的重离子耗散理论。布罗格里亚(R. A. Broglia)教授带领大家进行了课堂讨论。彼时张焕乔的英语水平还在提升阶段，听一天课非常疲惫，但他感到收获良多。在那里，他结识了一些外国学者，并建立了联系。勒佛教授邀请他访问法国奥赛(Orsay)，并答应给他部分资助。

1982年年底，张焕乔赴法国访问了奥赛核物理研究所和萨克莱(Sacley)核研究中心。在奥赛，张焕乔与勒佛教授讨论了重离子熔合裂变的中子多重性实验值超过统计理论预期的问题。勒佛教授认为可能与中子发射有快慢两种成分有关，这引起了张焕乔的关注。他们还讨论了勒佛教授研究快裂变的实验结果。勒佛教授还邀张焕乔参加他们的组会，让其了解他们是如何组织科研工作的，还将他们指导研究生的论文送给他参阅。通过法拉吉的介绍，张焕乔还访问了萨克莱核研究中心，在那里参观了相关实验室，恩果(C. Ngo)教授向张焕乔详细介绍了他们的快裂变理论研究成果。这次法国之行，让张焕乔收获了关于重离子熔合裂变的中子多重性和快裂变方面的知识。

赴意大利前，既定的访问时间是一年。鉴于对张焕乔的认可，1982年4月，西诺里尼(C. Signorini)教授就向张焕乔提出，希望他在里亚洛国家实验室再工作一年，当时他犹豫不定。后来，在瓦雷纳举办的费米国际暑期学校学习期间，西诺里尼教授和佛尔吐纳(G. Fortuna)又向他提出，希望他在里亚洛国家实验室再工作一年。盛情难却，张焕乔只得同意。

在意大利期间，张焕乔工作非常积极主动。例如，当组里要做重离子反应和高自旋态实验时，他事前就准备好探测器、电子学等实验条件。刚进组时，组里不了解他的动手能力，不让他安装微通道板探测器。张焕乔趁他们开会之机，就将该探测器安装了，且在实验中用得很好。自此，微通道板探测器组装就成为他的工作。当时组内实验的束流时间较多，为了更多地参与实验，每次他都参加值班，获得了丰富的实验经验。

1983年，张焕乔参加了静电偏转器的建立，是年7月利用短暂的束流时间进行了试验，分开了零度角的熔合蒸发剩余核与类弹粒子，实现了近垒和垒下熔合蒸发反应的测量。遗憾的是，继5月输电梯断裂之后，加速器的输电梯又断了。由于输电梯断裂，加速器无法工作，需要将两条断裂的输电梯送到美国去修理，一直准备进行的Si+Ni近垒和垒下熔合反应的实验无法进行。他迫切希望输电梯能早点修好，因为这样在他回国前还可参加Si+Ni反应的实验。事与愿违，输电梯在1984年元旦上班后才安装完，这时他的归期已到，无缘实验，他深感遗憾。

1983年 4 月，意大利里亚洛国家实验室还资助张焕乔去美国参加纽约州立大学石溪分校串列加速器的后加速器的落成典礼和重离子物理学术研讨会，给他买了一张环行美国十个城市的机票，允许他3周内在美国旅游访问。

在研讨会上，他结识了来自日本京都大学的阿布慕久（Yasuhisa Abe）和筑波大学（University of Tsukuba）的李相茂（S. M. Lee）教授。他与麻省理工学院（MIT）的斯托克斯塔德（R. G. Stokstad）教授住在同一个房间，有机会了解他们开展垒下熔合实验的前驱工作。利用这次机会，张焕乔访问了布鲁克海文国家实验室（BNL）和洛仑兹·伯克利国家实验室（LB N L）。他原本想访问橡树岭国家实验室（ORNL），但因中国人访问该实验室需提前两周联系，只好作罢。在纽约州立大学石溪分校，张焕乔从皮特·波恩（Peter Pone）处得知，他们用巨共振γ射线测定了裂变时标。在洛仑兹·伯克利国家实验室，他见到了他久仰的重核合成专家吉奥尔索（A. Ghiorso）教授，令他倍感高兴。吉奥尔索教授详细介绍了他们的充气超重谱仪，亲自给张焕乔演示了用拉伸机拉伸探测器用的大面积塑料薄膜，还参观了LBNL制备硅探测器的实验室。

1983年8月底至9月上旬，张焕乔在意大利见到了前来参加佛罗伦萨国际核物理大会的原子能所李寿枬副所长和姜承烈研究员。他们希望在国际核物理大会前进行预访、会后进行正式访问里亚洛国家实验室。张焕乔居中联系，促成了访问。在访问期间，李寿枬副所长对张焕乔强调到期准时回国，不得延长。在参加佛罗伦萨国际核物理大会期间，张焕乔见到了他的恩师胡济民教授和黄祖洽先生，还见到了金星南先生和丁大钊、杨春祥、吴锡真等同事。故人重逢，分外高兴。他们一起游了比萨斜塔，并照相留念。张焕乔还邀请吴锡真、杨春祥到里亚洛国家实验室参观，陪李寿枬、姜承烈、吴锡真和杨春祥游览了威尼斯水城。

» 图4-3 参加意大利国际核物理大会后张焕乔(左)与黄祖洽游比萨斜塔(1983年)

在意大利这段时间，张焕乔听了不少来访科学家的报告，结识了一些国际同行，开阔了眼界。在里亚洛国家实验室他听过布罗格里亚(R. A. Broglia)

教授报告的关于正Q值2中子转移对垒下熔合增强影响的理论、达索(C. H. Dasso)教授讲授的重离子熔合的耦合道理论、芒曾伯格(G. Munzenberg)教授讲授的只有一个事件的107号元素的合成,等等。这些都对他很有启发。

在里亚洛国家实验室,他还结识了来访的日本大阪大学的本林透(T. Motobayash)博士和福田共和(T. Fukuda)博士,这为日后的深入交往埋下了伏笔。他还多次遇到了洛仑兹·伯克利国家实验室的莫雷托(L. G. Moretto)教授。在交往过程中,张焕乔推荐组里的刘祖华到他那里工作。莫雷托痛快答应,当场拿起电话与沃兹尼亚克(G. J. Wozniak)通话。这是张焕乔在里亚洛国家实验室为同事办成的第一件事。

1984年1月回国前,日本筑波大学串列加速器研究中心主任三雲昂(T. Mikumo)教授邀请张焕乔去他们那里工作一年。张焕乔知道不会获批就婉言谢绝了。后来对方又提出在他回国途中去筑波大学作短期顺访,出于礼貌,张焕乔不好回绝。他就此事向所领导汇报。征得领导同意后,他去筑波大学访问了两周。三雲昂教授希望张焕乔回国一定时间后到他们那里再工作一年,于是又给张焕乔一份福田基金会的申请书,告诉他一年内提交有效。三雲昂教授1983年曾访问过里亚洛国家实验室,张焕乔认识他,但没有深交。估计三雲昂教授是从西诺里尼教授和长岛泰夫(Y. Nagashima)博士、李相茂(S. M. Lee)教授那里了解了张焕乔。1983年下半年筑波大学曾派长岛泰夫到西诺里尼组里工作一年,与张焕乔在一起,交往较多,对张焕乔较为了解。

另外,1983年张焕乔访问美国时,在纽约州立大学石溪分校与韩国的李相茂教授(当时他在日本筑波大学工作)一起开过会,彼此有些交往。自此张焕乔与筑波大学有了联系,相继推荐了他的两个研究生到筑波大学攻读博士学位。1984年8—9月间,筑波大学资助张焕乔参加在富士召开的重离子核反应会议和在筑波召开的熔合反应会议。会后张焕乔留在筑波大学工作访问了一个月,美国范登波什(R. Vandenbosch)教授也留在那里访问了一个月。他们两人在同一间办公室。

范登波什教授是这一领域的权威，张焕乔与他进行了多方面的交流和讨论，但张焕乔没有把自己想做熔合裂变碎片角分布的想法告诉他，因当时国内的串列加速器还没有建成，何时能做实验还不知道。范登波什教授对重离子熔合裂变反应的中子多重性实验值高于统计理论预期很感兴趣，做了这方面的报告，张焕乔与他进行了讨论。这是张焕乔从奥赛开始关注的问题，也是他想在国内开展的实验之一。

在这期间，张焕乔访问了日本理化学研究所（RIKEN），结识了野村亨（Toru Nomura）教授、石原正泰（M. Ishihara）教授和矢野倉实（M. Yanokora）博士；还参观了东京大学核物理研究所，结识了久保野茂（S. Kubono）教授。在熔合反应会议上，张焕乔听到西诺里尼研究组报告他们在静电偏转器上得到的实验结果时，他深感惋惜；他因输电梯维修错失良机，如果输电梯早到两周，就能参加这个实验了。

在国内尚未建立平台的背景下，张焕乔积极开展国际合作，登上了核物理研究的国际舞台，开阔了眼界，积累了经验，拓展了渠道，扩大了朋友圈，使国外学者逐渐对中国学者有了正确的认识。这短暂的两年，为张焕乔今后在重离子熔合裂变领域取得重要科研成果打下了基础。由此，张焕乔的核物理实验研究将进入一个高光阶段。

聚焦重离子熔合裂变

20世纪七八十年代，国际上许多核物理实验室建立了重离子加速器。1978年，斯托克斯塔德（R. G. Stokstad）等人报道了近库仑势垒及垒下能区重离子熔合反应截面增强的现象，实验测得的熔合截面比一维势垒穿透模型理论预期的结果大几个数量级。一石激起千层浪，近垒及垒下重离子熔合反应迅速成为热门研究课题。

串列式静电加速器(例如,HI-13、XTU-15、12UD、14UD等)的端电压为十几兆伏(MV),加速的重离子能量不是很高,比较适合一些系统近垒和垒下重离子反应的研究。端电压低于10MV的加速器,加速的重离子能量偏低,很多反应都远低于库仑势垒,适用的范围较窄。更高能量的加速器——高能或相对论重离子加速器,一般会用于其他目的,如粒子物理研究、高能重离子物理研究和重核素合成等。

20世纪80年代,原子能研究所建设了一台端电压为13MV的HI-13串列式静电加速器。在这台加速器上最适合开展的基础研究工作是低能重离子反应,近垒和垒下重离子反应是其中的一个重要方面。

近垒和垒下重离子反应有如下反应类型:①弹性散射;②非弹激发;③转移反应;④深部非弹碰撞;⑤熔合反应,等等。其中,熔合反应又分熔合裂变和熔合蒸发。基于这台HI-13串列式静电加速器,张焕乔小组选择开展近垒和垒下重离子熔合裂变反应研究。

80年代中后期至90年代中期,国际上有多个国家从事这方面重离子反应研究,除中国外,主要有美国、意大利、德国、日本、印度、澳大利亚。

在美国,开展相关研究的有华盛顿大学核物理实验室和阿贡国家实验室(ANL)。美国华盛顿大学核物理实验室(Nuclear Physics Laboratory, the University of Washington)有一台用以加速重离子的串列静电加速器及其后加速系统——超导直线加速器,物理测量系统有用以鉴别类弹核和反应剩余核的静电偏转装置及带电粒子探测系统、大型γ探测器阵列等。范登波什(R. Vandenbosch)等人于20世纪80年代中在近库仑势垒及垒下能区开展了多种核反应系统的实验研究,例如,$^{12}C+^{236}U$和$^{16}O+^{232}Th$反应的熔合裂变激发函数和裂变碎片角分布测量,等等。还有美国阿贡国家实验室物理部(Physics Division, ANL),它有一台阿贡串列直线加速器系统,简称ATLAS,包括一台串列静电加速器和一台超导直线加速器(国际上第一台超导直线加速器)。该系统加速的重离子可以采用分束模式,同时供多个靶站使用。

除稳定核束外，它还能产生次级放射性核束，用于核天体物理和特殊核反应、核结构研究。该实验室对美国其他单位和世界开放。拜克（B. B. Back）等人在近库仑势垒及垒下能区开展了多种核反应系统的熔合激发函数测量，兰道内（S. Landowne）是该实验室重离子核反应研究的理论家。90年代初在熔合裂变碎片角分布测量中，使用了碎片的飞行时间和能量望远镜技术，测量了$^{16}O+^{232}Th$熔合裂变反应碎片角分布，区分了完全熔合裂变和转移跟随裂变，得到了相当不错的结果。

在欧洲，有意大利里亚洛国家实验室和德国慕尼黑实验室。其中，意大利里亚洛国家实验室拥有一台端电压为15MV的串列式静电加速器XTU-15及超导后加速器，配备了比较完整的物理实验设备。例如，用以区分类弹核和反应剩余核的静电偏转器、反冲质量谱仪、PRISMA磁谱仪、4π硅带电粒子探测器、高效率的γ探测器阵列等。帕多瓦（Padova）大学的西诺里尼教授等人在近库仑势垒及垒下能区开展了多种核反应系统的截面和平均角动量激发函数的测量。1992年，张焕乔与斯特法尼尼等人合作进行了$^{58}Ni+^{60}Ni$实验，发现了熔合势垒劈裂成三峰的新奇现象。继与西诺里尼教授的合作后，张焕乔小组与斯特法尼尼签署合作协议，向里亚洛国家实验室申请束流时间，合作进行近垒及垒下能区的重离子熔合反应实验，里亚洛国家实验室几乎成了张焕乔小组的第二个实验室。德国慕尼黑大学拥有一台串列式静电加速器，20世纪80年代中就开展了重离子反应研究。张焕乔小组人员还曾在该设备上做过实验❶。

在亚洲，有日本筑波大学、日本原子能研究所和日本理化学研究所，以及印度巴巴原子研究中心。其中，日本筑波大学基于一台12UD串列式静电加速器开展近垒及垒下的重离子反应研究。张焕乔于20世纪80年代先后两次在该装置上短期工作过。这台加速器在2011年3月11日的地震中严重损坏，相应的研究工作就此止步。日本原子能研究所建设了一台端电压为20MV的串列静电加速器及后加速装置，张焕乔推荐他的学生林承键在该

❶ C. Signorini, Z. H. Liu, ...H. Q. Zhang, Does break-up affect $^{9}Be+^{209}Bi$ fusion at the barrier? Eur. Phys. J. A5, 7(1999).

所做博士后，与池田博(H. Ikezoe)小组合作，在该装置上做过一些实验。后又于2012年左右，以林承键为主进行了 $^{34}S+^{186}W$ 熔合裂变碎片质量分布的测量❶。日本理化学研究所的CRIB放射性核束装置能提供放射性核束。2012年张焕乔小组曾合作在该装置上做过质子滴线核的准弹散射实验❷。印度巴巴原子研究中心(Bhabha Atomic Research Centre，简称BARC)和塔塔基础研究所(Tata Institute of Fundamental Research，简称TIFR)于80年代末共同从美国国家静电公司购买了一台端电压为14MV的串列静电加速器14UD。1989年12月投入运行，1990年开始开展重离子反应研究。巴巴原子能研究中心的拉玛麦瑟(V. S. Ramamurthy)和该中心负责人卡普尔(S. S. Kapoor)在近库仑势垒能区开展了重离子熔合反应的实验和理论研究，发表了多篇学术论文。21世纪初，他们又建立了一台超导直线加速器作为14UD的后加速器。2002年他们使用了3个超导腔(每个腔能使每个电荷加速0.4MV)，2007年使用了7个超导腔，使入射重离子的能量得以提升。

在澳大利亚，澳大利亚国立大学物理科学和工程研究学院(Research School of Physical Sciences and Engineering，The Austranian National University)拥有一台14UD串列静电加速器和超导直线后加速器以及相应的物理测量设备。该实验室起步较晚，90年代中期，亨德(D. J. Hinde)等人才开始发表有关重离子熔合裂变反应实验方面的研究文章。他们利用裂变碎片折叠角技术测量了近垒及垒下能区的 $^{16}O+^{238}U$ 反应熔合裂变碎片角分布，得到了该反应完全熔合裂变碎片角分布和激发函数，并从实验激发函数中定出了熔合势垒的高度分布。后来，他们对准裂变进行了重点研究。张焕乔小组也与亨德小组开展了合作实验。

在国内，除了中国原子能科学研究院外，还有中科院兰州近代物理研究所和北京大学重离子物理研究所等单位。原子能科学研究院主要基于HI-

---

❶ C. J. Lin，H. Q. Zhang et al.，Fissions in $^{32}S+^{184}W$ and $^{34}S+^{186}W$ reactions at near-and sub-barrier energies，J. of Phys.，Conf. Series430，012126(2013).

❷ G. L. Zhang，C. L. Zhang，H. Q. Zhang et al.，Quasi-elastic scattering of the proton drip line nucleus ^{17}F on ^{12}C at 60 MeV，Eur. Phys. J. A48，65(2012).

13串列加速器，开展低能重离子反应研究，而中科院兰州近代物理研究所则主要开展中能重离子反应研究。1988年12月，兰州重离子研究装置(HIRFL)建成出束，可以把从C到Xe的重离子分别加速到每个核子100～10MeV/u的能量；随后该所建成了放射性核束流线(RIBLL1)。1998年，兰州重离子加速器冷却储存环(HIRFL-CSR)开始实施。2008年7月通过国家验收，正式投入运行。这不仅能使HIRFL在世界上继续保持先进地位，而且能以更先进的实验条件使我国在重离子物理前沿取得新的突破。在该所加速器供束之前，即80年代后期，该所郑纪文等人与张焕乔小组合作，在HI-13上进行过低能重离子反应研究。北京大学重离子物理研究所有一台端电压为6MV的EN串列加速器。加速的重离子能量较低，开展的重离子反应研究有限。他们一般与原子能科学研究院或中科院兰州近代物理研究所合作开展相关课题研究。

在原子能科学研究院，基于HI-13串列加速器开展的重离子反应研究开始主要涉及三个方面。除张焕乔小组的近垒及垒下重离子熔合研究外，还有杨春祥小组的重离子反应在束γ研究和姜承烈小组的重离子反应研究。20世纪90年代初，白希祥、柳卫平等人在HI-13上建立了次级放射性核束装置，开展了利用放射性核束进行核天体物理的实验研究工作。杨春祥小组建立了由多个带反康的高纯锗和平面锗组成的γ探测器阵列，对多个重离子反应布居的高自旋态退激的γ射线进行了关联测量，得到了相应反应剩余核的能级纲图。杨春祥退休后，竺礼华、吴晓光相继负责开展这方面的研究工作。该组取得了许多不错的成果，发表了大量研究论文。姜承烈小组借助于大型精细磁谱仪Q3D，自行研制了轻重离子和重离子焦面探测器，对反应产生的带电粒子进行测量。该小组研究了重离子准弹性碰撞(包括强库仑激发及核激发与库仑激发的耦合、重离子碰撞中的共振结构研究、转移反应和远离β稳定线核素质量测量等)以及一些轻粒子核反应。姜承烈出国、退休后，该小组由重离子反应研究转向重离子应用研究，由赵葵负责，研究重离子的生物医学效应。白希祥、柳卫平小组使用由转移反应产生的放射性剩余核构成的放射性核束，对核天体物理感兴趣的核反应进行了实验研究，取得了不少研究成果，发表了大量科研论文。目前，该小组在柳卫平的领导下，由李志宏、王友保研究员具体负责对核天体物理进行广泛深入的研究。

对于核物理基础研究，没有学术创新是毫无意义的。因此张焕乔一直在寻找有意义的国际前沿课题。经过一段时间的国外访问，他已对国外从事低能重离子反应研究的情况有了较为透彻的了解。从1983年起，他就开始注意低能重离子熔合裂变方面具有新意的课题。当时他看到，人们普遍采用单纯测量近垒和垒下重离子熔合激发函数的方法来检验现有的模型理论；这种方法有一定的不确定性，往往几种模型可以解释同一个反应的激发函数。比如，$^{16}O+^{208}Pb$熔合反应激发函数，可以用黄模型（Wong model）重现实验数据，也可用耦合道理论或扩展光学模型计算得到与实验相一致的结果。那时他就考虑如何用增加测量物理量的办法来限制理论模型的选择。他知道，形成复合核的量子力学分波截面可以给出该核的自旋分布。而得到复合核自旋分布的方法通常有两种：一种方法是利用γ晶体球探测器阵列，通过测量复合核的γ多重性，得到复合核的平均自旋值$\langle L \rangle$；但这种方法的探测器昂贵，根据当时我国国情，恐怕难以得到经费支持。另一种方法是通过测量重离子熔合裂变碎片角分布的各向异性，从角分布的各向异性中得到复合核的均方自旋值$\langle L^2 \rangle$。这是一个经济实用的有效方法。基于他从事裂变实验研究的经验，他决定选择后者开展研究，将近垒和垒下重离子熔合裂变碎片角分布定为自己的研究课题。这是一个全新的国际前沿课题，当时国际上还没有人做这方面的实验，也没有人提出这种想法。

为了对张焕乔小组所从事的近垒和垒下重离子熔合裂变反应有所了解，这里简单介绍一些相关基础知识。

在核物理中，一般把质量小于、等于α的粒子（例如，质子、氘核、氚核和α粒子）叫轻粒子，大于α的离子叫重离子；用加速的重离子去轰击靶核的反应叫作重离子反应。由于引起反应的重离子和靶核的种类繁多，离子的能量范围又非常宽广，因此，重离子反应的种类非常多，过程十分复杂，有很多因素会影响反应进程。描述重离子反应主要有两个重要参量，一是库仑势垒，即入射离子与靶核电荷之间具有的库仑势垒。从经典理论的观点来看，只有入射离子的能量大于库仑势垒时，才能发生核相互作用；但从量子力学的观点来看则不是这样，能量低于库仑势垒的重离子由于量子隧道效应仍有一定的概率穿过库仑势垒、引起核反应。另一个重要参量称为碰撞参数，它与入射道的角动量相对应。碰撞参数很小时，即入射离子与靶核几乎对心碰撞时，主要发生熔合反应，形成高度激发、转动的复合核，然后以熔合蒸发和熔合裂变两种方式进行衰变。对于中重复合核系统，通常以发射中子、质子、α等轻带电粒子及γ射线退激为主，最终形成蒸发剩余核。对于很重的复合核系统（如以锕系元素做靶的复合核系统），熔合形成的复合核

» 图4-4 张焕乔（左1）和范登波什（左2）在北京串列物理国际研讨会上（1985年，北京）。会议主持人：王传英

几乎全部通过裂变过程进行衰变。理论上，通常用鞍点过渡态统计理论描述复合核的裂变，实验中，通常以测量裂变碎片的角分布或角关联来研究熔合裂变反应机制。

反映熔合裂变反应机制的一个重要物理量是熔合截面，它表示熔合反应发生的概率。熔合反应截面随入射离子能量的变化称为熔合激发函数。对于入射离子能量在库仑势垒以上的高能区，熔合反应机制已比较清楚。对于入射离子能量接近和低于库仑势垒的低能区，即近垒和垒下能区，入射离子没有足够的能量克服势垒，需要用量子隧道效应理论，计算不同分波的势垒穿透系数 T_l，进而计算垒下熔合截面。但在近垒及垒下能区，理论计算的截面比实验测得的熔合截面小几个数量级，而且有很强的核结构和同位素依赖性。为解释实验结果与理论计算之间的分歧，当时引进了垒下熔合的耦合道理论。该理论认为，原子核集体运动自由度在垒下熔合反应过程中起着重要作用，这些内部自由度的激发打开了其他一些反应道；这些反应道与入射道的耦合是垒下熔合截面增强的主要原因。用耦合道理论处理垒下熔合反应的实验结果，比其他模型显得更为严密真实。它预言在入射能量相对熔合势垒下移较远的区域，复合核的均方自旋值近乎是常数，这得到了实验证实。但是，基于多自由度耦合引起熔合截面增强而建立的耦合道理论模型，只在一定程度上解释了实验与理论的差异。当时还没有一个令人十分满意的理论模型。

在国外工作访问期间，张焕乔小组成员在做好当前研究工作的同时，一直在谋划回国后在自己的串列加速器上要开展的研究工作。张焕乔在他1984年的出国工作访问的汇报中，曾提到了他所选择的三个方面，即近垒和垒下熔合裂变反应碎片角分布、熔合裂变中子多重性和熔合反应激发函数。这三个课题都是与重离子熔合反应相关的，都是很有发展前景的研究课题。经过比较，他们从创新性和小组成员研究经历方面考虑，选择了近垒和垒下重离子熔合裂变反应碎片角分布作为第一重要的研究课题。

科学研究是智力和灵感的比拼，更是各国综合实力的比拼，我国的HI-13串列加速器建成并能提供重离子束流时已是1987年。在此之前，美国华盛顿大学的范登波什已开展了近垒和垒下重离子熔合裂变碎片角分布的实验，并发现了角分布各向异性异常，但他们只测量了2个能量点。当范登波什在1985年10月召开的北京串列物理国际研讨会上报告这一工作时，张焕乔既惋惜又无奈，自己早早计划要做的工作，由于国内实验条件不具备而被他人占先，其中的酸涩滋味只有埋藏心中了。

1987年，HI-13串列加速器通过验收、正式供束，张焕乔小组终于可以在自己的平台上开展探索研究了。是年秋天，张焕乔小组便做了第一次实验。在实验中他们利用81-105MeV的^{19}F离子束（相当于$^{19}F+^{232}Th$反应系统库仑势垒高度的0.8~1.1，即在近垒和垒下能区）轰击厚度为350μg/cm^{2}的^{232}Th靶，以云母径迹探测器测量了该反应裂变碎片的角分布。通过外推，得出了裂变碎片角分布的各向异性值。所谓裂变碎片角分布的各向异性值的定义是：在质心系中0°角（或180°角）的产物强度与90°角的产物强度之比，即W（0°）/W（90°）。在各向同性的情况下，其值等于1，^{252}Cf自发裂变碎片的角分布就如此。

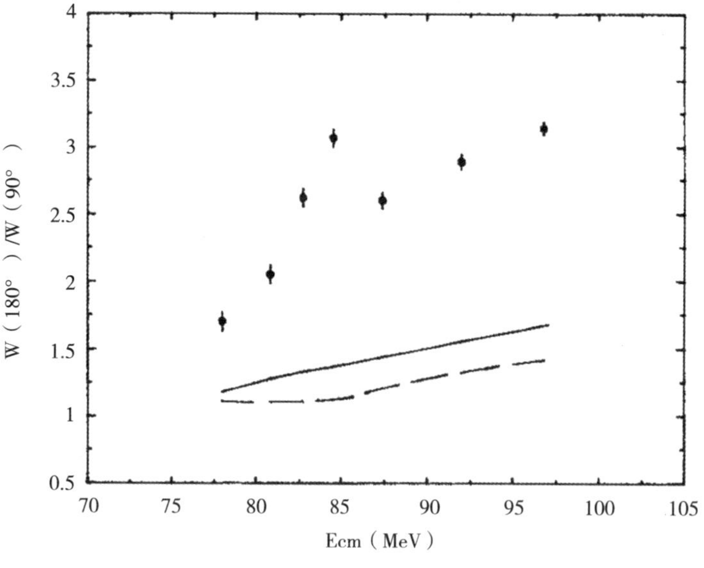

» 图4-5　近垒和垒下能区$^{19}F+^{232}Th$熔合裂变碎片角分布各向异性异常。

实心圆点是实验结果，实线和虚线分别是有、无耦合穿透系数时，用鞍点过渡态理论计算的结果

他们同时对裂变碎片角分布进行积分，得到了熔合裂变截面激发函数。他们用耦合道理论进行了计算，很好地重现了裂变截面激发函数的实验结果。但是，采用该理论计算的裂变碎片各向异性值比实验结果低得多，不能解释该反应系统裂变碎片的各向异性，即裂变碎片各向异性异常。该理论计算更不能解释他们测得的裂变碎片各向异性值在质心系能量84MeV附近的奇异鼓包。

» 图4-6 张焕乔在北京HI-13串列加速器右60°管道靶室上准备实验（1988年）

首次实验就有所发现，得到了出乎意料的好结果。于是他们迅速在著名期刊物理通讯B（*Phys. Lett. B*）上发表了文章❶，可谓取得了开门红。

完成 $^{19}F+^{232}Th$ 反应实验后，他们接着又完成了 $^{19}F+^{208}Pb$、$^{16}O+^{232}Th$、$^{16}O+^{238}U$ 和 $^{12}C+^{237}Np$ 四个反应系统的单举测量。连同 $^{19}F+^{232}Th$，对所测五个反应进行了系统学研究。

通过这五个系统的单举测量，得到了以下主要结果：

（1）在 $^{16}O+^{232}Th$ 和 $^{19}F+^{232}Th$ 反应系统的熔合裂变碎片角分布测量中，发现碎片各向异性随质心系能量变化在垒下5MeV附近呈现出一个峰❷。在范登波什等人的测量中，没有观察到这一异常现象。这是一个很有价值的发现。

（2）在所有5个系统中观测到近垒和垒下重离子熔合裂变碎片角分布比常规理论预言更加前冲，碎片各向异性实验值大于理论值的现象具有普

---

❶ Huanqiao Zhang, Jincheng Xu, Zuhua Liu et al., Anomalous Anisotropies of Fission Fragment Angular Distributions in Sub-Barier Fusion-Fission Reaction, Phys. Lett. B218(2), 133(1989).

❷ Huanqiao Zhang, Jincheng Xu, Zuhua Liu et al., Anomalous anisotropies of fission fragments for the $^{16}O+^{232}Th$ sub-barrier fusion-fission reaction, Phys. Rev. C42(3), 1086(1990).

遍性。1986年美国范登波什等人首先在$^{16}O+^{232}Th$等反应中观测到了裂变碎片各向异性异常，但他们仅测了两个入射能点，而且只测到垒下4MeV。张焕乔小组测量了多个能点，构成了一条曲线，并将能量下推至垒下10MeV❶。张焕乔小组的结果更为系统、可靠，这也正是理论家所期待的。

（3）$^{19}F+^{208}Pb$系统的结果❷表明，在近垒区域复合核的自旋分布存在相当大的耦合效应，在深度垒下能区实验结果证实了达索（C. H. Dasso）等人用耦合道理论所做的预言，即复合核的均方自旋值近乎常数。这与斯托克斯塔德（R. G. Stokstad）等人用测量同核异能比方法给出的结论一致。

张焕乔小组对多个反应体系进行了测量，其结果比他人更为深入、系统。该研究组的一系列测定表明，裂变碎片各向异性异常在垒下重离子熔合裂变反应中具有普遍性，在某些系统中还存在各向异性的异常峰。

张焕乔小组发现近垒和垒下重离子熔合裂变碎片角分布各向异性异常后，绝大多数同行专家都认为，这可能是转移跟随裂变引起的。因为在他们的单举测量中，没有将完全熔合裂变与转移跟随裂变分开。他们测量的裂变碎片角分布中包含完全熔合裂变和转移跟随裂变两种裂变事件的贡献。

所谓转移跟随裂变是指弹核向靶核转移中子、轻带电粒子或核集团后形成的复合核发生的裂变。为了肯定完全熔合裂变的碎片各向异性异常，必须从实验上排除转移跟随裂变的贡献。这可以采用在束γ法直接测量完全熔合形成的复合核放出的γ射线来加以解决，但这种方法需要很多昂贵的γ探测器。当时实验室没有这样的条件，若重新建立，在当时难以得到经费支持。

经过深入思考和仔细推敲，1989年，张焕乔考虑到在转移跟随裂变反应中靶核在吸收转移粒子的同时，类弹碎片反冲到了背角。因此，相应的线动量转移比完全熔合反应大，因而转移跟随裂变两个碎片之间的夹角比完全熔合裂变两个碎片之间的夹角小。这样，在裂变碎片角分布的测量中，若采用符合测量技术，则可将两种裂变产生的碎片分开。于是，他提出了利用裂

❶ Huanqiao Zhang, Zuhua Liu, Jincheng Xu et al., Anomalous Anisotropies of Fission Fragments in Near- and Sub-Barrier Fusion-Fission Reactions, Nucl. Phys. A538, 229c(1992).

❷ Huanqiao ZHANG, Zuhua LIU, Jincheng XU et al., Fission Fragment Angular Distributions for the ^{19}F + ^{208}Pb Near- and Sub-Barrier Fusion-Fission Reaction, Nucl. Phys. A512, 531(1990).

变碎片折叠角技术、将完全熔合裂变与转移跟随裂变分开的实验方案，用以得到纯粹的完全熔合复合核的裂变碎片角分布及其激发函数。所谓折叠角是指一个裂变碎片在另一个碎片与入射粒子构成的平面上的投影与另一个碎片之间的夹角。两个碎片与入射粒子在同一平面时，两碎片之间的夹角即为折叠角。

在实验时，采用两块大面积位置灵敏雪崩计数器分别放在前向角以及与其对应的反向角对碎片进行关联测量。若用放置在反向角区的探测器测得的裂变碎片对前向角的裂变碎片进行选择，则在前向角可以得到与该碎片相对应的、来自完全熔合裂变或转移跟随裂变的另一个碎片。由于转移跟随裂变的两碎片之间的折叠角比完全熔合裂变的小，因此，符合后测得的前向角裂变碎片的角分布中，转移跟随裂变碎片分布在较小的角度，而完全熔合裂变碎片分布在较大的角度，如图 4-7 中的曲线所示。

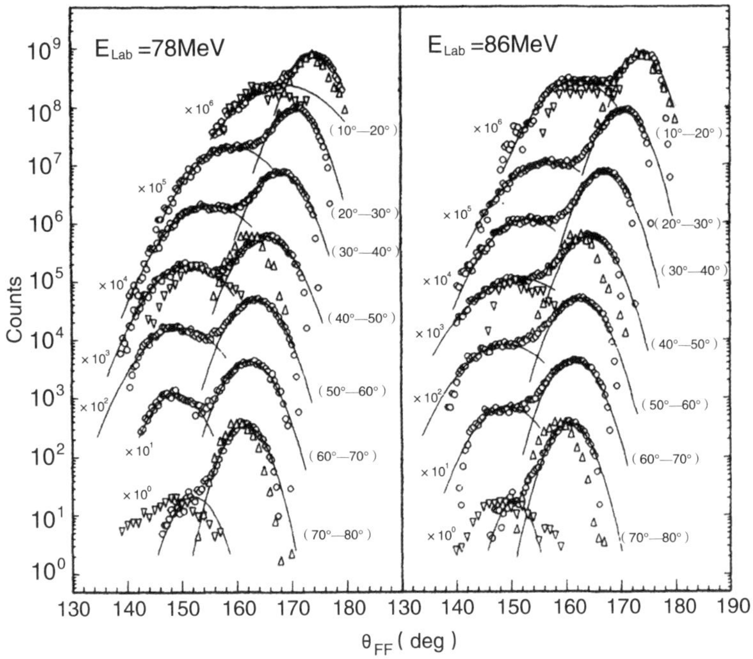

图 4-7　$^{16}O+^{232}Th$ 熔合裂变碎片折叠角分布。

“○”是实验数据，“▽”和“Δ”分别是蒙卡模拟得到的转移跟随裂变和完全熔合裂变数据

为了检验这种方法是否可行，他们首先对入射能量为84MeV、$^{16}O+^{238}U$系统进行了试测❶；同时对$^{16}O+^{232}Th$系统入射能量为84MeV时、熔合裂变碎片的角关联进行了蒙特卡罗模拟❷，并在近垒和垒下能区进行了测量。用这种方法，他们成功地分开了完全熔合裂变和转移跟随裂变的裂变碎片❸。后来，他们采用这种方法在近垒和垒下能区测量了他们在单举测量中表现很反常、大家很关注的$^{16}O+^{232}Th$、$^{16}O+^{238}U$和$^{19}F+^{232}Th$三个反应系统。从总效应中扣除转移跟随裂变效应后得到了完全熔合裂变的结果。最终结果表明，完全熔合裂变的碎片各向异性值比包含转移跟随裂变的单举测量值有所减小，但减少量不大于10%，实验值大于理论值的异常仍然存在。完全熔合裂变碎片的各向异性随质心系能量变化出现的异常峰有所减弱，但并未完全消失。

张焕乔将采用裂变折叠角技术使完全熔合裂变碎片与转移跟随裂变碎片分开的文章手稿送出发表，并同时寄送国外同行交流，美国范登波什教授和印度拉玛麦瑟教授对折叠角方法提出了质疑。他们认为，在0°角，完全熔合裂变碎片与转移跟随裂变碎片是难以分开的，你们是如何得到0°的数据的。张焕乔告诉他们，0°角的数据是通过分开的角区测得的折叠角分布的两种裂变碎片成分比值外推得到的。经解释，他们消除了疑问，后来包括他们俩在内的好几个研究组也采用这种方法进行实验。

张焕乔小组对完全熔合裂变的异常给出了肯定的结论，回答了可能因转移跟随裂变引起异常的质疑。文章发表在1994年的《物理评论》❹上。除上述测量外，他们采用折叠角技术在近垒和垒下能区还对$^{11}B+^{238}U$

---

❶ 钱兴，张焕乔等，84MeV ^{16}O轰击^{238}U核的裂变碎片角关联的测量，高能物理与核物理17(2)，173(1993)。

❷ 钱兴，张焕乔等，垒下$^{16}O+^{232}Th$裂变碎片角关联模拟，高能物理与核物理18(5)，385(1994)。

❸ 刘祖华，许谨诚，张焕乔，钱兴等，$^{16}O+^{232}Th$垒下全熔合裂变，高能物理与核物理18(6)，489(1994)。

❹ Huanqiao Zhang, Zuhua Liu, Jincheng Xu et al., Anomalous anisotropy of fission fragments in near- and sub-barrier complete fusion-fission reactions of $^{16}O+^{232}Th$, $^{19}F+^{232}Th$, and $^{16}O+^{238}U$, Phys. Rev. C49(2), 926(1994).

和 $^{12}C+^{237}Np$ 反应进行了测量，用考虑了裂变前中子发射的静态模型进行了计算，得到了扣除转移跟随裂变后、完全熔合裂变碎片的各向异性反而更明显的结果❶。

» 图4-8　在意大利梅西纳国际准裂变会议上，张焕乔（右）与美国同行拜克（B. Back）教授合影（2010年）

美国阿贡国家实验室的拜克等人，得到张焕乔小组关于垒下熔合裂变碎片各向异性异常的文章后，于1990年即开始了从总的熔合裂变碎片中扣除转移跟随裂变的研究工作。他们采用碎片飞行时间和碎片能量望远镜技术在背角区测量了 $^{16}O+^{232}Th$ 反应分角度的裂变碎片质量分布。通过数据处理，得到完全熔合裂变的碎片角分布。澳大利亚国立大学物理科学和工程研究学院的亨德（D. J. Hinde）等人继张焕乔小组之后，于1995年也采用裂

❶ Huanqiao Zhang, Zuhua Liu, Jincheng Xu et al., Fragments anisotropy of complete fusion-fission at sub-barrier energies for $^{11}B+^{238}U$, and $^{12}C+^{237}Np$, Chin. Phys. Lett. 9(6), 297(1992).

变碎片折叠角技术测量了近垒及垒下能区、$^{16}O+^{238}U$反应完全熔合裂变碎片角分布和截面，证实了张焕乔小组的实验结果。

必须指出，将完全熔合裂变和转移跟随裂变碎片分开的折叠角技术是张焕乔小组首创的。他们采用裂变碎片折叠角技术，从单举测得的包括所有裂变碎片的结果中成功地剔除了转移跟随裂变的贡献，得到了纯粹的完全熔合裂变的实验数据，肯定了近垒及垒下完全熔合裂变碎片角分布各向异性的异常。该技术及其获得的结果得到了国际核物理学界的关注和认可。

为了寻找近垒和垒下重离子熔合裂变碎片角分布各向异性异常的物理原因，张焕乔小组对核反应机制相关问题进行了探讨，着重对垒下完全熔合裂变反应的入射道效应进行了研究。

他们从近垒和垒下$^{16}O+^{232}Th$、$^{16}O+^{238}U$和$^{19}F+^{232}Th$反应系统的熔合裂变碎片角分布各向异性中抽取了倾斜自旋模式(tilting spin mode)非平衡成分的概率，发现实验观测到的非平衡成分概率大于零，而且作为势垒高度与鞍点温度之比(B_f/T)的函数，同K平衡前裂变理论预期的走向相反。由于非平衡成分概率大于零，说明在所观测的裂变事件中存在非平衡裂变的贡献❶。

1993年，他们在近垒和垒下能区实验测量了$^{11}B+^{238}U$和$^{12}C+^{237}Np$两个反应系统的熔合裂变碎片角分布。碎片角分布各向异性值均大于鞍点过渡态模型的预期值。实验结果显示了K平衡前裂变的证据❷。

1995年，他们完成了$^{11}B+^{237}Np$和$^{16}O+^{232}Th$两个反应系统熔合裂变碎片角分布的实验测量。这两个系统形成同一复合核^{248}Cf，但质量不对称性α分别在布希纳罗-伽罗尼(Businaro-Gallone)临界质量不对称性$\alpha_{BG}=0.9$的两侧(注：质量不对称性α的定义是靶核质量与弹核质量之差除以靶核质量与弹

---

❶ Zuhua Liu, Huanqiao Zhang, Jinchen Xu et al., Signature of non-compound-nucleus fission at sub-barrier energies, Phys. Rev. C50(3), 1717(1994).

❷ Huanqiao Zhang, Zuhua Liu, Jincheng Xu et al., Experimental evidence against a model incorporating fission before K equilibration, Phys. Rev. C47(3), 1309(1993).

核质量之和)，分别为 $\alpha=0.911$ 和 $\alpha=0.871$。在相同激发能的条件下，实验观测到两个体系的裂变碎片角分布的各向异性明显不同。对 $^{11}B+^{237}Np$ 系统，以及质量不对称性 $\alpha>0.9$、复合核也为 ^{248}Cf 的 $\alpha+^{244}Cm$ 系统，实验值与鞍点模型计算值一致；而对 $^{16}O+^{232}Th$ 系统，以及质量不对称性 $\alpha<0.9$ 的 $^{16}O+^{238}U$ 和 $^{19}F+^{232}Th$ 系统，裂变碎片各向异性实验值明显大于鞍点模型计算的理论值。因此，只适用于完全平衡的复合核裂变的鞍点模型不能解释后者，因为后者在垒下熔合裂变反应中存在着入射道效应，即 $\alpha<0.9$ 的 $^{16}O+^{232}Th$ 等系统未经历形成球形复合核阶段，对入射道仍保持记忆，存在非复合核裂变。这为解释碎片角分布各向异性异常提供了一个重要的物理依据。

基于他们自己的实验结果和多星-朗德鲁普(Dossing-Randrup)理论框架，张焕乔小组提出了一个低角动量相依的预平衡裂变模型❶。该模型认为，质量不对称性 $\alpha<0.9$ 的系统，在弹核与靶核发生熔合反应的过程中，能量、荷质比、质量不对称等虽很快达到了平衡，但那些比裂变寿命长的自由度，如系统总角动量在复合核对称轴上的投影——K 量子数，其弛豫时间很长，裂变时没有达到平衡就发生裂变，即预平衡裂变。该模型与印度拉玛麦瑟(V. S. Ramamurthy)和卡普(S. S. Kapoor)提出的预平衡模型有所不同。拉玛麦瑟-卡普模型尽管证明了在垒上能区存在着熔合裂变碎片各向异性异常的入射道效应，但不能解释垒下熔合裂变反应碎片各向异性的异常。张焕乔小组提出的预平衡裂变模型则成功解释了近垒和垒下熔合裂变反应碎片各向异性的异常。也就是说，原来所说的“异常”，是鞍点模型理论不能解释的异常，若用张焕乔小组提出的预平衡裂变模型理论来解释实验数据，就不存在垒下熔合裂变碎片各向异性异常了。其根源是鞍点模型理论没有考虑非平衡裂变过程。

由于张焕乔小组中的成员都非常重视核理论学习，不仅能用现有的理论模型和程序分析自己所做的实验数据，还能做一些理论工作。他们还经过许多努力与国际上多位理论家建立了交流、合作关系。因此，他们在寻找

❶ Zuhua Liu, Huanqiao Zhang, Jincheng Xu et al., Preequlibrium for Low Angular Momentum, Phys. Lett. B353, 173(1995).

熔合裂变碎片各向异性异常的物理原因时，就能较快地发现问题所在，并提出相应的物理模型。低角动量预平衡裂变模型是张焕乔小组的又一项创新。

张焕乔小组的这些实验发现，立即得到国内外同行的强烈反应。国内理论家，如北京大学的胡济民教授和南开大学的何国柱教授，使用他们自己建立的模型理论进行计算，试图解释实验观测到的异常现象。1988年，在南京召开的全国核物理大会上，张焕乔小组的这项研究成果被宣布为我国达到国际核物理研究先进水平的两项成果之一。

国外从事这方面研究的科学家，如美国华盛顿大学的范德波什、阿贡国家实验室的兰道内和拜克，德国的罗斯内耳（H. Rossner）和意大利的西诺里尼等纷纷来信，对张焕乔小组发现的异常现象极感兴趣，并对异常的起因做了广泛探讨。国外的研究小组（如美国阿贡国家实验室、日本筑波大学、澳大利亚国立大学物理科学和工程研究学院、印度孟买的巴巴原子研究中心）都因张焕乔小组的发现而开展了相似的研究。

1987年张焕乔小组刚完成第一个实验后，西诺里尼教授就邀请他参加1988年5月在里亚洛国家实验室举行的近库仑势垒重离子碰撞会议。在会上张焕乔报告了他们刚得到的实验结果，展示了在深度垒下重离子熔合裂变中观测到的碎片各向异性异常及异常峰结构，引起了与会者的极大兴趣。与会的范登波什教授在会上与张焕乔进行了深入的讨论。与会的美国理论家兰道内也非常关注这个实验结果，与张焕乔进行了讨论，并把这些信息带回到了阿贡国家实验室。张焕乔回到中国后，将$^{19}F+^{232}Th$及随后完成的$^{16}O+^{232}Th$等实验文章初稿寄给了范登波什和兰道内教授，进行交流并征求他们的意见。他们都回了信。兰道内给张焕乔的回信很长，信中提出了许多中肯意见。阿贡国家实验室的拜克根据兰道内提供的信息，很快在阿贡国家实验室进行了实验验证，随后他在阿贡国家实验室进展报告中指出："在重复$^{16}O+^{232}Th$垒下熔合裂变碎片角分布的实验中，证实了张（焕乔）等人在碎片各向异性激发函数中观测到的反常峰和垒下能区的碎片各向异性反常的特性”，并认为这是转移跟随裂变的贡献。

1989年西诺里尼教授在巴西圣保罗召开的国际核物理大会上做的评述报告中，多次引用了张焕乔小组的实验结果，并指出，“这是在北京串列加速器上用云母探测器以优质的和不昂贵的方法测量的。”

1990年10月，张焕乔参加了在兰州召开的重离子物理及其应用国际讨论会。他在会上作了邀请报告，介绍了该组的实验测量结果，受到了国内外同行的好评。西穆森（R. H. Siemssen）教授在会议的总结报告中指出，“张（焕乔）报告了在近库仑势垒能区熔合裂变中一个让人吃惊的、裂变碎片角分布各向异性的异常。这个异常是在北京串列加速器上首先被观察到的，它已经引起了（世界相关实验室）很大的兴趣。一个可能的解释是来自低能区的转移裂变的竞争。”

1992年巴巴（C. V. K. Baba）教授在德国威斯巴登（Weisbaden）国际核物理大会的邀请评述报告中，涉及熔合截面与平均角动量时引用了张焕乔小组的 $^{19}F+^{208}Pb$ 和 $^{16}O+^{232}Th$ 数据和图片以及1992年在核物理杂志（*Nucl. Phys.*, 1992, A538, 229c）上发表的一些图片。并指出熔合裂变已成为垒下熔合研究中的一个重大问题（注：巴巴教授在其评述报告中，将 $^{16}O+^{232}Th$ 全部数据归为范登波什的测量有误，实际上范登波什只有两个能点数据，其余都是张焕乔小组的数据）。

1995年西诺里尼教授在北京国际核物理大会的邀请评述报告中，用相当篇幅专门评述了张焕乔小组的工作。在他提出的两组值得指出的结果中，第一组就是张焕乔小组的工作。他说，“他们从所有裂变事件中抽取了完全熔合裂变成分，从裂变碎片各向异性中抽取了有效转动惯量和垒下区域的均方自旋值 $<L^2>$。其抽取的转动惯量偏离转动液滴模型的预言值，其抽取的均方自旋值 $<L^2>$ 比CCDEF耦合道理论预言值大得多。这是一个未弄清楚的难题，或许说明在这个能区还有别的东西。假定这种趋势可能来自非复合核裂变是十分自然的。在这种预平衡裂变机制的假定下消除了 $<L^2>$ 实验值与理论计算值之间的差异。”

从国际核物理会议上一些权威专家的评述报告或总结报告的评述中可以看出，张焕乔小组的发现在20世纪80年代后期至90年代中期这段时间内，的确给核物理学界带来了一定的影响，成了这一领域的一个议论热点；一些有条件的实验室甚至开展了实验验证，对这一领域研究工作的深入开展起到了一定的推动作用。

由于张焕乔小组在重离子垒下熔合反应研究方面的重要发现，他们的“近垒和垒下重离子全熔合裂变的碎片各向异性的异常”工作获1992年部级科技进步奖一等奖和1999年国家自然科学奖三等奖。

热点问题研究结硕果

科学研究无止境。随着研究的深入，张焕乔小组发现还有很多、很有意义的问题值得进一步探索。课题虽已获奖，但这不是研究的终点。他们对在研究中发现的、认为有意义的问题进行了进一步研究。这些问题包括弱束缚弹核破裂、正Q值2中子转移和核形变对熔合反应的影响、全熔合裂变与准裂变之间的竞争及光学势阈异常等，其中前三个问题与重离子熔合形成复合核密切相关，第四个问题与形成复合核后的衰变——裂变有关，最后一个问题是关于重离子反应光学势的，与理论计算的输入参数有关。

张焕乔他们逐一突破，在这些热点问题上取得了丰硕的研究成果。

（1）弱束缚弹核破裂对熔合反应的影响。

20世纪末，人们已能得到放射性核束，并用以进行核反应研究，逐渐观察到了近垒和垒下能区的弱束缚弹核（包括晕核）的破裂对熔合过程的影响。关于弱束缚弹核对熔合反应截面的影响，当时存在着两种不同的看法。一种观点认为破裂反应分走了熔合反应的一部分入射流，所以会使熔合截面减弱。另一种观点从耦合道理论出发却认为破裂反应的发生，相当于多开了一个反应道，正如非弹性散射道与入射道的耦合会导致熔合截面增强一样，破裂道与入射道的耦合也会导致垒下熔合截面增强。当时的实验结果也不一致，支持两种观点的都有，难下定论。因此，需要通过令人信服的实验来找出规律。

所谓弱束缚弹核，就是入射重离子的结构比较松散，其组成团块之间或价核子与核芯之间的结合能很低。例如，弱束缚弹核^{6}Li，就是由α和氘核(d)两个团块组成的。它们之间的结合能只有1.47MeV，比一般情况下质子和中子在原子核里的结合能（约6~8MeV）低得多。因而常常在熔合反应之前就发生弹核破裂的情况。

人们常说的重离子熔合反应，一般包括由整个弹核和整个靶核熔合形成的完全熔合反应（CF）、部分弹核和靶核熔合形成的非完全熔合反应（ICF）和包括完全熔合反应和非完全熔合反应的总熔合反应（TCF）。弱束缚弹核与靶核作用形成复合核的过程非常复杂，因为弱束缚弹核可以作为整体与靶核形成复合核，这与紧束缚弹核的熔合反应相似；还常常有弹核先破裂成两个团块、然后这两个团块相继与靶核熔合的情况，这也是CF。在实验上，上述两种反应机制是无法区分的。还有两个团块之一与靶核熔合的情况，形成ICF。总之，弱束缚弹核的反应机制比紧束缚弹核要复杂一些，相关实验室对这类反应进行了大量研究。

在近垒和垒下重离子熔合反应中，熔合势垒的形状（高度和宽度）对熔合反应截面有着非常重要的影响。因此，人们常通过熔合势垒的研究来研究熔合反应截面，通过弱束缚弹核和紧束缚弹核的熔合势垒的研究来探讨弱束缚弹核破裂对熔合反应的影响。1991年，英国理论家鲁雷（N. Rowley）提出，用质心能量与熔合截面乘积的二次微商可以得到熔合势垒分布。随后，张焕乔小组决定对熔合势垒分布进行研究。

1992年张焕乔申请这方面的国家自然科学基金，未获批准。国际上这方面的实验已迅速开展起来。他虽然没能在自己的实验平台上开展研究，但没有错失时机，在赴意大利的访问中得以实现。

1992年,张焕乔应西诺里尼教授邀请,再次访问了意大利里亚洛国家实验室。他原计划在那里工作访问一年半,但意外的是,1993年初他肺炎复发,选择了提前回国。在访问的这一年里,他参加了Ni+Ni和Ti+Mo反应系统垒下熔合反应激发函数和平均角动量分布的测量。在^{58}Ni+^{60}Ni系统研究中,他们由能量与熔合截面乘积的二次微商得到了熔合势垒分布,发现了熔合势垒分布从单峰劈裂成三峰的新现象。^{58}Ni和^{60}Ni都是表面振动的球形核,因此,该实验揭示了核表面振动对垒下熔合增强的影响❶。这是一个很典型的核表面振动事例,文章受到国际同行的广泛关注和引用。

回国后,他再次申请关于熔合势垒分布研究的国家自然科学基金,获得批准。1995年,他们在国内做了第一个实验——紧束缚弹核^{16}O与靶核^{152}Sm和^{174}W的作用,通过背角弹性和准弹性散射激发函数的测量,得到了^{16}O+^{152}Sm和^{16}O+^{174}W的弹性和准弹性势垒分布❷。弹性和准弹性势垒分布(从背角弹性和准弹性散射得到的势垒分布)与从熔合激发函数实验得到的结果(熔合势垒分布)是自洽的,这说明利用弹性和准弹性散射抽取势垒分布的方法是可行的。他们从实验上证实了弹性、准弹性势垒分布与熔合势垒分布对紧束缚核熔合系统的等效性。

1999年,张焕乔小组部分人员借与意大利里亚洛国家实验室合作的机会,在德国慕尼黑大学的串列静电加速器上,在入射离子能量36~50MeV的范围内,对弱束缚弹核反应^{9}Be+^{209}Bi进行了测量。用包括破裂道的耦合道模型进行了计算,在库仑势垒以下能区,理论计算能重现实验结果;在垒上能区,理论计算值高于实验测量值,即存在完全熔合抑制。他们同时还测量了该反应的背角弹性散射激发函数,通过一次微分得到了势垒分布——弹

---

❶ A. M. Stefanini, D. Ackermann, L. Corradi, D. Napoli, C. Petrache, P. Spolaore, P. Bednarczyk, H. Q. Zhang et al., Influence of Complex Surface Vibrations on the Fusion of ^{58}Ni+^{60}Ni, Phys. Rev. lett.74(6), 864(1995).

❷ Huanqiao Zhang et al., Barrier distributions for ^{16}O+^{152}Sm quasielastic and elastic scattering, Phys. Rev. C57(3), R1047(1998);张焕乔等,^{16}O+^{152}Sm和^{16}O+^{174}W的准弹和弹性散射的位垒分布,高能物理与核物理22(9),769(1998)。

性和准弹性散射势垒分布。该势垒分布宽而平,与从完全熔合反应激发函数得到的势垒分布不一样,后者是一个较窄的峰❶。这表明:在弱束缚弹核系统中弹性和准弹性散射势垒与熔合势垒的不一致。

2003年,张焕乔小组采用测量熔合反应蒸发剩余核的方法,在近垒能区测量了弱束缚弹核^{6}Li+^{208}Pb完全熔合反应截面。他们将该实验结果与耦合道程序CCFUS计算的结果以及没有破裂效应的^{16}O+^{208}Pb反应的实验结果进行了比较。比较表明,在垒上能区,由于^{6}Li的破裂使熔合截面减小;在垒下能区,破裂效应的影响不明显❷。

2003—2007年间,他们继续通过从背角弹性、准弹性散射激发函数抽取势垒分布的方法对破裂效应进行研究。他们实验测量了^{16}O+^{152}Sm、^{6,7}Li+^{208}Pb和^{32}S+^{90,96}Zr反应的背角弹性和准弹性散射的激发函数❸,从测得的激发函数中通过计算抽取了势垒分布,并同从相应反应的熔合激发函数中得到的势垒分布进行了比较。结果发现,对于紧束缚弹核系统(如^{16}O+^{152}Sm),从熔合激发函数和从背角弹性、准弹性散射激发函数中得到的势垒分布几乎一样。而对于弱束缚核反应系统(如^{6}Li+^{208}Pb),从弹性、准弹性散射激发函数得到的势垒分布与从熔合激发函数得到的结果明显不同。但在从弹性、准弹性散射激发函数得到的势垒分布上加进破裂效应后,二者几乎一样。从弱束缚弹核破裂的角度解释了二者的差异。

2005年,在巴西里约热内卢召开的核-核碰撞国际会议上,张焕乔就这方面的研究做了报告,指出对紧束缚核体系,熔合势垒分布与弹性、准弹性势垒分布是等效的。对于弱束缚弹核系统,破裂对熔合过程有一定影响,但考虑弹核破裂效应后,即用T=1-R-B代替T=1-R(其中,T是透射系数,R是

---

❶ C. Signorini, Z. H. Liu, ...H. Q. Zhang, Does break-up affect ^{9}Be+^{209}Bi fusion at the barrier? Eur. Phys. J.A5, 7(1999).

❷ Y. W. Wu, Z. H. Liu, C. J. Lin, H. Q. Zhang et al., Near barrier fusion excitation function of ^{6}Li+^{208}Pb, Phys. Rev. C68: 044605(2003).

❸ C. J. Lin, H. Q. Zhang et al., Effects of breakup of weakly bound projectile and neutron transfer on fusion reactions around Coulumb barries, Nuclear PhysicsA787, 281c-288c(2007).

反射系数，B是破裂系数）后，完全熔合势垒分布与弹性、准弹性势垒分布是一致的❶。报告引起了广泛关注和热烈反响。

为了研究弱束缚弹核对熔合势垒分布的影响，2010年，他们完成了$^{9}Be+^{208}Pb$系统在近垒能区的背角弹性、准弹性散射激发函数测量。通过所测激发函数的一次微分和耦合道程序CCDEF计算，得到了该反应的势垒分布。结果表明，由背角弹性、准弹性散射激发函数得到的势垒分布较之理论计算的结果下移了1.5MeV。这是因为理论计算没有考虑破裂效应。实际上，在准弹性散射实验中存在一个较大的弱束缚弹核的破裂效应，由背角弹性、准弹性散射激发函数得到的势垒分布实际上是反应阈能分布，而不是完全熔合势垒分布❷❸。

2007年，张焕乔与日本理化学所合作，在东京大学核研究中心放射性离子束分离器（CRIB）上完成了入射能量为60MeV、$^{17}F+^{12}C$反应弹性、准弹性散射角分布的测量。$^{17}F+^{12}C$反应产生的弹性、准弹性散射粒子用6个ΔE-E望远镜探测，覆盖的角度范围为5°~85°。由角分布数据得到了总反应截面。对所测得的数据用光学模型和连续态分离化耦合道模型（CDCC）进行了分析和比较。2012年，在欧洲物理杂志（*Eur. Phys.* J. A）上正式发表了文章❹。文章指出：弱束缚弹核的破裂效应对于轻靶核系统不重要。

2012年，张焕乔与俄罗斯杜布纳联合核研究所萨格西安（V. V. Sargsyan）等人合作，用量子扩散方法（Quantum Diffuse Approach，简称QDA）分析了近垒能区弱束缚弹核^{9}Be、$^{6,7,9}Li$和$^{6,8}He$与不同靶核熔合反应的破裂效应，

---

❶ C. J. Lin，H. Q. Zhang et al.，Effects of breakup of weakly bound projectile and neutron transfer on fusion reactions around Coulumb barries，Nuclear Physics A787，281c-288c（2007）.

❷ H. M. Jia，C. J. Lin，H. Q. Zhang et al.，Systematic study of the surface diffuseness of nuclear potential with high precision large-angle quasi-elastic scattering，Nucl.Phys. A834，189c（2010）.

❸ H. M. Jia，C. J. Lin，H. Q. Zhang et al.，Breakup Effect of Weakly Bound Projectile on the Barrier Distribution around Coulomb Barrier，Plasma Science and Technology 14，39（2012）.

❹ G. L. Zhang，C. L. Zhang，H. Q. Zhang et al.，Quasi-elastic scattering of the proton drip line nucleus ^{17}F on ^{12}C at 60 MeV，Eur. Phys. J. A48，65（2012）.

同时提出了测量弹核破裂概率的新方法。指出，对于破裂概率无需进行直接测量，可通过弱束缚弹核的背角弹性、准弹性散射数据和理论公式来得到❶。后来他们还专门撰文叙述了这一方法❷。

2013年，他们采用圣·保罗势（Sao Paulo Potential）方法对靶核进行了系统研究，得到了轻靶核系统弱束缚弹核的破裂效应不重要、中重和重靶核系统垒上破裂效应受到抑制和垒下得到增强的结论，但^{7}Be、^{8}B、^{17}F等富质子弹核例外❸。

2015年，为了研究破裂和非弹耦合对完全熔合反应的影响，他们在略高于库仑势垒能区，采用在束γ法测量了^{6}Li+^{154}Sm系统熔合反应蒸发剩余核Tb同位素放出的γ射线，得到了完全熔合截面以及非完全熔合截面的下限。与理论计算的结果相比，得到了垒上完全熔合截面平均被抑制约35%的实验结果。以前人们普遍认为在垒上靶核的非弹激发耦合效应可以忽略，但他们发现，在能量为势垒高度V_b的1倍和1.13倍处，靶核^{154}Sm的非弹激发使完全熔合的增强分别约为30%和5%，这一数值与破裂对熔合的抑制（20%~40%）已可比拟。因此，认为形变靶核^{154}Sm的非弹激发与弹核破裂抑制效应相比可以忽略的结论是不成立的❹。他们纠正了前人认为该效应可以忽略的错误看法。

同年，他们仍采用在束γ方法，在近库仑势垒能区测量了^{6}Li+^{96}Zr系统的完全熔合截面。结果表明，在垒上能区，完全熔合截面被抑制了大约25%，比目前对较重靶核得到的系统结果（约35%）偏低。他们认为，这可能正是

---

❶ V. V. Sargsyan, G. G. Adamian, N. V. Antonenko, W. Scheid, and H. Q. Zhang, Search for a systematic behavior of the breakup probability in reactions with weakly bound projectiles at energies around the Coulomb barrier, Phys. Rev. C86, 054610(2012).

❷ V.V.Sargsyan, G.G.Adamian, N.V.Antonenko, W.Scheid, and H.Q. Zhang, Derivation of breakup probabilities from experimental elastic backscattering data, Eur. Phys.J.A50, 71(2014).

❸ X. P. Yang, G. L. Zhang, and H. Q. Zhang, Systematic study of reaction functions of weakly bound nuclei, Phys. Rev.C87, 014603(2013). 张高龙，杨晓鹏，张焕乔，弱束缚核反应函数的系统学研究，核技术，V37(10), 100508(2014)。

❹ C. L. Guo, G. L. Zhang, S. P. Hu, J. C. Yang, H. Q. Zhang et al., Coupling effects on the fusion of ^{6}Li+^{154}Sm at energies slightly above the Coulomb barrier, Phys. Rev. C92, 014615(2015).

一个人们期待的与靶核电荷有关的结果，因为在这个反应中靶核的电荷较低，因此熔合截面被抑制也较低❶。

巴西与墨西哥理论家针对弱束缚弹核破裂的熔合截面的计算发展了专门的理论模型。该模型将弹核破裂碎片的连续态分成若干个分离的能点、然后进行耦合道计算，解决了连续态的耦合道计算问题。而且可关闭其中任一破裂碎片进行计算，得到非完全熔合截面（σ_{icf}）；通过弹核的基态及其破裂态与靶核非弹激发态之间的耦合，得到熔合反应的总截面（σ_{tf}）；通过熔合反应总截面与非完全熔合截面之差（$\sigma_{cf}=\sigma_{tf}-\sigma_{icf}$）得到完全熔合截面（$\sigma_{cf}$）。该模型名曰连续态分离化的耦合道（Continuum Discretized Coupled-Channel）模型，简称CDCC模型。

从2017年起，张焕乔小组与墨西哥理论家卡玛乔（A.Gómez Camacho）合作，计算了^{6}Li+^{144}Sm、^{154}Sm这两个反应的总熔合截面、完全熔合截面及非完全熔合截面，得到的结果总体上与张焕乔小组的实验数据基本一致❷。

他们还用CDCC模型计算了弱束缚弹核^{6}Li与^{28}Si、^{59}Co、^{96}Zr、^{198}Pt和^{209}Bi等靶核的完全熔合截面。采取忽略共振态和只考虑共振态两种方法，研究了^{6}Li的共振态（$\ell=2$，$J^{\pi}=3^{+}$，2^{+}，1^{+}）和非共振态效应，从轻靶核到重靶核系统地分析了共振破裂耦合对熔合反应的影响。他们发现，共振态破裂对熔合反应产生的抑制作用重靶核更为明显，并且1^{+}和2^{+}态比3^{+}态的作用大❸。

他们还用CDCC模型对弱束缚弹核^{6,7}Li与一些质量轻重不同的靶核的

❶ S. P. Hu, G. L. Zhang, J. C. Yang, H. Q. Zhang et al., Small suppression of the complete fusion of the ^{6}Li+^{96}Zr system at near-barrier energies, Phys. Rev. C91, 044619(2015).

❷ A. Gómez Camacho, J. Lubian, H. Q. Zhang and Shan-Gui Zhou, CDCC calculations of fusion of ^{6}Li with targets ^{144}Sm and ^{154}Sm: effect of resonance states, Chin. Phys. C41(12), 124103(2017). G. L. Zhang, G. X. Zhang, S. P. Hu, H. Q. Zhang et al., Study of breakup and transfer of weakly bound nucleus ^{6}Li to explore the low energy reaction dynamics, EPJ Web of Conferences 163, 00066(2017).

❸ A. Gómez Camacho, Bing Wang, and H. Q. Zhang, Systematic continuum-discretized coupled-channels calculations of total fusion for ^{6}Li with targets ^{28}Si、^{59}Co、^{96}Zr、^{198}Pt and ^{209}Bi: Effect of resonance states, Phys. Rev. C 97, 054610 (2018).

完全熔合反应进行了系统研究，比较分析了共振态破裂对完全熔合的影响，着重给出了 ^{6}Li 和 ^{7}Li 的共振态（对 ^{6}Li，$\ell=2$，$J^\pi=3^+$，2^+，1^+，对 ^{7}Li，$\ell=3$，$J^\pi=7/2^-$，$5/2^-$）对完全熔合激发函数的效应。计算表明，对 ^{7}Li，通过 $5/2^-$ 和 $7/2^-$ 共振态产生的效应明显高于非共振区，而且这与共振态的寿命强烈相关；$5/2^-$ 共振态寿命较短，在低能区对非完全熔合的影响比 $7/2^-$ 态更为重要。对 ^{6}Li，3^+ 态寿命较长，其作用与准束缚非弹态类似，它与完全熔合的关联比非完全熔合更强；而 2^+ 和 1^+ 态寿命很短，比典型的弹核与靶核的碰撞时间（10^{-21}s）还短，破裂发生在弹–靶轨迹的入射部分，在低能区对非完全熔合产生一个非常重要的效应❶。

为了研究质子晕核 ^{17}F 在中重靶核上的破裂效应对弹性散射角分布的影响，继 ^{17}F+^{12}C 反应之后，2018 年，他们在兰州放射性离子束线（RIBLL）上，在入射能量远低于库仑势垒的 50MeV 和在库仑势垒附近的 59MeV，测量了 ^{17}F 与 ^{89}Y 的弹性散射角分布。采用 CDCC 等模型对实验数据进行了分析，得出了下述结论：^{17}F 引起的反应，其行为与另一个质子晕核 ^{8}B 类似，与中子晕核引起的反应完全不同❷。

总之，在弱束缚弹核对熔合反应影响的研究中张焕乔小组做出了如下重要贡献。

①首先证明了对紧束缚核体系，从熔合激发函数得到的势垒分布与从背角弹性、准弹性散射得到的势垒分布的等价性。接着，对弱束缚弹核体系进行研究，用上述两种方法得到了不完全一致的势垒分布。但考虑弱束缚弹核的破裂效应后，得到了二者一致的结果。这一结论合理地解释了弱束缚弹核与紧束缚弹核熔合反应实验数据之间的差异，统一了弱束缚弹核和紧束缚弹核之间的实验结果。

②对于弱束缚弹核破裂效应对完全熔合反应的抑制随靶核质量和电荷

---

❶ A. Gómez Camacho, A. Diaz–Torres and H. Q. Zhang, Comparative study of the effect of resonances of the weakly bound nuclei ^{6,7}Li on total fusion with light to heavy mass targets, Phys. Rev. C 99, 054615 (2019).

❷ G. L. Zhang, ..., H. Q. Zhang et al., Angular distribution of elastic scattering induced by ^{17}F on medium–mass target nuclei at energies near the Coulomb barrier, Phys. Rev. C 97, 044618 (2018).

的变化进行了系统研究，得到了对轻靶核系统、破裂效应对熔合反应的影响不重要的结论；对于重靶核（A > 140）系统，在大多数情况下在垒上能区破裂效应对熔合的影响受到约35%的抑制；对于中重靶核（A < 100）系统，垒上能区破裂效应对熔合的影响受到的抑制略小一些（约25%），抑制程度是否随电荷（原子序数）减少而减少的迹象值得进一步研究。对于近垒和垒下能区，破裂效应对熔合的影响普遍得到增强。

③弹核为质子晕核（如 ^{8}B、^{17}F）时破裂对熔合反应的影响不重要，它与中子晕核完全不一样。

④与巴西和墨西哥理论家合作，采用研究弱束缚弹核破裂最强有力的理论工具——CDCC模型，计算了弱束缚弹核重离子反应的完全熔合截面、非完全熔合截面和熔合反应总截面，得到了与实验数据基本一致的结果。同时，还对弱束缚弹核 ^{6}Li、^{7}Li 的共振态和非共振态破裂对熔合的影响进行了细致的研究。

⑤与俄罗斯理论家合作提出了测量弹核破裂概率的新方法。指出，对于弹核的破裂概率无需进行直接测量，可通过弱束缚弹核的背角弹性、准弹性散射数据和理论公式来得到反应破裂概率随质心系能量的变化。

此外，还纠正了人们普遍认为的在垒上能区靶核的非弹激发耦合效应可以忽略的错误看法。

（2）正Q值2中子转移对熔合反应的影响。

20世纪80年代，实验揭示了近垒和垒下重离子熔合反应截面因中子转移而增强的现象。为了研究中子转移与熔合增强之间的关系，相关实验室进行了大量的实验和理论研究。实验测量了一些含有中子转移的反应系统，当时的标准耦合道模型（只包含静态形变和表面振动），不能解释正Q值2中子转移使熔合截面增大的实验结果。随后很多实验室都参与了这一问题的研究，弹核和靶核之间的正Q值2中子转移一时成了一个热点问题。

所谓正Q值2中子转移，就是转移两个中子的核反应，其反应Q值为正。2005年，张焕乔小组开始对正Q值2中子转移反应对熔合过程的影响进行研究。他们与意大利里亚洛国家实验室合作，在库仑势垒附近进行

了 $^{48}Ca+^{90,96}Zr$ 熔合反应截面测量，用改进的量子分子动力学（ImQMD）模型对 $^{40、48}Ca+^{90,96}Zr$ 熔合反应实验数据进行了分析比较，成功地解释了 $^{40}Ca+^{96}Zr$ 系统较之其余三个系统垒下熔合截面增大的原因❶。因为靶核趋近球形核，随后他们又用含有球形核振动的耦合道理论对 $^{48}Ca+^{90}Zr$、^{96}Zr 反应系统的实验数据进行了分析❷。

2008 年，他们测量了弹核相同、靶核中子数相差 2、4、6 的反应系统（$^{32}S+^{90}Zr$、^{94}Zr 和 ^{96}Zr）的熔合激发函数和背角准弹激发函数，得到了 $^{32}S+^{96}Zr$ 反应垒下熔合截面较之 $^{32}S+^{90}Zr$ 反应显著增强的结果❸。同时对这些反应系统的势垒分布进行了研究，发现 $^{32}S+^{96}Zr$ 的势垒分布较之 $^{32}S+^{90}Zr$ 平而宽并且趋向低能，这种势垒特征解释了 $^{32}S+^{96}Zr$ 系统正 Q 值 2 中子转移使熔合反应增强的原因。

2012 年，他们又研究了弹核和靶核中子数均不同、但形成同一复合核的反应系统：$^{18}O+^{74}Ge$ 和 $^{16}O+^{76}Ge$，它们都生成 ^{92}Zr。他们用含有球形核振动的耦合道理论对实验数据进行了分析，理论计算与实验测量结果很好地一致。但在 $^{18}O+^{74}Ge$ 反应系统中，没有观察到正 Q 值 2 中子转移对熔合的影响❹。这说明，正 Q 值 2 中子转移对熔合过程的影响还是一个尚不完全清楚的问

---

❶ ZHANG Huan-Qiao, LIU Zu-Huan, YANG Feng et al., Dynamical Effects on Sub-barrier Fusion of $^{40,48}Ca+^{90,96}Zr$, Chin.Phys.Lett.22(12), 3048(2005).

❷ A. M. Stefanini, F. Scarlassara, S. Beghini, G. Montagnoli, R. Silvestri, M. Trotta, B. R. Behera, L. Corradi, E. Fioretto, A. Gadea, Y. W. Wu, S. Szilner, H. Q. Zhang, Z. H. Liu, M. Ruan, F. Yang, and N. Rowley, Fusion of $^{48}Ca+^{90,96}Zr$ above and below the Coulomb barrier, Phys. Rev. C73, 034606(2006).

❸ H. Q. Zhang, C. J. Lin, F. Yang et al., Near-barrier fusion of $^{32}S+^{90,96}Zr$: The effect of multi-neutron transfers in sub-barrier fusion reaction, Phys. Rev. C82, 054609(2010).

❹ H. M. Jia, C. J. Lin, F. Yang, X. X. Xu, H. Q. Zhang et al., Fusion of the $^{18}O+^{76}Ge$ and $^{16}O+^{78}Ge$ systems and the role of positive Q-value neutron transfers, Phys. Rev. C86, 044621(2012); H. M. Jia, C. J. Lin, F. Yang, X. X. Xu, H. Q. Zhang et al., Near-barrier fusion of $^{32}S+^{90,96}Zr$, $^{16}O+^{78}Ge$ and $^{18}O+^{76}Ge$, Journal of Physics: Conference Series 420, 012124(2013); C. J. Lin, H. M. Jia, H. Q. Zhang et al., Sub-barrier Fusion and Neutron Transfer with Positive Q-value, http://www.epj-conferences.org or http://dx.doi.org/10.1051/epjconf/20146603055.

题，还需从理论上进一步了解反应机制。

同年，张焕乔与俄罗斯杜布纳联合核研究所萨格西安(V .V. Sargsyan)等人合作，用量子扩散方法(QDA)对许多不同的实验数据进行了分析。最后得到了这样的结论：如果正Q值2中子转移之后形成的核，其总的四极形变(用形变参数β_2表示)增大，则该反应系统垒下熔合反应截面增大❶。例如，$^{40}Ca(\beta_2=0)+^{96}Zr(\beta_2=0.08)\longrightarrow ^{42}Ca(\beta_2=0.25)+^{94}Zr(\beta_2=0.09)$，反应前弹核和靶核的四极形变参数$\beta_2$分别为0和0.08，中子转移后、核的四极形变参数$\beta_2$分别为0.25和0.09，中子转移后形成核的四极形变参数变大，因此垒下熔合反应截面增大。如果正Q值2中子转移后形成的核，其四极形变参数变化不大甚至减小，则正Q值2中子转移对垒下熔合反应截面的影响很小，甚至抑制。QDA很好地重现了上述两类反应的实验数据。正Q值2中子转移对垒下熔合反应截面增强的影响与中子转移后形成核的四极形变参数的大小有关，实质上，这是与熔合势垒分布的形状(宽度和高度，特别是势垒高度)有关。他们将有正Q值2中子转移反应系统的熔合反应看作如下两步过程：①反应核之间的2中子转移，因中子不带电，不受库仑势垒影响，而且反应Q值为正，这一步很容易完成；②中子转移后的两个核之间的熔合反应，因为其四极形变参数变大了，两个核之间的熔合势垒的高度降低了，这导致熔合截面增强❷。他们从核形变的角度很好地解释了正Q值2中子转移对熔合的影响。

为了对正Q值2中子转移对熔合过程的影响在深度垒下能区进行探索，2014年，张焕乔小组与俄罗斯奥格洛布林(A. A. Ogloblin)小组合作在北京HI-13串列加速器上在近垒和极深垒下能区测量了$^{28}Si+^{208}Pb$的熔合反应激发函数。在实验中他们采用了对轻带电粒子不灵敏的固体径迹探测器，因

❶ V. V. Sargsyan, G. G. Adamian, 1 N. V. Antonenko, 1 W. Scheid, and H. Q. Zhang, Examination of the different roles of neutron transfer in the sub-barrier fusion reactions $^{32}S+^{94,96}Zr$ and $^{40}Ca+^{94,96}Zr$, Phys. Rev. C91, 014613(2015).

❷ ZHANG Huan-Qiao, LIU Zu-Huan, YANG Feng et al., Dynamical Effects on Sub-barrier Fusion of $^{40,48}Ca+^{90,96}Zr$, Chin.Phys.Lett.22(12), 3048(2005).

而消除了入射离子经散射产生的强本底,使测量延伸到截面只有微靶量级、极为难测的深度垒下能区。用QDA对实验数据进行了分析,理论计算与实验测量结果很好地一致。没有发现正Q值2中子转移对垒下熔合过程的影响。但在$^{20}Ne+^{208}Pb$、$^{40}Ca+^{96}Zr$和$^{40}Ca+^{134}Te$系统中观察到了正Q值2中子转移引起的熔合增强,因为这些系统2中子转移后总的β_2变大了[1]。

为了定量地检验正Q值2中子转移效应对重离子熔合增强的影响,2016年,张焕乔小组发展了一种专门分析正Q值2中子转移效应对重离子熔合增强影响、而不用外部调节参数的自洽方法。为此,他们定义了一个被称为"剩余增强"(RE)的物理量,来描述除了弹核和靶核非弹激发态之间耦合引起的增强外的剩余增强,它等于实验测得的熔合截面(σ_{exp})与耦合道理论计算的熔合截面(σ_{cc})之比,即$RE=\sigma_{exp}/\sigma_{cc}$。通过RE值的大小,可以定量地描述正Q值2中子转移效应对熔合增强影响的强弱。这种方法特别适合靶核同位素质量数范围较大、既包括有正Q值2中子转移效应的反应系统又包括没有正Q值2中子转移效应的反应系统。因为对于没有正Q值2中子转移效应的反应系统,如球形弹核+球形靶核系统,用耦合道理论计算可得到没有正Q值2中子转移效应但包括了所有集体激发态耦合的贡献,计算结果与实验测量的熔合截面能很好地一致,因此,将之称为标准截面。然后,用耦合道理论计算得到标准截面的所有参数来计算有正Q值2中子转移效应的弹核+靶核系统,得到有正Q值2中子转移效应系统的RE值。由RE值随入射能量的变化,可清楚地看出正Q值2中子转移效应对熔合增强的影响。对于没有正Q值2中子转移效应的系统,RE=1,对于有正Q值2中子转移效应的系统,RE值越大,表示正Q值2中子转移效应对熔合增强的影响

[1] A. A. Ogloblin, H. Q. Zhang, C. J. Lin et al., Role of neutron transfer in asymmetric fusion reactions at sub-barrier energies, Eur. Phys. J. A50, 157(2014); A. A. Ogloblin, H. Q. Zhang, C. J. Lin et al., Analysis of the role of neutron transfer in asymmetric fusion reactions at sub-barrier energies, Physics of Atomic Nuclei 78(9), 895902(2015).

越大❶。

为了验证该方法的正确性和适用范围，他们收集、整理了他们在北京HI-13串列加速器上测量的大量相关反应系统的实验数据，系统地、定量地分析了垒下熔合增强与正Q值2中子转移效应之间的关联，合理地解释了绝大多数实验测量结果，为正Q值2中子转移效应对熔合增强的影响提供了一个定量的检验手段。

此外，张焕乔小组还对单中子转移反应进行了研究。2016年，他们在北京HI-13串列加速器上，在包括垒上、垒下较宽的能区内对^{6}Li与^{96}Zr作用的单中子转移反应进行了测量分析。他们得到了在垒下能区单中子转移截面与完全熔合相比占压倒优势的结论❷。

2018年，他们在意大利XTU-15串列加速器上，在垒上能区（入射能量22MeV和34MeV）完成了单中子转移反应$^{89}Y(^{6}Li,^{5}Li)^{90}Y^{*}$的实验测量。这个实验的难度很大，因为$^{5}Li$和$^{6}Li$很难区分，为了挑选出单中子转移事件，需要采用反应生成核$^{90}Y^{*}$的γ射线和带电粒子进行符合测量。他们用25个带BGO反康的高纯锗组成的γ探测器阵列（GALILEO）在束测量了该反应的γ射线、用4π硅球探测器（EUCLIDES）探测了反应产生的带电粒子、对$^{90}Y^{*}$的γ和反应产生的带电粒子进行了关联测量，得到了$^{6}Li+^{89}Y$反应单中子转移到$^{90}Y^{*}$激发态的反应截面。最后，用耦合反应道（CRC）理论对$^{6}Li+^{89}Y$系统单中子转移反应截面进行了计算，得到了与实验数据一致的结果❸。

❶ H. M. Jia, C. J. Lin, ..., H. Q. Zhang, et al., A self-consistent method to analyze the effects of the positive Q-value neutron transfers on fusion, Phys. Lett. B755, 43-46(2016); Nan-Ru Ma, Hui-Ming Jia, Cheng-Jian Lin, ..., Huan-Qiao Zhang, et al., Self-consistent analysis of sub-barrier fusion enhancement effect in Ca+Ca and Ni+Ni, Chin. Phys. C40, 114001(2016); H. M. Jia, C. J. Lin, ..., H. Q. Zhang, et al., Studies for the effect of the positive Q-value neutron transfers on sub-barrier heavy-ion fusion, EPJ Web of Conf. 117, 08014(2016).

❷ S. P. Hu, G. L. Zhang, J. C. Yang, H. Q. Zhang, P. R. S. Gomes, One-neutron stripping processes to excited states of the $^{6}Li+^{96}Zr$ reaction at near-barrier energies, Phys. Rev. C93(1), 014621(2016).

❸ G. L. Zhang, G. X. Zhang, S. P. Hu, Y. J. Yao, J. B. Xiang, H. Q. Zhang et al., One-neutron stripping processes to excited states of $^{90}Y^{*}$ in the $^{89}Y(^{6}Li,^{5}Li)^{90}Y^{*}$ reaction, Phys. Rev. C97, 014611(2018).

总之，在正Q值2中子转移对垒下熔合反应截面影响的研究方面，张焕乔小组从实验上和理论上进行了广泛深入的研究。在以下两个方面做出了突出的贡献。①指出了正Q值2中子转移对垒下熔合反应截面的影响与正Q值2中子转移后形成的原子核的四极形变的关系。如果中子转移后形成核的β_2增大（相对于参与反应核），则该反应的垒下熔合反应截面增大，反之则几乎不变或减少。考虑了核形变的QDA较为满意地解释了正Q值2中子转移效应在垒下熔合反应中的作用。②发展了一种基于耦合道模型的专门研究重离子熔合增强的方法，通过RE，定量地给出了正Q值2中子转移对熔合增强的影响。并用该方法检验了大量实验数据，证明该方法的正确性。

此外，他们将带BGO反康的高纯锗γ探测器阵列和4π硅球探测器相结合，用于$^{89}Y(^{6}Li,^{5}Li)^{90}Y^{*}$反应的带电粒子和伽马谱学的关联测量；还测量了深度垒下能区、只有微靶量级的熔合反应截面，对实验测量技术的发展做出了贡献。

（3）核形变对熔合反应的影响。

在叙述原子核形变对重离子熔合反应的影响之前，首先介绍关于原子核形变的一些基本概念，以便对这一节的内容有更好的了解。

原子核的形状主要分为两类，即球形核和非球形核。球形核很少，其集体运动形式是振动。大部分原子核是非球形核，其集体运动形式主要是转动。非球形核主要是椭球核，它是轴对称的；还有非轴对称的椭球核，叫作三轴形变核。一般用形变参数β来描述椭球核偏离球形的程度，即用β_1、β_2、β_3和β_4分别表示核偶极、核四极、核八极和核十六极形变参数。对于三轴形变核，用参数γ来描述椭球的非轴对称度。对于球形核，其β和γ都等于0。对于一般椭球核，γ等于0，β不等于0，其β值越大表示形变越大；正β值表示长椭球，负β值表示扁椭球。三轴形变核的β和γ都不等于0，γ值越大，表示椭球的非轴对称度越大。

核反应和核结构是核物理密切相关的两个重要方面。重离子反应截面与参加反应的弹核和靶核的核形变参数有关。对于某些反应系统，垒下重离子俘获截面(即熔合截面)对扁椭球核和长椭球核非常敏感。因此可通过相关反应对反应参与核的扁椭球和长椭球核形变性质进行研究;对于某些反应系统,垒下重离子俘获截面对核的多极形变非常敏感,因此,可通过垒下重离子俘获截面的测量来得到反应参与核的多极形变参数。

从2010年起,张焕乔与俄罗斯杜布纳联合核研究所阿达缅(A. A. Adamian)等人合作,采用量子扩散方法(QDA)对他们自己及其他实验室测得的垒下能区重离子俘获截面进行了计算,对参与反应的扁椭球核和长椭球核进行了研究。在量子扩散方法中,核-核碰撞可以用一个简单的变量,即碰撞核之间的相对距离来处理,核形变效应是通过核-核碰撞势对核形变及其相互取向的依赖考虑进去的。该方法相当完善,较全面地考虑了弹核和靶核的形变及其相关自由度的耦合。2012年,他们用量子扩散方法计算了$^{16}O+^{154}Sm$、$^{48}Ca+^{154}Sm$和$^{74}Ge+^{74}Ge$垒下俘获截面的实验测量结果,较好地解释了实验数据[1]。理论计算与实验结果的比较说明,在俘获过程中^{154}Sm和^{74}Ge发生了从扁椭球核基态($\beta_2(^{154}Sm)=-0.341$和$\beta_2(^{74}Ge)=-0.2825$)势垒最小值到长椭球核基态($\beta_2(^{154}Sm)=+0.341$和$\beta_2(^{74}Ge)=+0.2825$)势垒最小值之间的跃迁。

在形变核中,十六极形变参数(β_4)较之四极(β_2)、八极形变参数(β_3)更难测量。但在四极形变参数研究方面所取得的成功和积累的经验,鼓励他们产生了研究十六极形变参数的想法。研究原子核的十六极形变参数时,最好使用放射性核束,但目前获得的放射性核束品质不高,给实验带来了严重的挑战,因此,他们迫切需要寻求一种简单而灵敏的新方法。经过一段时间摸索,张焕乔小组探索出了一种从背角弹性、准弹性散射测量得到核多极形变的新方法。2014年他们在《物理评论》(*Phys. Rev. C*)上发表文章(被编辑部推荐为亮点文章),阐述了他们从背角弹性、准弹性散射中抽取十六极

[1] V. V. Sargsyan, G. G. Adamian, N. V. Antonenko, W. Scheid, C. J. Lin and H. Q. Zhang, Oblate-prolate deformation effect in capture reactions at sub-barrier energies, Phys. Rev. C85, 017603(2012).

形变参数的方法和结果❶。因为在库仑势垒以下能区，重离子反应的背角弹性、准弹性散射对耦合道效应非常敏感，因此，由背角弹性、准弹性激发函数导出熔合势垒分布后，可借助于耦合道理论的计算，抽取相应核的β_4。而且，还可用同一反应的库仑激发函数先得到β_2，然后固定β_2值、再通过计算来得到β_4。为此，他们在近库仑势垒能区，以很窄的能量间隔测量了$^{16}O+^{152}Sm$、$^{16}O+^{170}Er$和$^{16}O+^{174}Yb$反应的背角弹性、准弹性散射的激发函数，并导出了熔合势垒分布，通过耦合道理论计算，抽取了相应核的β_4。所得结果与其他方法得到的结果合理地一致。

随后，他们在北京HI-13串列加速器上，在近库仑势垒能区精细测量了$^{16}O+^{152}Sm$、^{170}Er和^{174}Yb反应的背角弹性、准弹性散射激发函数，并由此得到了相应系统的势垒分布，再通过耦合道计算，得到了靶核的β_4。所得结果与已知的形变数据一致。他们的结果表明，^{152}Sm、^{170}Er和^{174}Yb核的β_4表现出了一个从正到零到负的变化过程。他们的研究为抽取十六极形变参数提供了一个灵敏方法，这对束流强度非常低的放射性核的形变参数测量具有特别重要的意义❷。

此外，他们还通过对高自旋态跃迁γ射线的测量和分析对核形变和核的高自旋态能级纲图进行了研究。

2012年，张焕乔小组通过重离子熔合蒸发反应$^{70}Zn(^{7}Li,3n)^{74}As$，研究了奇-奇核$^{74}As$的激发态能级❸。他们用12个带BGO反康的高纯锗探测器和两个平面高纯锗探测器组成的γ探测器阵列对反应剩余核退激γ射线进行了符合测量，共积累了2×10^7个事件。他们除了确认并扩展正宇称的转晕带及其边带外，还发现了一条负宇称的新能级主带及边带，并确定了^{74}As核新

---

❶ H. M. Jia, C. J Lin, F. Yang, X. X. Xu, H. Q. Zhang et al., Extracting the hexadecapole deformation from backward quasi-elastic scattering, Phys. Rev. C90, 031601(R)(2014).

❷ H. Q. Zhang, C. J. Lin, H. M. Jia, et al., Sub-barrier backward quasielastic scattering: A probe of the hexadecapole deformation, EPJ Web of Conf. 117, 04010(2016).

❸ S. P. Hu, H. L. Ma, X. P. Cao, X. G. Wu, ..., H. Q. Zhang et al., Multiple triaxial bands and abnormal signature inversion in ^{74}As, Phys. Lett. B732, 59(2014).

增加的各能级的能量、宇称和自旋，建立了包括较高激发能和较高自旋的^{74}As的能级纲图。

2013年，他们用组态相关的推转尼尔逊-斯特鲁金斯基（CNS）方法对奇-偶核$^{103,105,107}Ag$和奇-奇核^{106}Ag的奇宇称转动带进行了研究。对以前认定的在$^{103,105,107}Ag$核中存在手征转动带的看法提出了质疑❶。

2014年，他们在北京HI-13串列加速器上，通过$^{70}Zn(^{7}Li,2np)^{74}Ge$反应、布居了$^{74}Ge$的高自旋态，完成了$^{74}Ge$能级性质的测量研究❷。将$^{74}Ge$已知的转晕带扩展到了更高自旋能级，并建立了五个新的集体能级带。还通过γ带内邻近能级的能量振荡因子，研究了该核三轴形变的γ软硬度（即γ值的大小），确认^{74}Ge是锗同位素从γ软形变向γ硬形变演变过程中的一个过渡核。

2015年，他们通过$^{70}Zn(^{7}Li,3np)^{73}Ge$熔合蒸发反应得到了剩余核$^{73}Ge$，对$^{73}Ge$的谱学特性进行了研究。将以前建立在$\nu(f_{5/2})$能态上的能级带从已知的1130.0keV的$(9/2)^-$扩展到了3875.2keV的$(21/2)^-$。另外，还首次确定了建立在$\nu(g_{9/2})$能态上的一个新的转动能级带❸。

2016年，他们在HI-13串列加速器上利用90MeV的^{19}F轰击^{108}Cd靶、通过$^{108}Cd(^{19}F,3np)^{123}Ba$熔合蒸发反应得到了剩余核$^{123}Ba$，首次在$^{123}Ba$中观察到了连接建立在$\nu(d_{5/2}+g_{7/2})$轨道上的正宇称带和建立在$\nu(h_{11/2})$轨道上的负宇称带之间的一些E1跃迁（即电偶极跃迁），给出了^{123}Ba存在八极形变关联的证据❹。

---

❶ Hai-Liang Ma, Shun-He Yao, Bao-Guo Dong, Xiao-Guang Wu, H. Q. Zhang et al., Risk of misinterpreting nearly degenerate doublet bands as chiral partners in odd-even $^{103,105,107}Ag$ and odd-odd ^{106}Ag, Phys. Rev. C88, 034322(2013).

❷ J. J. Sun, ..., H. Q. Zhang et al., Spectroscopy of ^{74}Ge: From soft to rigid triaxiality, Phys. Lett. B 734, 308(2014).

❸ J. J. Sun, ..., H. Q. Zhang et al., Band crossing and shape evolution in ^{73}Ge, Phys. Rev. C92, 054302 (2015).

❹ X. C. Chen, ...H. Q. Zhang et al., Evolution of Octupole Correlations in ^{123}Ba, Phys. Rev. C94, 021301 (R)(2016).

在核形变对熔合反应的影响方面，张焕乔小组不仅研究了核形变对重离子熔合的影响，还反过来通过对背角弹性、准弹性散射激发函数的测量及熔合势垒的研究，发展了一种得到反应参与核的多极形变参数的方法。他们还通过熔合蒸发反应布居高自旋态的退激 γ 测量，不仅建立了新的能级纲图，还对反应参与核的形变性质进行了研究。张焕乔与杜布纳小组合作，成功地将 QDA 方法用于核形变对熔合影响及反应参与核形变的研究中。

（4）完全熔合裂变和准裂变之间的竞争。

为了对张焕乔小组所从事的这一小节的研究工作有更好的了解，首先对准裂变、快裂变和预平衡裂变加以解释。所谓准裂变，是非复合核裂变的一种，是弹核和靶核碰撞在一起、尚未完全熔合形成复合核之前、处于“双核”状态所发生的裂变；从核-核碰撞时两个核的位置取向来看，当弹核与长椭球核碰撞时，如果弹核与长椭球核的顶端相撞，则很容易在没有完全形成复合核时就发生裂变，这就是准裂变。如果弹核撞击在长椭球核的腰部，则很可能形成完全熔合的复合核，这时发生的复合核裂变就是完全熔合裂变。至于快裂变，是指形成的复合核的角动量足够高，高到超过临界角动量时，以致裂变势垒消失，这时形成的复合核立即衰变成两个裂变碎片，这种条件下发生的裂变就是快裂变。在近垒和垒下重离子熔合反应中由于角动量太低基本上没有这种情况。预平衡裂变是指弹核和靶核碰撞形成复合核后、某些自由度（如 K 角动量）还未完全达到平衡时就发生的裂变。张焕乔小组提出的低角动量相依的预平衡裂变模型，就是针对这种情况的。预平衡裂变和准裂变都属于非平衡裂变，在实验上很难区分。

2010 年，张焕乔小组开始对完全熔合裂变和准裂变之间的竞争进行了研究。他们在北京 HI-13 串列加速器上在质心系能量 118.8~144.4MeV 的范围内，用两块 48mm×50mm 大面积位置灵敏硅条探测器（每块含 24 根硅条）、采用符合方法测量了 $^{32}S+^{184}W$ 熔合裂变碎片的角分布，通过外推得到了裂变碎片角分布的各向异性，通过对角分布的积分得到了熔合裂变激发函数。最后用双核系统模型对实验测得的熔合裂变激发函数进行了计算，得到了构成该反应裂变激发函数的完全熔合裂变成分、准裂变成分和快裂变成分。结果表明,在碰撞能量较小时由于准裂变事件的增加使完全熔合裂变事件减少了。这是由于靶核对称轴对束流方向的取向角较小时,弹核和靶核形成了双核系统的缘故。至于能量较大时完全熔合裂变阻碍的增大(即完全熔合裂变概率减少),则可用双核系统的准裂变势垒和内禀熔合势垒对其角动量的依赖来解释:大角动量时准裂变势垒降低,而内禀熔合势垒增大,因而完全熔合裂变阻碍增大。快裂变在能量大于131MeV时才出现,在所测能区内其截面很小,完全熔合裂变和准裂变截面较大,二者旗鼓相当,它们之间的竞争起着主要作用❶。

在2012年的核-核碰撞会上,张焕乔以"近垒和垒下能区$^{32}S+^{184}W$和$^{34}S+^{186}W$反应的裂变"为题报告了S+W的工作。同组的林承键利用日本原子能研究所的后加速器系统对后一反应($^{34}S+^{186}W$)的裂变碎片用两块大面积位置灵敏硅条探测器进行了符合测量,由关联碎片的能量得到了碎片的质量分布,采用断点统计模型计算了质量分布宽度,与实验测得的结果一致,没有显示出有准裂变成分存在❷。

2012年,张焕乔与塞格希安(V. V. Sargsyan)等用QDA对$^{92,94}Mo+^{92,94}Mo$、$^{100}Ru+^{100}Ru$、$^{104}Pd+^{104}Pd$和$^{78}Kr+^{112}Sn$反应在极深库仑势垒能区的俘获反应进行了计算。当入射离子的能量低于形成相应反应复合核基态的能量时,这些反应就不会有完全熔合裂变发生。因此,入射离子与靶核的反应只有准裂变过程。这样,就可以对纯粹的准裂变反应进行研究。计算表明,$^{92,94}Mo+^{92,94}Mo$的反应截面很小,只有约10^{-6}~10^{-7}毫靶,难以进行实验测量;但对于$^{78}Kr+^{112}Sn$、$^{100}Ru+^{100}Ru$和$^{104}Pd+^{104}Pd$反应,其相应的反应截面分别约为

---

❶ H. Q. Zhang, C. L. Zhang, C. J. Lin et al., Competition between fusion-fission and quasifission processes in the $^{32}S+^{182,184}W$, Phys. Rev.C81, 034611(2010); C. L. Zhang, H. Q. Zhang, C. J. Lin et al., Competition between fusion-fission and quasifission processes in $^{32}S+^{184}W$ reaction, Nucl. Phys. A 834: 201c (2010).

❷ C. J. Lin, H. Q. Zhang et al., Fissions in $^{32}S+^{184}W$ and $^{32}S+^{184}W$ reactions at near- and sub-barrier energies, Journal of Physics: Conference Series 420, 012126(2013).

1×10^{-3}、1×10^{-2}和5×10^{-1}毫靶，进行实验研究是有可能的❶。

在完全熔合裂变和准裂变竞争方面，他们通过$^{32}S+^{184}W$和$^{34}S+^{186}W$反应的裂变碎片的测量研究，得出了$^{32}S+^{184}W$反应系统存在完全熔合裂变和准裂变之间竞争、而$^{34}S+^{186}W$反应系统主要不是准裂变的结论。张焕乔与俄罗斯合作者通过理论计算，提出了只有准裂变过程的候选核系统，为纯粹的准裂变研究指出了实验对象。

（5）不稳定核系统光学势参数测量和光学势阈异常。

核反应光学模型是把入射粒子同靶核的相互作用描述为入射粒子在靶核平均势场中运动的一种核反应模型。这种平均势称为光学势。光学势是复数势，其实部和虚部分别用来描述靶核对入射粒子的散射和吸收。在核反应截面和角分布的计算中，需要输入相应核反应系统的唯象光学势参数。由于重离子核反应种类繁多，常常得不到适合不同重离子反应系统的普适光学势。因此，张焕乔小组在近垒及垒下能区对一些重离子反应系统，特别是奇特核反应系统的光学势，进行了实验测量研究。

2008年，他们提出了通过拟合转移反应产物角分布的手段来得到不稳定核系统光学势的方法。首先他们测量了转移反应$^{16}O(^{14}N,^{13}C)^{17}F$的角分布。实验在HI-13串列加速器上进行，采用高分辨的Q3D磁谱仪和焦面位置灵敏探测器探测转移反应的带电粒子。然后用扭曲波玻恩近似（DWBA）方法对该转移反应的角分布进行拟合计算，抽取了不稳定核系统$^{17}F+^{13}C$的全套光学势参数，包括光学势实部和虚部的势垒深度V和W、半径r_{0v}和r_{0w}，以及表面弥散参数a_v和a_w。2009年，他们通过$^{11}B(^{7}Li,^{6}He)^{12}C$转移反应产物$^{6}He$角分布的测量，得到了$^{6}He+^{12}C$晕核系统的光学势参数❷。

2014年，他们在中国原子能科学研究院的HI-13串列加速器上，在入射能量25.67、28.55、32.55、37.55和42.55MeV，用焦面装有多层位置灵敏气体

---

❶ V. V. Sargsyan, G. G. Adamian, N. V. Antonenko, W. Scheid and H. Q. Zhang, Quasifission at extreme sub-barrier energies, Eur. Phys. J. A48, 188(2012).

❷ WU Zhen-Dong, LIN Cheng-Jian, ZHANG Huan-Qiao et al., Optical Potential Parameters for Halo Nucleus System $^{6}He+^{12}C$ from Transfer Reaction $^{11}B(^{7}Li,^{6}He)^{12}C$, Chin. Phys. Lett.26(2), 022503(2009).

探测器的Q3D磁谱仪，测量了$^{208}Pb(^7Li,^6He)^{209}Bi$转移反应（$^7Li$一个质子转移给$^{208}Pb$形成$^{209}Bi$基态、第一和第二激发态）产物$^6He$的角分布，同时还测量了$^7Li$在$^{208}Pb$上的弹性散射角分布。通过用光学模型（OM）和耦合反应道（CRC）方法对^7Li弹性散射角分布的拟合计算，得到了$^7Li+^{208}Pb$系统的光学势参数。用扭曲波玻恩近似（DWBA）和CRC方法分析了$^{208}Pb(^7Li,^6He)^{209}Bi$转移反应产物$^6He$的角分布，抽取了$^6He+^{209}Bi$晕核系统的光学势参数。他们还用他们得到的$^6He+^{209}Bi$的光学势参数计算了该反应的全截面，并与直接测量的实验结果进行了比较，计算结果在近垒及垒上能区与实验数据符合得很好，证明了用转移反应方法抽取的$^6He+^{209}Bi$系统的光学势参数是可靠的❶。同年，他们对通过转移反应产物角分布来得到不稳定核系统光学势的方法原理进行了详细叙述，并通过对$^{208}Pb(^7Li,^6He)^{209}Bi$转移反应产物的角分布的测量研究，对该方法得到的光学势参数的灵敏度进行了检验，抽取了晕核系统$^6He+^{209}Bi$的光学势参数。这种方法除对光学势实部深度有些模糊外，对其他参数都能给出可靠的结果❷。通过稳定核转移反应产物角分布测量来得到不稳定核系统光学势的方法，虽是一种间接方法，但较为方便、实用，能为难以测量或不能测量的奇特核系统的光学势参数提供测量手段。

为了探讨在中重核区用转移反应角分布方法得到奇特核系统光学势的可行性，2017年，他们对$^{63}Cu(^7Li,^6He)^{64}Zn$转移反应角分布进行了测量，得到了晕核系统$^6He+^{64}Zn$的光学势参数。用所得参数对该晕核系统$^6He+^{64}Zn$的弹性散射进行了计算，结果与实验数据相符。这表明，用测量稳定核转移反应产物角分布来得到不稳定核系统光学势的方法，对中重核区也是可行的❸。

除了对奇特核系统的光学势进行测量外，他们还对光学势“阈异常”进

❶ L. Yang, C. J. Lin, H. M. Jia, F. Yang, Z. D. Wu, X. X. Xu, H. Q. Zhang et al., Optical model potentials for the $^6He+^{208}Bi$ reaction from a $^{208}Pb(^7Li,^6He)^{209}Bi$ reaction analysis, Phys. Rev. C89, 044615(2014).

❷ WU Zhen-Dong, ..., ZHANG Huan-Qiao et al., A Sensitivity Test of Extracting the Optical Potential Parameters for $^6He+^{208}Bi$ from the Transfer Reaction $^{208}Pb(^7Li,^6He)^{209}Bi$, Chin. Phys. Lett.31(9), 092401(2014).

❸ L. Yang, C. J. Lin, H. M. Jia, ..., H. Q. Zhang et al., Optical model potentials for $^6He+^{64}Zn$ from $^{63}Cu(^7Li,^6He)^{64}Zn$ reactions, Phys. Rev. C95, 034616(2017).

行了研究。

20世纪80年代初，李雷(J. S. Liley)等人报道了$^{16}O+^{208}Pb$弹性散射的光学势“阈异常”(Threshold Anomany，缩写为TA)现象。所谓光学势“阈异常”，就是随着入射粒子能量的增加，在库仑势垒附近，虚部势强度出现了一个突变，从零迅速增加到一个近似恒定值，即出现了一个阈现象。而实部势在库仑势垒附近出现了一个峰结构，在更高能区则平稳地随能量下降。虚部势突变是由于打开了去弹性反应道的缘故。因为实部势和虚部势是按因果律原理、通过色散关系联系起来的，由于虚部势在库仑势垒附近发生突变，因此实部势在库仑势垒附近相应地就出现了一个峰结构。

20世纪90年代中后期，他们用电离室ΔE-E望远镜在库仑势垒附近能区测量了$^{19}F+^{208}Pb$体系的弹性散射角分布，用ECIS程序对角分布数据进行了拟合，得到了该体系的光学势参数，观察到了阈异常现象❶。2006年，他们在《中国物理快报》(*Ghin. Phys. Lett.*)上发表了$^{6}Li+^{208}Pb$系统弹性散射角分布的文章。在库仑势垒附近的多个入射能点测量了该系统的弹性散射角分布，用唯象光学模型分析了测量数据，发现光学势实部和虚部对能量有着强烈的依赖关系，但这种依赖关系与$^{19}F+^{208}Pb$体系的“阈异常”明显不同。$^{6}Li+^{208}Pb$系统随着能量的减少，直至库仑势垒以下深度区域，虚部势强度仍不断增加，不像$^{19}F+^{208}Pb$体系那样趋向于零❷。这是由于^{6}Li破裂反应道与库仑作用之间耦合的结果，因为^{6}Li中的α和d之间的结合能很低，只有1.47MeV，很容易破裂。人们将这种光学势强度随能量的变化称为“破裂阈异常”(英文用“Breakup Threshold Anomaly”表示，简写为BTA)。2010年，他们又在近库仑势垒能区对弱束缚弹核^{9}Be与^{208}Pb和^{209}Bi的弹性散射进行了测量，通过唯象光学模型对所测数据进行了分析，抽取了光学势参数。这两

❶ C. J. Lin, J. C. Xu, H. Q. Zhang et al., Threshold anomaly in the $^{19}F+^{208}Pb$ system, Phys. Rev. C63, 064606(2001).

❷ C. L. Zhang, H. Q. Zhang, C. J. Lin et al., Unusual Threshold Anomaly in the $^{6}Li+^{208}Pb$ System, Chin. Phys. Lett.23(5), 1146(2006).

个反应在库仑势垒附近都表现出了光学势的破裂阈异常现象❶,澄清了以前实验上存在的分歧。

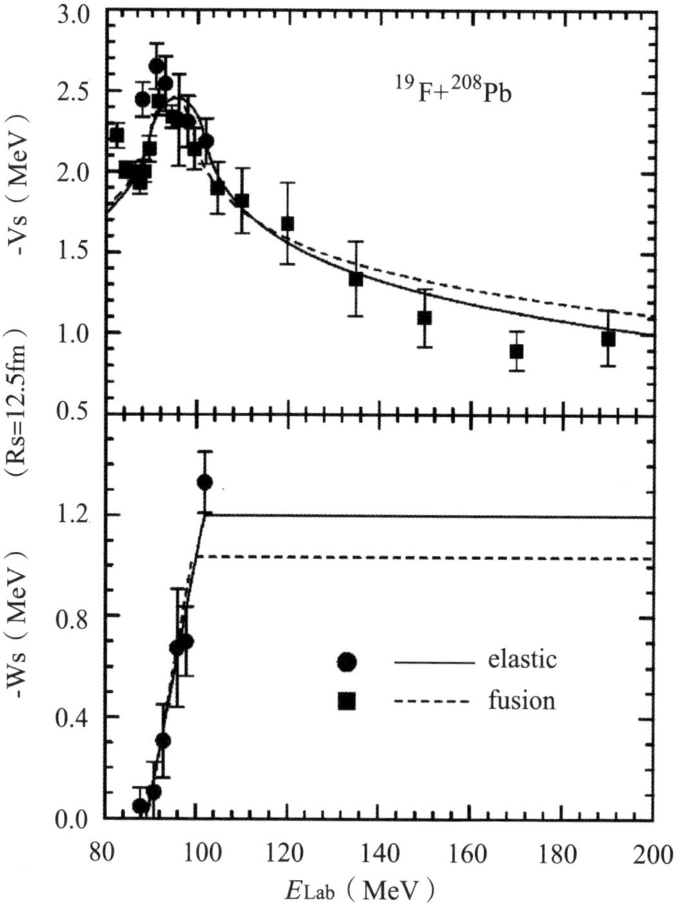

» 图4-9 $^{19}F+^{208}Pb$反应光学势的阈异常。

“●”或实线表示采用弹散数据得到的结果,“■”或虚线表示采用熔合数据得到的结果

❶ N. Yu, H. Q. Zhang et al., Unusual potential behavior for the weakly bound nucleus ^{9}Be in elastic scattering from ^{208}Pb and ^{209}Bi near the threshold, J. Phys. G: Nucl. Part. Phys.37, 075108(2010).

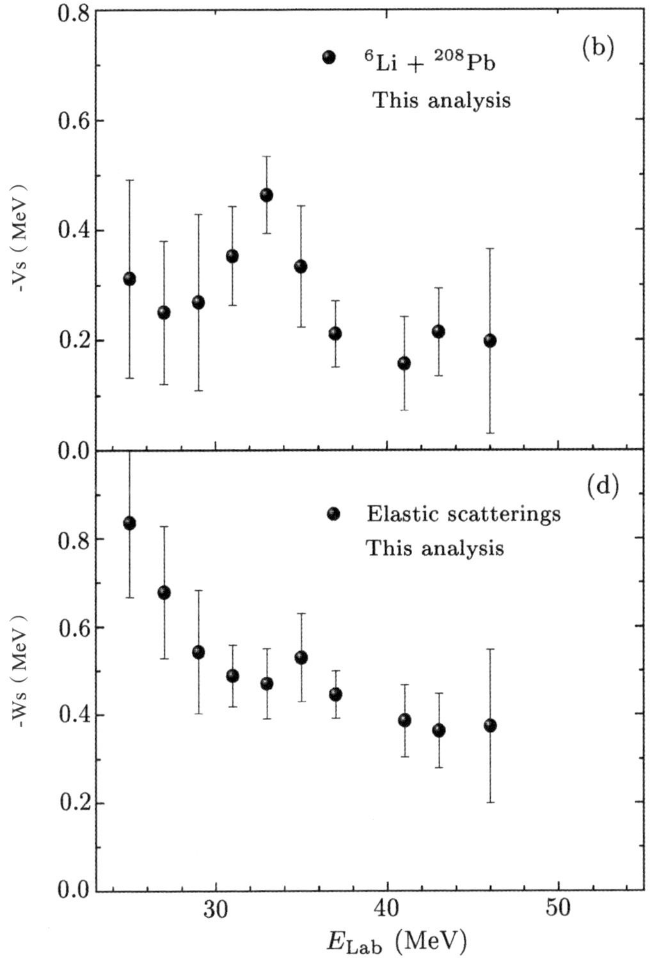

» 图4-10 ^{6}Li+^{208}Pb反应光学势的破裂阈异常。

●表示采用弹散数据得到的结果。上图:实部势;下图:虚部势。

2014年,他们通过^{208}Pb(^{7}Li,^{6}He)^{209}Bi反应研究奇特核系统光学势参数时,也对光学势的破裂阈异常进行了研究。所抽取的^{6}He+^{209}Bi晕核系统的光学势出现了明显的破裂阈异常现象,但是由色散关系不能得到势阱实部势的形状。因而提出了一个实部势和虚部势的色散关系对弱束缚核系统是否适用的问题。

对于破裂阈异常现象，在垒下随着入射能量降低虚部势不断增大的现象，不可能是无限的。当能量低到一定程度时虚部势强度必定会下降，只是人们目前还没有测量到更低的能量。为了将测量的能量降得更低，下推至深度垒下能区，2017年他们又对^{208}Pb(^{7}Li,^{6}He)^{209}Bi转移反应角分布进行了测量。上次测量的最低能量是25.67MeV，这次他们将入射能量降低到21.20MeV，更精细地研究了晕核系统^{6}He+^{209}Bi光学势的破裂阈反常行为。他们这一高精度的结果，首次清晰地给出了晕核系统光学势强度随能量变化的完整图像。像正常的阈异常一样，光学势实部在库仑势垒处出现了一个类铃形结构，而虚部强度在垒下首先随入射能量的降低而增大，然后很快掉到了零，首次确定了这种奇特核系统虚部势强度的阈。实验结果还表明，联系势阱实部和虚部的色散关系对这个晕核系统已不适用，这种不适用很可能是奇特核系统的一个普遍现象。他们还对色散关系为什么对奇特核系统不适用进行了探讨❶。

此外，他们还于2013年对较轻的重离子系统^{7}Li+^{11}Be反应唯象光学势进行了研究，在多个能点测量了该系统弹性散射的角分布，采用唯象光学模型拟合实验数据，得到了光学势的势阱强度。他们的结果表明，对于较轻的重离子反应系统^{7}Li+^{11}Be，光学势的实部和虚部的势阱强度随着能量的增加是线性下降的❷。

---

❶ L.Yang, ..., H.Q.Zhang et al., Abnomal behavior of the optical potential for the halo nuclear system ^{6}He+^{208}Bi, Phys.Rev.C96, 044615(2017); Is the Dispersion Relation Applicable for Exotic Nuclear Systems? The Abnormal Threshold Anomaly in the ^{6}He+^{209}Bi System, Phys.Rev.Lett. 119, 042503(2017).

❷ L. Yang, C. J. Lin, H. M. Jia, X. X. Xu, F. Yang, H. Q. Zhang et al., Energy dependence of phenomenological optical model potentials for the ^{7}Li+^{11}Be reaction, Phys. Rev. C87, 047601(2013).

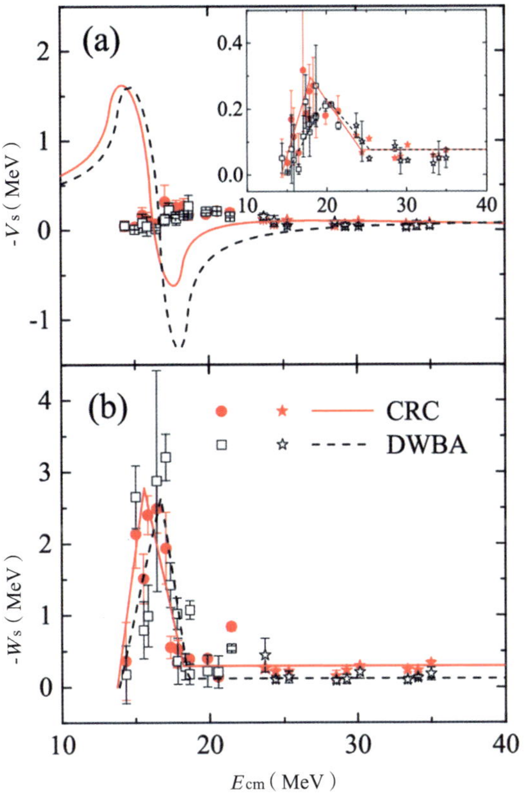

» 图4-11 ^{6}He+^{209}Bi系统实部势(a)和虚部势(b)随能量的变化。

系统灵敏半径为13.5 fm。实点和空心方块分别代表本工作CRC和DWBA的计算结果;实五星和空五星取自L. Yang et al.(见160页脚注❶)。在(b)图中的实线和虚线分别表示CRC和DWBA结果的直线拟合。相应虚部势变化、根据色散关系CRC和DWBA预言的实部势如图(a)中的曲线所示。图(a)中的插图是纵坐标放大后实部势的精细结构图

2017年,他们在通过^{63}Cu(^{7}Li,^{6}He)^{64}Zn转移反应角分布测量得到晕核系统^{6}He+^{64}Zn光学势的研究中,同时也得到了^{7}Li+^{63}Cu系统的光学势实部和虚部强度随能量的变化,其结果显示出了阈异常(TA)现象。用CRC和DWBA计算拟合了^{63}Cu(^{7}Li,^{6}He)^{64}Zn转移反应产物^{6}He的角分布数据,得到了晕核系统^{6}He+^{64}Zn的光学势参数及势阱实部和虚部强度随能量的变化,得到了

势阱的实部强度和虚部强度均为常数的结果[1]。

在不稳定核系统光学势参数测量和光学势阈异常研究方面，张焕乔小组进行了深入细致的工作，取得了许多具有创新意义的学术成果。①首次提出了通过转移反应角分布测量得到奇特核系统光学势的实验方法，并证明了该方法的可靠性；还用该方法测量了一些难以直接测量的奇特核系统的光学势参数。②对光学势阈异常，特别是破裂阈异常进行了独到的研究，将阈异常研究深入到深度垒下能区，首次清晰地给出了晕核系统光学势强度随能量变化的完整图像。③他们根据实验结果，开始对光学势虚部与实部的色散关系提出了质疑，接着又提出了色散关系对奇特核系统不适用的看法。

自从1987年在自己的实验平台上进行重离子实验以来，张焕乔小组对重离子熔合反应进行了广泛深入的研究。研究课题涉及熔合裂变碎片角分布，弱束缚弹核破裂、正Q值2中子转移、核形变对重离子熔合反应的影响，复合核裂变和准裂变以及奇特核系统的光学势及光学势阈异常等。反应类型包括熔合裂变、熔合蒸发、背角弹性散射和准弹性散射等。测量手段也不断更新、发展。对于熔合裂变碎片的探测，则经历了从固体径迹探测器的单举测量，到大面积位置灵敏平行板雪崩计数器的符合测量，再到能给出能量信息的大面积位置灵敏硅条探测器的符合测量的巨大变化。除了测量裂变碎片外，还采用了高分辨的带电粒子探测器和高效γ探测器阵列来测量熔合蒸发剩余核放出的带电粒子和γ射线以及4π带电粒子探测器和高效γ探测器阵列之间的关联测量。在探测手段不断更新的同时，理论研究也不断深入。除了利用已有模型及与国外合作、采用特殊模型对实验数据进行分析外，他们自己还提出了低角动量相依的预平衡裂变模型，很好地解释了近垒和垒下重离子熔合裂变碎片角分布各向异性异常的实验结果。他们在国内十分简陋的实验条件下，在重离子熔合反应，特别是重离子熔合裂变碎片角分布方面取得了世界一流的成果，在世界范围内推动了这一领域的发展。

---

[1] L. Yang, C. J. Lin, H. M. Jia, ..., H. Q. Zhang et al., Optical model potentials for $^{6}He+^{64}Zn$ from $^{63}Cu(^{7}Li,^{6}He)^{64}Zn$ reactions, Phys. Rev. C95, 034616(2017).

接着，他们对重离子熔合反应中的一些热点问题进行了深入细致的研究，均取得了具有新意的成果。

晕核研究
再谱新篇章

中子晕现象是20世纪的重要物理发现之一，是在某些不稳定核基态中观察到的最引人瞩目、最奇异的核结构性质之一，也是20世纪后期和21世纪初核物理研究的热点之一，对核物理和核天体物理研究具有重要意义[1]。

晕核的发现开辟了核物理研究的新篇章，激发了人们寻找晕核和奇特核的广泛兴趣。至今已发现了多个中子晕核，如$^{6,8}He$、^{11}Li、$^{11,12,14}Be$、^{17}B、^{19}C等。随后，人们开始寻找质子晕核，其中研究最多的是^{8}B，因为实验结果相互矛盾，至今仍不能确定它是否是质子晕核。1998年，美国密歇根（Michigan）州立大学国家实验室证实了$^{26,27,28}P$为质子晕核。后来人们在滴线附近陆续找到了一些中子晕核和质子晕核。张焕乔小组一直关注晕核研究的进展，等待机会决定开展对晕核的研究。

从晕核形成的条件来判断，晕核一般应分布在远离β稳定线的滴线核区，即中子晕核存在于中子滴线区附近，质子晕核存在于质子滴线区附近。放射性核束的利用为寻找晕核创造了极为有利的条件。1998年中国科学院组织的、中科院兰州近代物理研究所放射性束流线装置（RIBLL）的验收会上，所长詹文龙在报告中表示，欢迎外单位利用RIBLL开展实验。张焕乔等待的机会终于到来。他当场就提出了与近物所合作寻找质子晕核的提议，得到近物所的欢迎。

随后，张焕乔申请了这方面的国家自然科学基金并得到批准，于1999年开始执行。但是，到2000年还没有得到兰州近物所放射性束流线的束流时

---

[1] I. Tanihata et al., Phys. Lett.B160, 380(1985); Phys. Rev. Lett. 55, 2676(1985).

间，而且在短时间内仍难以开展实验。这样，自然科学基金就难以结题。正当张焕乔一筹莫展时，他看到了美国洛斯·阿拉莫斯国家实验室（LANL）理论家勒外思（R. Lewise）和哈叶思（A. C. Hayes）的文章，他们利用已有的转移反应角分布实验数据，通过扭曲波玻恩近似（DWBA）计算得到了^{17}F第一激发态为质子晕态的结果❶。这件事启发了张焕乔，使他产生了在原子能院HI-13串列加速器上进行转移反应角分布测量、然后抽取稳定核激发态的中子晕态的想法。

2000年，他们在HI-13串列加速器上用Q3D磁谱仪，首先测量了入射能量为11.8MeV时^{12}C(d,p)^{13}C转移反应出射质子的角分布。通过DWBA计算，抽取了^{13}C基态和第一激发态最后一个中子的密度分布，得到了分别为3.21fm和5.09fm的中子均方根半径。实验结果表明，^{13}C的基态是一个正常态，第一激发态（$5/2^+$）是中子晕态。还用相对论平均场理论进行了计算，其结果与DWBA给出的结果一致❷。2001年，他们继续进行了^{11}B(d,p)^{12}B转移反应出射质子角分布的测量。由^{11}B(d,p)^{12}B反应的前向小角度的微分截面得到了^{12}B核的基态和第一、第二激发态的渐近归一系数（ANC），借助这些ANC得到了^{12}B核基态和第二、第三激发态最后一个中子的均方根半径。结果表明，^{12}B核的第二（2^-）、第三激发态（1^-）为中子晕态❸。实验证明，转移反应是探索核激发态晕结构最为灵敏和有效的一种方法。

针对转移反应的特点，即弹核（d）向靶核转移了一个中子，属于表面过程。按DWBA，除了入射道和出射道的扭曲波以外，转移截面的计算主要涉及反应剩余核（靶核加一个中子）的重叠函数。将该重叠函数按薛定谔本征函数展开，其展开系数即为反应剩余核（靶核加一个中子）的重叠积分，它起着价核子波函数的作用。该重叠积分在核内涉及多体问题，很难计算。但

---

❶ R. Lewise and A. C. Hayes, Deuteron stripping as a probe of proton halo in ^{17}F, Phys. Rev. C59, 1211 (1999).

❷ 刘祖华，林承健，李志常，张焕乔等，^{13}C激发态中子晕，科学通报45(15)，1608(2000)。

❸ C. J. Lin, Z. H. Liu, H. Q. Zhang et al., Excitation Halo States of ^{12}B, Chin. Phys. Lett. 18(9), 1183 (2001).

在核外，核力近乎消失，其径向重叠积分则可进行计算。这个积分的系数就是该核的ANC，它表示重叠积分在核外的幅度。在核外，一旦得到了ANC，重叠积分就完全确定。而ANC可从转移反应的微分截面得到，与核模型无关❶。

从 $^{11}B(d,p)^{12}B$ 反应开始，张焕乔小组创建了转移反应的ANC方法用于核芯外核子方均根半径的计算。用这种方法，他们对以前测量的 $^{12}C(d,p)^{13}C$ 转移反应出射质子角分布数据重新进行了分析，利用该反应前向小角度微分截面得到了 ^{13}C 核的基态和第一、第二激发态的ANC，借助这些ANC得到了 ^{13}C 基态、第一和第二激发态最后一个中子的均方根半径数据。它们分别为3.39、5.04和3.68fm。前两个结果与以前用DWBA得到的结果一致，第三个数据是新得到的结果。根据晕核的定义：最后一个核子在围绕该核的核芯运动时有50%概率在核芯（核势作用范围）外就是晕核，则 ^{13}C 的第一激发态是中子晕核（它的这一值是50.3%），第二激发态是中子皮核（它的这一值是25.2%）❷。

2003年，他们用ANC方法计算了一系列核的价核子密度分布的均方根半径。由于用这种方法抽取的均方根半径近似地与模型无关，因此，用这种方法得到的均方根半径是考察晕核的有效物理量。此外，他们还利用价核子、核芯核与核物质密度分布均方根半径的关系，计算了一些三体系统（两个价中子加一个核芯）双中子密度分布的均方根半径，对晕核候选者进行了详细评估。结果表明，处于2S态的 ^{11}Be 的基态（$1/2^+$）、^{12}B 的2.621MeV激发态（1^-）、^{13}C 的3.089MeV激发态（$1/2^+$）、^{14}C 的6.903MeV（0^-）和6.094MeV激发态（1^-）、^{15}C 的基态（$1/2^+$）和 ^{19}C 的基态（$1/2^+$）是中子晕态。^{17}F 的0.495MeV激发态（$1/2^+$）和 ^{21}Na 的2.423MeV激发态（$1/2^+$）是质子晕态。对于三体系统，除了

---

❶ 刘祖华，林承健，张焕乔等，核ANC和激发态中子晕，高能物理与核物理26(7)，696(2002)。

❷ LIN Cheng-Jian, LIU Zu-Hua, ZHANG Huan-Qiao et al., Extraction of the rms Radii of ^{13}C from Asymptotic Normalization Coefficients, Chin. Phys. Lett. 18(11), 1446(2001); Z. H. Liu, C. J. Lin, H. Q. Zhang et al., Asymptotic normalization coefficients and neutron halo of the excited states in ^{12}B and ^{13}C, Phys. Rev. C64, 034312(2001).

公认的^{6}He和^{11}Li外，^{14}Be和^{17}B也可能是双中子晕核[1]。

为了更好地辨别晕核，人们对晕核的标度定律进行了研究，用一些可测量的物理量来定义晕核。张焕乔小组于21世纪初发现稳定核激发态的中子晕之后，接着对晕核的标度定律进行了研究。2002年，他们利用人们常用的伍兹-萨克森（Woods-Saxon）势单粒子模型计算了价核子密度分布随结合能的变化，对硫以下的轻同位素及^{49}Ca和^{209}Pb的最后中子的不同组合模式，逐个进行了详细的计算和分析研究，以列表的方式给出了价粒子分布的方均根半径。在列表中他们还给出了价核子方均根半径大于相应核势作用半径的概率。由价核子分布的方均根半径大于核势作用半径的概率可直接判断每个组合模式是否有晕核存在[2]。

同时，他们通过用伍兹-萨克森势单粒子模型得到的大量数据的拟合计算，给出了$\ell=0$（即S态）、$\ell=1$（即P态）和$\ell=2$（即d态）各态的均方半径随价核子分离能变化的规律。对$\ell=0$，均方半径与价核子分离能之间的关系是：$\langle r^2\rangle/R^2=13.53\mathrm{MeV}\cdot\mathrm{fm}^2/(S_nR^2)^{0.667}$，由此得到以结合能表示的晕形成条件（晕核标度定律）为：$S_n\langle r^2\rangle\leqslant 17.6\ \mathrm{MeV}\cdot\mathrm{fm}^2$，而方阱给出的结果是：$S_n\langle r^2\rangle\leqslant 10.44\ \mathrm{MeV}\cdot\mathrm{fm}^2$。式中$S_n$是价粒子分离能，R是核势作用半径。

张焕乔小组给出的标度定律比前人在方阱下给出的条件要宽松得多。所谓宽松得多，即在相同分离能的情况下，价粒子的方均根半径大得多。例如，S_n=1MeV，方阱给出的方均半径$\langle r^2\rangle=10.44\mathrm{fm}^2$，而张焕乔小组用单粒子的伍兹-萨克森势阱模型给出的结果是17.6 fm^2。或者说，在价核子绕核芯核运动方均半径一定的情况下（如等于晕核的方均半径），张焕乔小组的标度定律要求的价核子的分离能（即结合能）不像方阱标度定律要求的那样苛

❶ 刘祖华，张焕乔，二体和三体晕核，中国科学 物理学 力学 天文学33（3），206（2003）。

❷ C. J. Lin, H. Q. Zhang, Z. H. Liu et al., Scaling laws of valence nucleon distributions for single-particle states, Phys. Rev. C66, 067302（2002）；林承健，张焕乔，刘祖华等，单粒子势模型下价核子的密度分布，物理学报52（4），823（2003）。

刻，比方阱标度定律要求的大得多。这可能是由于方阱没有弥散参数造成的。

2003年，他们用ANC方法计算了^{8}B、^{11}Be、^{12}B、^{13,14,15}C、^{17}F和^{21}Na等一系列晕结构候选核的价核子密度分布的方均根半径，与实验结果基本一致。同时也用ANC方法得到了2S态和1P态的晕核标度定律，它们分别为$<r^2>/R^2 \leq 1.5$和$<r^2>/R^2 \leq 1.9$，比简森（A. S. Jensen）和李贻萨格尔（K. Riisager）给出的条件宽松得多，简森和李贻萨格尔的晕核标度定律是$<r^2>/R^2=2$。张焕乔小组得到形成晕核的价核子的束缚能条件：对于S态，束缚能$B \leq 9/(Ac^{2/3}+3)$MeV，也比简森和李贻萨格尔提出的条件（$B\ Ac^{2/3} \leq 2$MeV）宽松得多。例如，当核芯核质量数Ac=8时，张焕乔小组给出的晕核束缚能条件是B≤（9/7~1.3MeV），比简森和李贻萨格尔的束缚能条件（B≤0.5MeV）宽松2倍多[1]。

这样，张焕乔小组将中子晕核的概念从基态发展到了激发态，从不稳定的放射性核发展到了稳定核。在稳定核激发态中观测到了中子晕态，从而扩大了晕核的研究范围。并首次独立发展了渐近归一系数方法用于稳定核基态和激发态的晕核研究。同时，用多种方法研究了晕核标度定律，得出了比前人宽松得多的晕核条件。

在研究中子晕核的同时，他们趁机开展了质子晕核的研究，2001年春节期间，开始了寻找^{27,28}P和^{29}S质子晕的实验。他们在兰州近物所放射性束流线（RIBLL）上，由弹核^{36}Ar在铍靶核上的碎裂反应、通过RIBLL的分析和选择，获得了^{27,28}P和^{29}S次级放射性核束。让中能^{27,28}P和^{29}S核束穿过^{28}Si靶后，用透射法测量了它们相互作用的全截面，得到了其全截面突然增大现象（与邻近同中子核相比）。用修正型格劳贝理论（Modified Glaober Theory）分析了所测得的实验数据。结果显示：$^{27、28}$P存在核芯增大现象，^{27}P和^{29}S是质子晕核，^{29}S存在着双质子晕结构。但该理论对^{27}P穿过^{28}Si靶后的全截面的异常增大现象不能很好解释，因此，在理论方面还需要发展更为完善的

[1] Z. H. Liu，X，Z. Zhang and H. Q. Zhang，Chin. Phis. Lett.20（7），1017（2003）.

模型❶。

随后，张焕乔申请到了寻找^{17,18}Ne质子晕核的国家自然科学基金。^{17,18}Ne是近质子滴线核，此次实验瞄准的目标是近滴线核的2质子关联发射。

2质子关联发射是研究质子滴线核的一个热门课题。1960年，果尔丹斯基(V. I. Goldansky)曾预言，在质子滴线核或邻近质子滴线核区存在着可以观测到的2质子关联发射(即^{2}He集团发射)。在自然界，^{2}He是不存在的，只有^{3}He和^{4}He。因此，研究^{2}He在原子核中的情况是很有意义的。后来，不同实验室相继在^{17}Ne、^{45}Fe、^{54}Zn、^{48}Ni、^{18}Ne、^{94}Ag和^{19}Mg中发现了2质子关联发射现象。

2009年，张焕乔小组在兰州近物所放射性束流线上，由弹核^{20}Ne轰击^{9}Be靶获得了^{18}Ne核束。^{18}Ne束穿过^{197}Au靶后，由于库仑激发分解为^{16}O+2p。然后他们对该反应产物采用由带位置分辨的硅条、有电荷分辨能力的ΔE和记录总能量的CsI组成的探测器阵列进行运动学完全测量。在反应前后系统质量不变的条件下、在相对论运动学的框架下，重新构建了出射的两个质子的相对动量、张角和相对能量，严格挑选出了两个质子与反应剩余核的符合事件。他们通过对^{18}Ne的6.15MeV能级实验结果的分析，发现在满足^{2}He集团发射的实验准则时(关联动量为23MeV/c，关联质心系角度是40°)，2质子关联发射表现出明显的增强。他们得到了该能级2质子关联发射约占1/3、三体破裂和两体反应中质子的相继发射约占2/3的实验结果❷。同年，他们以中能^{29}S核束轰击^{197}Au靶，完成了^{29}S 2质子发射的运动学完全

❶ Z. H. Liu, M. Ruan, Y. L. Zhao, H. Q. Zhang et al., Evidence for enhancement of the total reaction cross sections for ^{27,28}P with a ^{28}Si target and examination of possibly relevant mechanisms, Phys. Rev. C69, 034326(2004); Z. H. Liu, M. Ruan, Y. L. Zhao, H. Q. Zhang et al., Possible Experimental Evidence of a Moderate Proton Halo in ^{29}S, Chin. Phys. Lett.21(9), 1711(2004); C. J. Lin, X. X. Xu, G. L. Zhang, F. Yang, H. Q. Zhang et al., Two-proton Halo and Two-proton Emission Nucleus: ^{29}S, CP961, Proton Emitting Nuclei and Related Topics-PROCON 2007, edited by L. Ferreira and P. Arumugam.

❷ JIA Fei, LIN Cheng-Jian, ZHANG Huan-Qiao et al., Experimental Evidence of Two-Proton Emissions from ^{18}Ne Excited State, Chin. Phys. Lett. 26(3), 032301(2009).

测量，在10MeV附近的高激发态上得到了约29%的2质子关联发射的实验结果❶。

2010年以后，他们对他们自己研究过的2质子发射核（$^{27,28}P$、$^{28,29}S$和$^{17,18}Ne$）进行了总结，指出，除了^{18}Ne的6.15MeV激发态、^{29}S 10MeV附近的激发态和^{28}S发现有2质子关联发射外，其余核都没有2质子关联发射现象；而这些2质子关联发射可能与其母核的2质子晕结构或2质子皮结构有关❷。

此外，他们还将2质子关联发射研究推广至2α发射，因为2α发射有利于原子核更高激发态性质的研究。他们首次对^{18}Ne的高激发态（35MeV）的2α发射进行了运动学完全测量，用两体反应α相继发射对实验数据进行了模拟，得到了与实验数据一致的结果，说明^{18}Ne首先是以$^{14}O+\alpha$形式衰变的、而相继以$^{14}O \longrightarrow {}^{10}C+\alpha$的形式衰变❸。

在质子晕核研究中，他们得到了^{27}P和^{29}S是质子晕核、$^{28,29}S$和^{18}Ne可能是双质子晕核的结论，并合理地解决了质子晕核的标度问题。

《探寻质子晕核与中子晕核》课题，2007年11月获中国核工业集团公司科学技术奖一等奖，同年12月获国防科工委国防科学技术进步奖二等奖。

---

❶ C. J. Lin, X. X. Xu, H. M. Jia, F. Yang, F. Jia, S. T. Zhang, Z. H. Liu, and H. Q. Zhang, Experimental study of two-proton correlated emission from ^{29}S excited states, Phys. Rev. C80, 014310(2009).

❷ C. J. Lin, ..., H. Q. Zhang et al., Experimental study of the two-proton correlated emission from the excited states of $^{17,18}Ne$ and $^{28,29}S$, Nucl. Phys. A834, 450(2010); LIN ChengJian, …ZHANG Huan Qiao, et al., Experimental research into the two-proton emissions from $^{17,18}Ne$, ^{28}P and $^{28,29}S$, SCIENCE CHINA Physics, Mechanics & Astronomy 54 Suppl. 1, 73(2011). X. X. Xu, …, H. Q. Zhang, et al., Correlations of two protons emitted from excited states of ^{28}S and ^{27}P, Phys. Lett. B727, 126(2013).

❸ X. X. Xu, C. J. Lin, H. M. Jia, F. Yang, F. Jia, Z. D. Wu, S. T. Zhang, Z. H. Liu, H. Q. Zhang et al., Observation of two-α emission from high-lying excited states of ^{18}Ne by complete-kinematics measurements, Phys. Rev. C82, 064316(2010).

建“注入法”研究滴线核

从2014年起，张焕乔所在的小组与兰州中科院近物所等单位合作，基于近物所兰州放射性束流线（RIBLL）装置，在2质子关联发射运动学完全测量的基础上，建立了β缓发质子和双质子测量的新方法——注入法，随后对质子滴线轻核区开展了研究，在国内成功地开辟了这一新研究领域。

所谓β缓发质子和双质子发射，亦称β延迟质子和双质子衰变，就是母核经β^+衰变后、再发射一个或两个质子，分别用βp和β2p表示。近年来它已成为获取极丰质子核结构知识的有力工具。但位于质子滴线核区的极丰质子核很难获得，即使能得到，其强度也非常低，一般方法难以对它进行测量。

从20世纪70年代末至2012年，国外经历了从氦喷法、单探测器注入法，到双面硅条注入法的摸索，逐步建立了β^+缓发质子测量方法，对β^+缓发质子、双质子发射进行了研究[1]。由于实验条件限制，我国起步稍晚一些。直到2014年，张焕乔所在小组才与近物所合作，在兰州RIBLL装置上建立了放射性核“注入法”，测量对象选择与别人不同而自己有经验的质子滴线轻核区。起步虽较晚，但有自己的特色。

---

[1] J. Äystö, et al., Phys. Lett. B82(1979)43; A. G. Ledebuhr, et al., Phys. Rev. C22(1980)1723; J. Äystö, et al., Phys. Rev. C23(1981)879; R. E. Tribble, et al., Phys. Rev. C22, 17(1980); S. Czajkowski, et al., Nuclear Physics A 616, 278c(1997); S. Czajkowski, et al., Nuclear Physics A 628, 537(1998); B. Blank, et al., Nuclear and Particle Physics 25, 629(1999); V. Banerjee, et al., Nuclear and Particle Physics 24(1998)1403; Physical Review C63, 024307(2001); Y. Ichikawa, et al., European Physical Journal A42(2009)375; Physical Review C80, 044302(2009); C. Dossat, et al., Nuclear Physics A 792, 18(2007); G. Larusso, et al., Physical Review C 86, 014313 (2012); C. Hinke, et al., Nature 486, 341(2012).

感兴趣的质子滴线区的待测核是用兰州近物所K450分离扇回旋加速器加速^{28}Si、轰击^{9}Be靶产生的，由兰州RIBLL装置通过“磁刚度选择-能损-磁刚度选择”（Bρ-ΔE-Bρ）方式进行选择和纯化。为了降低其他伴生核的干扰、挑选出所要的待测核，他们在次级束的焦面位置放置了两个穿透型的塑料闪烁探测器、测量入射核的飞行时间TOF，并用穿透型硅探测器测量入射核的能损ΔE，通过TOF-ΔE二维谱挑选出所需要的待测核。然后让待测核注入到厚度不同的两个双面硅条探测器中，分别对它的β缓发高、低能质子进行测量，并互相测量对方的逃逸质子。双面硅条探测器每面有16条，两面的硅条互相垂直，因此可视为256个单元的位置灵敏探测器。因为是注入核的带电粒子衰变测量，因此该探测器具有探测效率高和探测阈低的优点。为了让尽量多的待测核停留在双面硅条探测器中，在次级束流线中还加入了厚度可调的铝降能片。在双面硅条探测器后面，还放置有多个四分硅探测器，分别用于次级束的高能轻、重离子的探测（用于反符合）和待测核衰变的β^+及缓发高能质子的测量。此外，还在双面硅条探测器的前面、在次级束的上下左右位置放置了四个四分硅探测器，用以测量待测核衰变放出的β^+和质子。在双面硅条探测器的周围还放置了5个三叶草（clover）高纯锗γ探测器，用来测量衰变过程中产生的γ射线。为了挑选出真正的β缓发带电粒子信号并降低干扰本底，他们对测得的信号进行了关联或反符合处理。他们通过测量^{24}Si的β缓发质子谱和半衰期检验了这种方法的可靠性。在测得的质子谱中没有明显的β堆垒和β本底，而且质子下阈可降低至200keV；测得的半衰期与已有结果很好地一致。实验结果证明了该方法的可靠性。由于待测核的束流强度非常弱，在连续束的情况下，^{24}Si和^{22}Si的强度分别约为1.51pps（每秒1.51个粒子）和2.8×10^{-3}pps，而且双面硅条的每个x-y像素格可作为一个小探测器独立使用，这样，即使在连续束的情况下，平均入射到每个像素探测器的^{24}Si计数率还不到0.006pps。因此，该方法完全可以在连续束的情况下使用。这相对于脉冲束而言，其计数率和计数统计精度都得到了很大的提高，这对束流强度很弱的放射性核束尤为重要。该方法的建立为下一步开展近质子滴线核的衰变研究创造了条件❶。

同年，他们在兰州 RIBLL 上，采用“注入法”开展了 ^{37}Ca β^+缓发质子发射的实验研究。在线测量了 ^{37}Ca 缓发质子衰变的能谱、半衰期和衰变分支比。所测 ^{37}Ca 的实验结果与已有文献数据在误差范围内基本符合，再次证明了该实验方法的可行性与数据处理程序的可靠性❷。接着，他们完成了 ^{27}S 等核素的 βp 和 β2p 发射的实验测量。首次观察到了 ^{27}S 3MeV 以下的激发态。

^{20}Mg 的 β^+衰变能给出关键核 ^{20}Na 的核天体物理共振的重要信息，因为 ^{20}Na 与天体物理快质子俘获过程的结果有关。2017 年，他们完成了质子滴线核 ^{20}Mg 的 β^+衰变及 β^+缓发质子发射及其 β^+衰变子核 ^{20}Na 的实验研究。在 ^{20}Mg 的 β^+缓发质子衰变分支比的鉴别中，采用了质子与 γ 射线相符合的测量方法。所得结果与已有结果很好地一致。此外，他们在 2256keV 处观察到了一个新的质子分支，这相应于 ^{20}Na 核的一个激发态❸。

^{22}Si 是同位旋第三分量 Tz=-3 的最轻的原子核。2017 年，他们用“注入法”完成了束流强度非常低的 ^{22}Si 的 β^+缓发质子和 β^+缓发 2 质子的观测。取得了如下结果。第一，观测到了一个新的半衰期为 27.8ms 的 β^+缓发质子分支；第二，在 ^{22}Si 的衰变谱中，实验上测得了能量为 5600keV 的带电粒子组，通过与壳模型计算比较鉴别，这是 ^{22}Si 的 β^+缓发的 2 质子，来自 ^{22}Al 的同位旋相似态（IAS）❹。

---

❶ L. J. Sun, X. X. Xu, C. J. Lin, ...H. Q. Zhang, et al., A detection system for charged-particle decay studies with a continuous-implantation method, Nuclear Instruments and Methods in Physics Research A 804 (2015) 1-7; An Implantation and Detection System for Spectroscopy of $^{22,24}Si$，原子核物理评论 33(2), 230-234(2016); Yu-Ting Wang, ...H. Q. Zhang, et al., Implantation-decay method to study the β-delayed charged particle decay, NUCL.SCI.TECH.29(7), 98(2018).

❷ 孙立杰，林承键，徐新星，……，张焕乔等，^{37}Ca beta 缓发质子发射实验研究，核技术 37(10)，100509(2014)。

❸ L. J. Sun, X. X. Xu, C. J. Lin, ...H. Q. Zhang et al., Beta-decay study of Tz=-2 proton-rich nucleus ^{20}Mg, Phys. Rev. C95, 014314(2017).

❹ X. X. Xu, C. J. Lin, ...H. Q. Zhang et al., Observation of β-delayed two-proton emission in the delay of ^{22}Si, Phys. Lett. B766, 312-316(2017).

2018 年初，他们又完成了 ^{23}Si β^+ 缓发质子的实验研究，得到了 ^{23}Si β^+ 缓发质子谱及其主要峰的分支比以及 ^{23}Si 衰变的半衰期。在 3811keV 能量处发现了一个新的 β^+ 缓发质子的分支；还通过双质子与 γ 射线的符合测量证实了 ^{23}Si β^+ 缓发 2 质子现象的存在。它是 ^{23}Si β^+ 衰变子核 ^{23}Al 的 IAS 到 ^{21}Na 第一激发态之间的跃迁❶。

他们还对 ^{21}Mg 的 β^+ 缓发质子衰变进行了测量研究，确定了 ^{21}Mg 的半衰期为（121.9±0.6）ms，得到了与 1.633MeV γ 射线符合的清晰的质子谱，由此得到了 ^{21}Na 的两条新能级[（5.693±0.026）MeV 和（6.644±0.034）MeV]。基于该测量，构建了 ^{21}Mg 衰变的部分能级纲图❷。

还基于带电粒子与 γ 射线的符合测量研究了 ^{22}Al 的 β^+ 缓发 2 质子衰变。首次得到了其 2 质子关联衰变分支比为（29±13）%的结果❸。

他们还对质子滴线核 ^{27}S 进行了细致的测量。首次从 ^{27}S 的 β^+ 缓发 γ 发射中观测到了来自 ^{27}P 的 1125keV 的 γ 射线，而 ^{27}P 正是天体物理很感兴趣的 $^{26}Si(p,\gamma)^{27}P$ 共振反应的产物核❹。

总之，他们基于兰州 RIBLL 建立了测量质子滴线核的注入法，与兰州近物所和上海应物所合作测量了一批感兴趣核的 β 缓发质子和 β 缓发 2 质子衰变，得到了这些核的核衰变和核结构信息，为滴线区丰质子轻核的研究做出了贡献。

---

❶ K. Wang, ...H. Q. Zhang et al., Spectroscopic study of β-delayed particle emission from proton-rich nucleus ^{23}Si, International Journal of Modern Physics E 27(2), 1850014(2018).

❷ Yu-Ting Wang, ..., Huan-Qiao Zhang et al., β-delayed particle emission from ^{21}Mg, Eur. Phys. J. A. (2018)54: 107.

❸ Yu-Ting Wang, ..., Huan-Qiao Zhang et al., Observation of β-delayed ^2He emission from proton rich nucleus ^{22}Al, Phys. Lett. B784, 12(2018).

❹ L. J. Sun, ..., H. Q. Zhang, Beta-decay Spectroscopy of ^{27}S arXiv: 1809. 02987v1 9 Sep 2018.

探张量力
古稀攻理论

青壮年时代,张焕乔是一位将全部时间和精力都投入到实验领域的科学工作者。他不仅废寝忘食地去寻找有意义的研究课题,而且还以身作则亲临第一线参加实验的具体工作。随着年龄的增长,大约从七十岁起,他开始感到做实验有些力不从心。为了延长科研寿命,他便加强理论学习,在实验的基础上从理论方面进行深入的研究。2005年他开始在北京大学招收硕博连读的研究生,带领学生转入理论研究领域。因他新转入理论方面,担心自己根基不足,他就与本所理论家张锡珍合作指导学生,开始了新征程——原子核张量力的理论研究。

在自然界,目前已知存在着四种作用力,即万有引力,电磁作用力,弱相互作用力和强相互作用力。使原子核中的核子(质子和中子)组成原子核的作用力是核力,是构成核子的夸克之间的剩余作用力,属于强相互作用力。原子核中的质子是带正电荷的,所以质子之间会互相排斥,是非常强大的核力克服了它们之间的排斥力,将它们吸引在一起,使它们在非常小的空间内形成原子核。因此,核力是短程力,只有在原子核尺度上才显现出来。小于0.7fm时它是排斥力,在0.7~2.0fm之间是吸引力,大于2.5fm时它不存在(注:$1fm=1\times10^{-13}cm$)。核力是一种很复杂的相互作用。实验上发现氘核具有正的电四极矩,反映了氘核内核子分布是椭球形的。因此,描述氘核的波函数不是纯粹球对称的s波,而应混有一定的d波。这就表明了核力中除了中心力之外,还存在一定的可以导致d波混入的非中心力,这个力通常称为张量力。

核张量力是与核自旋和同位旋相关的,即核自旋不同、同位旋不同,张量力会不一样。核子的内禀自旋有+1/2和−1/2两个值,分别表示自旋向上和自旋向下两种状态;两个核子的总自旋可以取0和±1三个值。核子(中子和质子)的同位旋第三分量也有两个值:+1/2和-1/2,分别对应质子和中子。在原子核中,在同位旋算符的作用下,质子和中子是可以相互转换的,即可进行电荷交换。文章中常提到的伽莫夫-泰勒(Gamow-Teller)跃迁,就是质子和中子相互转换的一种方式。中子通过β^-衰变变为质子、质子通过β^+衰变或电子俘获变为中子时,若其末态和初态的自旋值之差为零,就是常说的费米衰变(初态和末态的自旋均为零的跃迁是禁戒的);若其末态和初态的自旋之差为±1,则这种衰变就是伽莫夫-泰勒跃迁,简称GT跃迁或GT衰变。原本是球形的原子核,当它处于激发态时,常常会发生多极形变,如偶极形变(Dipole或称偶极矩,用D表示),四极形变(Quadropole或称四极矩,用Q表示),八极形变(Octupole或称八极矩,用O表示),十六极形变(Hexapole或称十六极矩,用H表示)。核子的自旋S与各种形变模式的耦合,用SD、SQ、SO、SH表示,分别代表自旋偶极耦合、自旋四极耦合、自旋八极耦合和自旋十六极耦合。在某种耦合形式下,核的自旋可以有不同的值,其宇称也可以不同,这样就组成了不同的自旋宇称态,如0^-、1^-、2^-等。上述各种耦合与不同自旋和宇称结合在一起就组成了更多、更具体的子态,如,$SD0^-$、$SD1^-$、$SD2^-$和$SQ1^+$激发态等。一般将激发能区分为0~30MeV的低能区和30~60MeV的高能区,分别对应于一个粒子-空穴对(1p,1h)激发和两个粒子-空穴对(2p,2h)激发。

原子核一般含有许多核子,即它是一个多体系统。在原子核中的核子要受到其他核子对它的作用。因此,核力问题是一个难以求解的多体问题。哈特里-福克(Hatre-Fock)将一个核子所受到的其他核子的作用看作是一个平均场,即该核子在一个平均场中运动,使问题简化为一个可以近似求解的数学问题。这就是所谓的哈特里-福克平均场理论。该理论是在研究原子中的电子多体问题而发展起来的,后来用到了核物理中。关于已被广泛用于凝聚态物理和核物理研究的无规相近似RPA(Random Phase Approximation),也是在研究原子中的电子问题而发展起来的。在RPA中,假设电子只受由外部扰动电位和屏蔽电位组成的总电位的作用。外部扰动电位是以圆

频率 ω 震荡的。该模型通过自洽方法产生了一个动力学介电函数 $\varepsilon_{RPA}(k, \omega)$。如果总电位对介电函数的贡献被平均掉了,则只有在波矢 k 处的电位才有贡献。这就是为什么将之称为无规相近似的原因。介电函数能够正确地预言电子气体的一些性质。

核张量力虽早在20世纪30年代末已经提出,但是没有进行实际有效的研究。20世纪50年代末,在斯克姆(Skyrme)相互作用中虽包含了张量力,因为张量力在原子核的基态中几乎没有表现出任何效应,因此在多数情况下被忽略了。本世纪初,科学家在远离β稳定线的奇特核区发现了幻数的演化。2006年,奥楚卡(T. Otsuka)等人[1]在壳模型中首次加入张量力来解释这些幻数的演化。2007年,可罗(G. Colò)、萨伽瓦(H. Sagawa)等人将Skyrme张量力引入到哈特里-福克计算中,也能得到类似的效果[2]。同年,勒欣斯基(T.Lesinski)等人[3]又发展了几套新参数,用于哈特里-福克－波戈留博夫(Hatre-Fock-Bogoliubov,简称 HFB)理论框架下的系统研究。包含张量力斯克姆相互作用的哈特里-福克平均场理论(简称HF理论)在解释单粒子态能壳随同位素或同中子素的演化方面取得了可喜的成功。HF理论近期的研究表明,张量力对原子核的基态性质影响并不明显,很难从原子核的基态中找到对张量力的限制。但基于斯克姆张量力的哈特里-福克平均场加无规相近似(HF+RPA)理论的研究指出,张量力对球形闭壳核的自旋相关激发态的影响非常显著,这些核的激发态核子之间存在着张量力的相互作用。21世纪初,张量力对原子核自旋轨道劈裂的影响已逐渐被人们理解,它对原子核性质的影响已成为当时核物理研究的前沿课题之一。

2008年,张焕乔小组开始研究核张量力对原子核集体激发态的影响。张焕乔和张锡珍合作指导北大硕博连读生白春林,将张量力自洽地加入到基于斯克姆相互作用的哈特里-福克平均场+无规相近似的理论框架(HF+RPA)中,自行研制了适用于球形核的计算程序,在国际上首次研究了中重

[1] T. Otsuka, T. Matsuo, D. Abe, Phys. Rev. Lett. 97, 162501(2006).

[2] G. Colò, H. Sagawa, S. Fracasso, P. F. Bortignon, Phys. Lett. B646, 227(2007).

[3] T. Lesinski, M. Bender, K. Bennaceur, T. Duguet, J. Meyer, Phys. Rev. C76, 014312(2007).

闭壳核^{90}Zr和重闭壳核^{208}Pb激发态的性质。因为张量力可通过两种途径对激发态发生作用，一种是通过HF影响原子核的单粒子能级，因而影响粒子空穴激发能，另一种是通过RPA关联影响原子核的集体激发。为了分析张量力效应，他们采用了三种不同方式进行计算。在第一种计算中，HF和RPA都不含张量力项；在第二种计算中，HF含张量力项，RPA不含，这种计算虽不自洽，但能显示单粒子能量变化对强度函数分布的影响；在第三种计算中，HF和RPA都含张量力项。通过这些计算，他们给出了^{90}Zr和^{208}Pb的伽莫夫-泰勒（GT）跃迁强度函数。他们发现，张量力项只包含在HF中时，GT跃迁强度分布只稍为向高能方向移动了一点点。当张量力项既包含在HF、又包含在RPA中时，GT强度在小于30MeV的低能区的强度重心向下移动了约1MeV（对^{90}Zr）和3.3MeV（对^{208}Pb）；同时，^{90}Zr的16MeV主峰和^{208}Pb的18MeV主峰也分别向下移动了2MeV和3MeV。并首次指出，由于在RPA中的张量力的关联作用，在一个粒子-空穴对（1p-1h）框架下，约有10%的GT强度移到了30~60MeV的高能区。他们还用在RPA中引进分离势的方法说明了张量力关联作用对自旋相关激发的影响，该计算很好地重现了含张量力的斯克姆相互作用的结果[1]。

同年，他们用含张量力的斯克姆相互作用自洽的HF+RPA对^{90}Zr和^{208}Pb的GT激发态和电荷交换自旋四极1^+激发态（$SQ1^+$）进行了计算。当不含张量力时，^{90}Zr和^{208}Pb所有GT强度都分布在小于30MeV的低能区，而自旋四极1^+激发态（$SQ1^+$）的强度分布在低能和高能两个区域：其中的一小部分分布在与GT强度相同的低能区，其强度的主要部分分布在40MeV以上的高能区。包括张量力后，大约10%的GT强度由低能区移到了30MeV以上的高能区，GT强度的主峰向下移动了约2MeV。对于$SQ1^+$激发态，包括张量力后，其分布在低能区的强度大部分都移到了高能区，在高能区的位于40MeV以上的主峰又向更高能区移动了10MeV以上，并且$SQ1^+$强度的峰位在多数情

---

[1] C. L. Bai, H. Sagawa, H. Q. Zhang, et al., Effect of tensor correlations on Gamow-Teller states in ^{90}Zr and ^{208}Pb, Phys. Lett. B675(1), 28(2009). Bai C. L. et al., Quenching of Gamow-Teller strength due to tensor Correletions in ^{90}Zr and ^{208}Pb, Phys. Rev. C79, 041301(R)(2009).

况下与GT强度的峰位相对应。这表明，由于张量力的关联作用，GT激发模式与$SQ1^+$激发模式在高能区产生了强烈耦合。还需指出，用含张量力的SGII成套参数，计算得到的GT跃迁强度峰位与从$^{90}Zr(p,n)^{90}Nb$反应得到的实验结果相当靠近❶。

2010年，他们用完全自洽的HF+RPA理论计算了闭壳核^{208}Pb的电荷交换自旋偶极(Spin-Dipole，简称SD)跃迁强度的分布函数。他们分别用在HF和RPA中包括张量力和不包括张量力进行计算，得到了电荷交换自旋偶极(SD)0^-、1^-和2^-的跃迁强度分布函数以及自旋偶极(SD)的总强度分布函数。他们首次发现张量力的关联作用对自旋偶极(SD)的多极性有一种特殊的依赖关系：对0^-跃迁模式，产生了一个很强的硬化效应，即加入张量力的关联作用后其强度分布主峰上移了约7.5MeV；而对1^-跃迁模式，则产生了一个很强的软化效应，即加入张量力的关联作用后其强度分布主峰下移了约5MeV。对于2^-跃迁模式，其强度分布有几个小峰，软化和硬化的情况又不尽一样：位于17.7MeV的峰上移了约7MeV，3.9MeV峰则下移了约0.6MeV，总结果向高能方向移动。由于张量力的关联作用，这些移动之后的峰位都更接近实验测量的结果。SD跃迁的总强度，在26MeV的主峰下移到了21MeV，得到了日本理化学所(RIKEN)T. Wakasa小组的实验证实。张量力的这些特征效应通过解释公式计算进行了检验。他们发现，张量力中的三态偶项(Triplet-even)和三态奇项(Triplet-odd)都能给出自旋偶极(SD)激发这种特征的多极依赖效应。这样，人们通过对SD跃迁的研究，就能对抽象的张量力给出一个很清晰的限制❷。

同年，他们用自洽的HF+RPA理论，研究了张量力对^{90}Zr跃迁强度影响的多极性依赖关系。他们发现由于张量力的关联作用，SD和SQ的强度函数发生了巨大的变化：含张量力的RPA将自旋偶极模式的0^-激发态($SD0^-$)

---

❶ C. L. Bai, H. Q. Zhang, et al., Quenching of Gamow-Teller strength due to tensor correlations in ^{90}Zr and ^{208}Pb, Phys. Rev. C79, 041301(R)(2009).

❷ C. L. Bai, H. Q. Zhang, et al., Effect of the Tensor Force on the Charge Exchange Spin-Dipole Excitations of ^{208}Pb, Phys. Rev. Lett.105, 072501(2010).

和 1^-激发态（$SD1^-$）的激发强度重心分别向上和向下移动了 16MeV 和 8MeV；对应于 $SD2^-$模式和对应于自旋八极模式的 2^-激发态（$SO2^-$）的强度也分别向上移动了约 2MeV。至于自旋四极 1^+、2^+和 3^+态（$SQ1^+$、$SQ2^+$和 $SQ3^+$），其强度函数重心也分别上移了 11MeV、7.4MeV 和 3MeV；而自旋十六极 3^+态（$SH3^+$）几乎没有变化。由于 GT 模式和自旋四极模式之间产生了耦合，使 GT 模式的部分低能强度移到了高能区，印证了前面的研究结论。这种不同衰变模式的能量移动和耦合效应，也可通过有限程张量力的分离势形式的计算得到定性的理解。如果适当调整耦合常数，这种简单的分离势形式就能再现考虑了张量力的斯克姆势计算结果的主要特征❶。

对中重闭壳核 ^{90}Zr 和重闭壳核 ^{208}Pb 激发态的张量力效应研究之后，2011 年他们又对轻闭壳核 ^{16}O 进行了研究：研究了 ^{16}O 中电荷交换 SD 跃迁的多极依赖效应。结果表明，由于张量力的关联作用，使 SD 的 1^-态在能量上产生了软化效应，而 0^-和 2^-态在能量上却产生了硬化效应，与 ^{90}Zr 和 ^{208}Pb 的情况类似。他们还有趣地发现，张量力的关联作用同时增加了 $SD1^-$的总强度，并使之与 $SD2^-$的总强度可相比拟，甚至比它还大。在 RPA 研究中这种 $SD1^-$总强度的增加，或许能对核素合成的天体过程有着重要意义❷。

同年，他们对张量力强度的限制进行了研究。核张量力包括三重态偶（triplet-even）和三重态奇（triplet-odd）两项，强度分别用 T 和 U 表示，其取值范围较广。为了有效地限制斯克姆张量力的取值范围，他们通过 ^{208}Pb 和 ^{90}Zr 的 GT 和 SD 的激发强度计算，以理论值与实验值之差 $\delta E \leqslant 2.5$MeV 作为判据，研究了对张量力强度 T 和 U 的限制。

2013 年，他们计划对张量力在同位旋标量对效应中的作用进行研究。为此，他们首先研究了没有张量力的同位旋标量对效应。核子的对效应

❶ BAI Chun-Lin, ZHANG Huan-Qiao, ZHANG Xi-Zhen, XU Fu-Rong, H.Sagawa, G. Colò, Effect of the Tensor Force on Charge-Exchange Spin-Dependent Multipole Excitations, Chin. Phys. Lett. 27(10), 102101(2010).

❷ C. L. Bai, H.Sagawa, G. Colò, H. Q. Zhang and X. Z. Zhang, Spin-dipole excitations in ^{16}O and tensor correlations, Phys. Rew. C84, 044329(2011).

(pairing)是与核子的总同位旋相关的。两个核子的总同位旋有1和0两种可能(分别对应两个同类核子和不同类核子),因此就有两种形式的对效应,即同位旋矢量对效应和同位旋标量对效应。同位旋矢量对效应是指,总同位旋T=1、总自旋S=0的核子的对效应,亦称同位旋矢量自旋单态(isovector spin-singlet)对效应。这是质子和质子或中子和中子的对效应。所谓同位旋标量对效应,就是总同位旋T=0、总自旋S=1的核子对效应,亦称同位旋标量自旋三重态(isoscaler spin-triplet)对效应。这是中子和质子的对效应。

他们针对同位旋标量(T=0)和矢量(T=1)的对效应,用哈特里-福克-波戈留博夫+准粒子无规相近似(HFB+QRPA)理论在核质量数从48到64区域、对质子数和中子数相等(N=Z)的一些核素的GT态进行了研究。他们发现,由于T=0的对效应与基态T=1的对效应的协同作用,低能区的GT激发强度增大了;计算给出的GT强度分布呈现出高能和低能两个峰,这两个峰强度的比值(在同位旋标量对效应强度与同位旋矢量对效应强度之比f=1.5时)与^{56}Ni(p,n)反应实验观测到的结果一致❶。因此,可以认为该研究方法在同位旋标量对效应的研究方面是可信的。

2014年,他们在考虑了同位旋对效应的HFB+QRPA理论的基础上,加入了张量力,对核质量数42到58区域、中子数比质子数多2(即N=Z+2)的一些核素的GT强度分布进行了研究,得到了张量力对^{42}Ca、^{46}Ti和^{50}Cr以及^{54}Fe和^{58}Ni的影响不一样的结果。

2017年,他们采用HFB+QRPA理论研究了质子幻数(Z=20、28和50)附近核的β^+衰变和电子俘获(EC)的半衰期。采用下述三种方式对这些核的半衰期进行了计算:①既不包含同位旋标量对效应也不包含张量力;②含同位旋标量对效应但不包含张量力;③既包含同位旋标量对效应又包含张量力。结果表明,用包含同位旋标量对效应和张量力的斯克姆相互作用能够很好地描述这些核半衰期的实验数据。在这些原子核中,张量力和同位旋

❶ C. L. Bai, H. Sagawa, M. Sasano, T. Uesaka, K. Hagino, H. Q. Zhang et al., Role of T=0 pairing in Gamow-Teller states in N=Z nuclei, Phys. Lett. B719, 116(2013).

标量对效应对不同的核起着不同的作用。对于Ar、Ti和Zn同位素，同位旋标量对效应起到了主要作用，而对^{50}Ni和Zn同位素，张量力则更为重要。总的来说，包含张量力作用后，改善了理论计算的结果❶。

那时，不少理论预言，中子闭壳核^{34}Si的2_1^+态存在半气泡结构，而且有实验指出，^{34}Si的$2S_{1/2}$能级是空的。

2017年，他们对^{34}Si的2_1^+态是否存在半气泡结构进行了研究，同时研究了张量力对这一问题的影响。

他们的文章❷指出，^{34}Si的2_1^+态主要是质子从$\pi 1d_{5/2}$轨道跃迁到$\pi 2s_{1/2}$轨道引起的，但$\pi 2s_{1/2}$轨道已被质子占据，质子半气泡结构已被填满，在^{34}Si的2_1^+态中不可能存在半气泡结构，且张量力对单粒子能级和2_1^+态的激发能的影响很小。

张焕乔小组是从事核物理实验研究的，转向核理论研究的时间虽不长，但也取得了意想不到的好结果。首先他们开发了含张量力的斯克姆有效相互作用自洽的HF+RPA理论的计算程序，对张量力对重闭壳核^{208}Pb、中重闭壳核^{90}Zr和轻闭壳核^{16}O的集体激发态的影响进行了研究，得到了具有新意的结果。他们还对质子数和中子数相等(N=Z)和中子数比质子数多2的(N=Z+2)的一些核素的GT强度分布进行了研究，发现由于同位旋标量对效应，低能区GT激发大大增强以及由于张量力的关联作用使同位旋标量对效应得以加强的现象。此外，还对质子数在幻数20、28和50附近的原子核的β^+衰变和电子俘获半衰期进行了计算，得到了与实验数据一致的好结果；还对^{34}Si的2_1^+态是否存在半气泡结构给出了"不可能"的明确回答。他们在国际学术刊物上发表了十余篇高质量的学术论文，对长期被忽视的张量力对原子核激发态的影响做出了重要贡献。

---

❶ Feng Wu, D. Wu, C. L. Bai, H. Q. Zhang, X.Z.Zhang and F. R. Xu, Effects of tensor and T = 0 pairing interactions on nuclear β^+/EC decay, [arXiv:1710.01480 [nucl-th]].

❷ Feng Wu, C. L. Bai, J. M. Yao, H.Q. Zhang, and X. Z. Zhang, Existence problem of proton semi-bubble structure in the 2_1^+ state of ^{34}Si, Eur. Phys. J. A53, 183(2017).

张焕乔小组除了在国防任务、核裂变、重离子熔合裂变、晕核及双质子关联发射、创建“注入法”测量质子滴线核和理论研究核张量力外，张焕乔还积极提出并参与一些其他核物理热点问题的研究。

2013年张焕乔等人提出了利用即将建成的原子能院中国先进研究堆（CARR）开展惰性中微子测量的设想，并对可行性进行了预研，给出了进行这一研究的最佳条件❶。

2018年他申请了中国科学院数理学部的自主咨询项目“无中微子双贝塔衰变实验”并获批准。这种无中微子双贝塔衰变，只有当中微子是马约拉纳粒子时才能出现。如果发现了无中微子双贝塔衰变，也即证明了马约拉纳粒子的存在。这是一个学术意义十分重大的课题，张焕乔希望通过他的推动，使这个项目及早在中国开展出一份力。

除了提出课题外，他还参加了超重核合成项目，2012年，他与近物所同事完成了超重核^{271}Ds（Z=110）的合成❷。他还积极投入暗物质的寻找工作，参加了在锦屏地下实验室探寻暗物质的熊猫计划（PandaX），至2016年，他们已得到第一批实验结果❸。他还积极倡导反物质研究，当STAR合作组的马余刚团队在相对论重离子对撞机（RHIC）上对反质子之间的强相互作用进行了首次测量并得到了反质子之间的散射长度和有效力程时，张焕乔撰文评论了他们的工作，指出开辟反物质物理研究的重要意义❹。

---

❶ Gang Guo, ..., and Huan-Qiao Zhang, Sterile Neutrino Search Using China Advanced Research Reactor, arXiv: 1303.0607v2 [Physics. ins-det] 18 Jun 2013.

❷ Tian-Heng Huang, ... Huan-Qiao Zhang and Guo-Qing Xiao, Observation of super heavy nuclide ^{271}Ds based on the Gas-filled separator at IMP, 11th International Nucleus-Nucleus Collisions (NN2012), San Antonio, Texas, USA. Journal of Physics Conference Series 420 (2013) 012005-1-7.

❸ Andi Tan, ..., Huanqiao Zhang... et al., Dark matter search results from the commissioning run of PandaX-II, 2016, Phys. Rev.D93, 122009; Dark matter results from first 98. 7days of data from the pandaX-II experiment, Phys. Rev. Lett. 117, 121303 (2016).

❹ Huan-Qiao ZHANG, First measurement of strong interaction between antiprotons, National Science Review 3, 154 (2016).

张焕乔是一个不知疲倦的科学工作者,他心里装着的几乎全是核物理方面的科学研究。正如他自己所说:“科学探索是永无止境的,从事科学研究的工作者不得有半点侥幸和松懈心理,只有全神贯注、锲而不舍地追求下去,才能做出真正的贡献,并从中享受到最大的乐趣。”[1]

---

[1] 董建丽,实验核物理学家张焕乔院士:科学探索永无止境,http://www.sina.com.cn,2005年1月7日科学时报。

第五章

视野开阔 大协同

登山登得越高，越能看到奇美的景色。科研如同登山，越是深入，越能有奇特的发现，但需要更多的物力资源，需要更多高水平的人员共同努力。当今很多重大科学研究项目，例如，2013年在欧洲核子中心（CERN）发现希格斯玻色子——“上帝粒子”的实验，国际聚变堆（ITER）研究，在我国大亚湾核电站的中微子实验等，都是多个国家、多个实验室合作进行的，单靠一个实验室甚至一个国家都难以完成。小规模的核物理实验也离不开合作，因为一个实验室不可能各方面都是世界第一，每个实验室都有自己的优势和特点，同时也有不足之处，更何况行事的方式方法又不尽相同，所谓“尺有所短、寸有所长”就是这个道理。因此，进行合作、取长补短是一种多快好省的研究方式。

学术交流是促进科学发展的一个重要渠道。通过学术交流和学术讨论，乃至辩论，才能发现错误，去伪存真，使科学研究不断深入，逐步接近科学真理。学术交流有着大小不同的各种形式，小到两人或两个小组之间的讨论（包括书面讨论），大到上百人的国际、国内大会。

张焕乔小组从事的是低能核物理研究，规模虽然很小，但为了取百家之长，他们与国际、国内同行尽可能地开展了合作研究。同时他们充分利用学术交流这个渠道来为自己的研究工作服务，大、中、小学术交流均做得相当出色。

张焕乔小组始终立足中国实际。在我国没有建立起实验条件之前，就与意大利、日本等国际上多个一流的科研机构、大学的科学家合作，基于他国的科学装置开展了许多卓有成效的联合研究，取得了丰硕的科研成绩。在我国建成HI-13串列加速器、张焕乔团队能独立开展研究时，他们也注重与国际上一流的科学家进行通信联络，就科学问题进行研究探讨，启迪思路，不断深化研究。他很注重在重大国际会议上报告他们自己的重要科学进展，为中国核物理发声，还积极申请在我国主办国际会议，进一步提升中国核物理在世界的地位，促进与国际核物理学界的合作交流。

立足中国
与世界合作

张焕乔小组的国际合作研究始于1982年1月。彼时，中国还没有建成自己的串列加速器。张焕乔应意大利帕多瓦大学西诺里尼教授的邀请，在意大利国家核物理研究院里亚洛国家实验室进行研究，参加熔合蒸发反应的检验实验和静电偏转器的建设工作。当时，他的目的是在意大利的实验装置上取得经验，以便在我国即将建成的HI-13串列加速器上开展自己的实验研究。

第一次赴意大利，张焕乔在里亚洛国家实验室工作了两年。由于他工作出色，意大利方面此后经常邀请他去工作访问。1992年，张焕乔应西诺里尼教授的再次邀请，在里亚洛国家实验室又工作了一年。在$^{58}Ni+^{60}Ni$反应系统研究中，他们发现了熔合势垒分布从单峰劈裂成三个峰的有趣现象，揭示了核表面振动对垒下熔合增强的影响❶。20世纪90年代后期，张焕乔经常应邀在该实验室短期工作；到21世纪初，张焕乔小组开始带着题目去开展国际合作研究，为我国核物理研究开拓了一种新的合作模式。

彼时的意大利里亚洛国家实验室有一台端电压为15MV的XTU-15串列式静电加速器和超导直线后加速器。该实验室的重离子加速能量比我国的HI-13串列加速器要高。他们基于XTU-15及其后加速系统建立了较为齐全的、进行重离子反应研究的物理实验设备，配备了性能优良的静电偏转器，可以将弹核和类弹核与熔合反应的蒸发剩余核区分开来，很适合开展熔

❶ A. M. Stefanini, D. Ackermann, L. Corradi, D. Napoli, C. Petrache, P. Spolaore, P. Bednarczyk, H. Q. Zhang et al., Influence of Complex Surface Vibrations on the Fusion of $^{58}Ni+^{60}Ni$, Phys. Rev. lett. 74(6), 864(1995).

» 图5-1 张焕乔（左）与跟他长期合作的意大利里亚洛国家实验室同事斯特法尼尼合影（2012年6月）

合蒸发反应的研究；还有高效率的γ探测器阵列及几乎覆盖全空间的带电粒子硅探测器系统。考虑到该实验室的条件与张焕乔小组在HI-13串列加速器上的实验条件的互补性，他们选择与该实验室进行合作研究。

2002年6月30日—7月15日，张焕乔参加了意大利里亚洛国家实验室的PAC（Programm Advise Committee，简称PAC）会，即束流评审会，向该实验室申请了进行<^{48}Ca+^{90,96}Zr熔合实验>的5天束流时间，并获得批准。他当时就在那里做了预备实验。后来与意大利里亚洛国家实验室的斯特法尼尼（A.Stefanini）研究组合作，开展了^{48}Ca+^{90,96}Zr熔合反应激发函数的实验研究，取得了很好的结果，先后在《中国物理快报》和美国权威刊物《物理评论》（PRC）上正式发表了文章[1]。

2006年，张焕乔与意大利帕多瓦大学西诺里尼教授签订了合作协议，推荐我方研究人员到他们那里工作，进行合作实验研究。至今，已有10人次在他组里长期工作过。

鉴于意大利里亚洛国家实验室的高效γ探测器阵列及4πSi球带电粒子探测器系统可联合工作的有利条件，2016年，张焕乔小组与意大利里亚洛国家实验室的安吉里斯（A. de Angilise）研究组合作申请了意大利里亚洛国家实验室XTU-15串列加速器的束流时间。2016年2月参加了束流申请答辩，获得了两天预实验时间，6月底完成了在束γ-γ、γ-带电粒子和带电粒子-

❶ ZHANG Huan-Qiao, LIU Zu-Huan, YANG Feng et al., Dynamical Effects on Sub-barrier Fusion of ^{40,48}Ca+^{90,96}Zr, Chin.Phys.Lett.22(12), 3048(2005); A. M. Stefanini, F. Scarlassara, S. Beghini, G. Montagnoli, R. Silvestri, M. Trotta, B. R. Behera, L. Corradi, E. Fioretto, A. Gadea, Y. W. Wu, S. Szilner, H. Q. Zhang, Z. H. Liu, M. Ruan, F. Yang, and N. Rowley, Fusion of ^{48}Ca+^{90,96}Zr above and below the Coulomb barrier, Phys. Rev. C73, 034606(2006).

带电粒子的符合实验，并获得一些有用数据。2017年他们继续束流申请，被获准5天束流时间。2018年完成$^{6}Li+^{89}Y$反应的单中子转移反应的测量，得到了预期结果❶。

张焕乔小组从20世纪80年代初起，与意大利里亚洛国家实验室先后经历了西诺里尼、斯特法尼尼和安吉里斯三个小组的合作。该实验室也几乎成了张焕乔小组的第二实验室。张焕乔小组成员不仅常去那里进行合作

» 图5-2 张焕乔(左2)与佛罗伦萨国际核物理大会主席西诺里尼教授(左1)及家人合影(2013年6月7日)

❶ G. L. Zhang, G. X. Zhang, S. P. Hu, Y. J. Yao, J. B. Xiang, H. Q. Zhang, et al., One-neutron stripping processes to excited states of $^{90}Y^{*}$ in the $^{89}Y(^{6}Li, ^{5}Li)^{90}Y^{*}$ reaction, Phys. Rev. C97, 014611(2018).

实验，张焕乔本人在参加意大利或欧洲召开的有关会议后，也往往顺访该实验室。他已成为该实验室的一个常客，与该实验室的同事建立了良好深厚的合作关系。2013年6月，张焕乔在意大利佛罗伦萨参加国际核物理大会（INPC2013）期间，与他的挚友、会议主席西诺里尼教授及夫人相聚，并与他家三代人共进晚餐。

除了与意大利里亚洛国家实验室的长期友好合作外，张焕乔团队与日本的筑波大学、理化学研究所以及日本原子能研究所也开展了合作研究。

» 图5-3 在日中核物理双边会议上张焕乔与日本知名教授有马朗人交谈（2009年11月）

1984年1月，张焕乔从意大利回国前，日本筑波大学串列加速器研究中心主任三云昂教授曾邀请他去该研究中心顺访过两周，从此便开启了与日本相关实验室的合作之路。后来张焕乔曾多次受邀、参加在筑波大学或在日本其他核研究单位召开的核物理有关会议，并短期访问过该校。如，1984

年8—9月间，在富士召开了重离子核反应会议，在筑波大学召开了熔合反应会议，会后他应邀留在筑波大学工作了一个月，与正在筑波大学访问的范登波什教授共用一个办公室。期间，张焕乔还访问了日本理化学研究所，结识了该所的野村亨(T. Nomura)和石原正泰(M. Ishihara)两位教授。1991年6月，他参加在日本金泽召开的国际核-核碰撞会后，又应邀访问了筑波大学一个月，进行合作研究。2009年11月，他参加了在日本筑波大学召开的第7届中日联合核物理讨论会，会上会见了日本著名核物理学家有马朗人(A. Arima)。会后应邀访问了筑波大学一个月。2010年3月，他参加了在日本筑波大学召开的第一届亚欧物理学峰会，期间与该校同行进行了交流讨论。此外，张焕乔还向筑波大学推荐过他的两位研究生在那里完成了博士论文。

» 图5-4 2001年在日本原子能所参加第二届先进科学研究(ASR)讨论会时，张焕乔(左)与该所池田博教授合影

2000年6月，张焕乔应邀访问日本东海村日本原子能研究所一个月，协助他们开展熔合势垒分布的实验研究。2001年11月他应邀参加了在日本原子能研究所召开的第二届先进科学研究（ASR）讨论会，即超重核讨论会。2002—2004年，张焕乔小组的林承键在该所做博士后，在池田博（H. Ikezoe）研究组从事与超重核合成相关的重离子熔合裂变机制的研究。2012年，林承键利用日本原子能研究所串列后加速器装置能给出能量较高的^{34}S离子束的实验条件，与日本同行合作完成了$^{34}S+^{186}W$的近垒和垒下熔合裂变实验。

2007年2月，张焕乔在日本理化学研究所参加了该所的PAC会议，即束流评审会，申请到了日本理化所的5天束流时间，并利用东京大学回旋加速器放射性束流（CRIB）装置提供的^{17}F放射性核束，合作开展了$^{17}F+^{12}C$弹性散射的实验研究。在2011年6月参加的CRIB合作评审会上，张焕乔以“60MeV ^{17}F在^{12}C靶上的弹性散射”为题，报告了这一工作。

» 图5-5　参加日本超重核讨论会时张焕乔（左）与日本理化学所野村亨教授合影（2001年）

在与意大利、日本开展合作研究的同时，张焕乔小组与俄罗斯相关单位也开展了合作研究。2007年2月14日，张焕乔小组与俄罗斯国家科学中心库尔恰托夫研究所奥格罗布林（A. A. Ogloblin）研究组签订合作协议。协议内容为：俄方利用中方的北京串列加速器合作开展极深垒下熔合裂变实验，计划完成 $^{28}Si+^{208}Pb$ 垒下熔合激发函数测量。2008年10月23日—11月2日，张焕乔、林承键和贾会明访问了俄罗斯库尔恰托夫研究所，讨论了在北京的合作实验计划。在随后的几年内顺利完成了实验，并于2014年合作在《欧洲物理杂志》（*Eur. Phys. J. A*）上发表了文章，该文同时也在俄罗斯原子核物理杂志上发表。

2010年6月，张焕乔应邀参加了在俄罗斯杜布纳联合核研究所召开的中俄核理论研讨会（KLFTP-BLTP），并在会上作了题为《近库仑势垒重离子熔合反应》的邀请报告。会前他与博戈留波夫实验室理论家安东年科（N. V. Antonenko）、阿达缅（G. G. Adamian）和萨格斯扬（V. V. Sargsyan）等人进行了一天的讨论，得知对方已用QDA计算了张焕乔小组实验测得的重离子熔合激发函数。通过讨论，双方认可了对方的优势和诚意，从此建立了开展近垒熔合反应理论研究的合作关系，一直持续至今。他们利用量子扩散方法，共同研究了近垒及垒下重离子熔合反应的热点问题，计算了正Q值2中子转移和弱束缚弹核破裂对熔合过程的影响。在中子转移处理中，考虑了中子转移引起的反应生成核的形状变化，得到的结果与实验数据很好地一致；也对极深垒下熔合截面进行了计算和预言。他们合作发表了多篇文章。从2010年起，在中国和俄罗斯逐年交替召开中俄核物理双边会议，偶数年在俄罗斯，奇数年在中国。会上，张焕乔每次都作邀请报告，介绍他们新取得的实验结果。

» 图5-6 张焕乔(右2)与阿达缅(G. G. Adamian,左1)、安东年科(N. V. Antonenko,左3)等合影(2010年6月27日在俄罗斯杜布纳联合核研究所)

» 图5-7 张焕乔(左)接待来访的巴西戈麦斯教授(2014年,原子能院)

2014年张焕乔小组与巴西里约热内卢联邦大学(Universidade Federal Fluminense)保罗·戈麦斯(Paulo Gomes)研究组合作,开展了近垒弱束缚弹核破裂对熔合反应影响的理论研究。巴西理论家用张焕乔小组的实验结果进行计算,双方就相关问题进行讨论。2014年,戈麦斯访问了北京原子能院,张焕乔热情接待了他。现在这一合作仍在延续。

张焕乔与澳大利亚堪培拉国立澳大利亚大学的杰克·赖(Jack Leigh)早在20世纪80年代初就有书信往来，相互讨论学术问题。后来，张焕乔小组与该校逐步建立了合作关系。2009年4月—2010年10月，该小组的林承键曾应邀去该校工作过一年半。张焕乔参加了2012年4月在澳大利亚堪培拉国立澳大利亚大学召开的静电加速器物理及应用研讨会；2017年2月，参加了在澳大利亚召开的国际熔合会议(FUSION2017)。近年来他们与澳大利亚国立大学亨德(D. J. Hinde)小组开展了合作研究。

张焕乔小组还与波兰华沙大学重离子物理实验室建立了合作关系，小组成员于2017年4月22—28日在该实验室参加了$^{24}Mg+^{90,92}Zr$转移反应的背角实验。该实验室主任、理论家鲁塞克(K. Rusek)曾用张焕乔小组的实验数据作为他们理论计算结果比较的依据。

» 图5-8 张焕乔小组在波兰华沙大学重离子物理研究室与合作者留影(2017年4月)

除了国际合作外，张焕乔小组与国内同行也建立了良好的合作关系。从1988年起，与兰州近物所的郑纪文小组和戴光曦小组在原子能院HI-13串列加速器张焕乔小组的裂变靶室和静电偏转器上开展了合作研究，并取得了许多好结果❶❷❸。1998年张焕乔小组在兰州RIBLL上提出了寻找质子晕核的建议，2001年与兰州近物所合作开展了寻找^{29}S质子晕核实验，取得了满意的结果。2012年，他与兰州近物所合作，终于合成了超重核^{271}Ds(Z=110)❹。从2014年起，与兰州所合作在RIBLL上建立放射性核的注入法，对轻质子滴线核区的β^+缓发质子发射进行了系统研究。

近30年来，张焕乔立足中国实际广泛地开展国际合作研究。在我国尚未建立起相关科学装置之前，积极与国外一流科研机构、大学合作研究，积累经验，为独立开展研究夯实基础。在我国建立起相关科学装置以后，除了在自己的平台上独立开展研究外，还与国外科学家共同在我国的或他国的科学装置上开展联合研究，促进核物理研究深入发展。

---

❶ 郑纪文等(中国科学院近代物理所)，张焕乔等(中国原子能科学研究院)，$^{16}O+^{28}Si$全熔合激发函数，高能物理与核物理16(7)，640(1992)；Zheng Ji-wen et al.，...，Zhang Huan-qiao et al.，Gross Resonance-like Structure of the Complete Fusion Excitation Function for the $^{16}O+^{28}Si$ Reaction，Chinese J. of Nuclear Physics 15，201(1993)。

❷ 王素芳等(中国科学院近代物理所)，张焕乔等(中国原子能科学研究院)，$^{16}O+^{12}C$全熔合反应激发函数的测量，高能物理与核物理16，453(1992)；刘国兴等(中国科学院近代物理所)，张焕乔等(中国原子能科学研究院)，$^{16}O+^{24}Mg$反应全熔合激发函数的类共振结构，核物理动态12(1)，20(1995)；王素芳等(中国科学院近代物理所)，张焕乔等(中国原子能科学研究院)，$^{16}O+^{nat}S$全熔合反应激发函数，高能物理与核物理18，6(1994)。

❸ 钱兴，蔡薇，戴光曦等(中国科学院近代物理所)，张焕乔，刘祖华，许谨诚(中国原子能科学研究院)，零度附近蒸发剩余核双鉴别系统，核电子学与探测技术12(3)，142(1992)。

❹ ZHANG Zhi-Yuan，...，ZHANG Huan-Qiao(张焕乔)，XIAO Guo-Qing，ZHAN Wen-Long，Observation of the super heavy Nuclide ^{271}Ds，CHIN. PHYS. LETT. 29(1)，012502(2012).

以交流
谋合作促发展

张焕乔深知，只开展科学研究而不进行学术交流，就如同闭门造车，很容易故步自封，难以取得顶级的科研成果。因此，该小组对学术交流非常重视。

首先，张焕乔在组内营造了良好的学术气氛，支持和倡导不同学术观点的碰撞。此外，完成一个研究工作后的学术论文，除组内成员提出修改意见外，还常常寄给国外专家，进行交流并征求他们的意见。例如，他们发现熔合裂变碎片角分布各向异性异常的文章手稿，就分别寄给了范登波什、兰道内（S. Landowne）和德国的罗斯内尔（H. Rossner）等人。范登波什对张焕乔小组在垒下熔合裂变碎片角分布异常的"鼓包"感到惊讶，表示出乎意料；并指出弄清楚"鼓包"起因的重要性。如果"鼓包"不是转移跟随裂变引起的，那么或许存在某些不寻常的东西[1]。兰道内则给张焕乔回了一封很长的信，逐段对文章提出了许多中肯的修改意见，连英文表述都进行了仔细修改[2]。罗斯内尔认为该文将范登波什实验推到更低能区很有意义，并对转移跟随裂变的贡献提出了很多看法和建议[3]。当他们完成用裂变碎片折叠角技术将完全熔合裂变与转移跟随裂变分开的文章手稿送出发表后，也分别寄给了一些外国同行征求意见。还解答了美国范登波什[4]和印度的拉玛麦瑟（V. S. Ramamurthy）[5]在小角区和0°角完全熔合裂变碎片与转移裂变碎片不能完全分开的疑问。低角动量预平衡裂变一文的手稿完成后，他们也曾寄给国外同行征求意见。在重离子熔合反应研究开始阶段，张焕乔小组以通信方

❶ 详见范登波什1988年11月29日给张焕乔的回信。

❷ 详见兰道内1988年9月8日给张焕乔的回信。

❸ 详见罗斯内尔1988年9月19日给张焕乔的回信。

❹ 详见范登波什（R. Vandenbosch）1994年2月28日给张焕乔的回信。

❺ 详见拉玛麦瑟（V. S. Ramamurthy）1994年3月18日给张焕乔的回信。

式与外国同行进行学术讨论和信息交换非常频繁❶。

除了将自己的工作与国际高水平的同行专家进行交流讨论外，他们也很愿意将自己的研究成果在各种学术会议上报告。这样，既可扩大本组学术成果的影响，更重要的是，还可得到同行权威的不同评议，有利于他们研究工作的深入。基于此，他总是不失时机地争取在各种学术会议上报告他们组里的研究工作。从20世纪80年代末起，每次核物理方面的国际大会（如国际核-核碰撞会议、国际核物理大会）和专题会议（如国际熔合反应会议）上，都有张焕乔小组的文章、报告或邀请报告，数量达20余次。例如，1988年5月，他在里亚洛国家实验室召开的“重离子碰撞物理会”上的报告，1990年10月在兰州召开的“重离子物理及其应用国际讨论会”上的邀请报告，1991年6—7月间在日本金泽召开的“国际核-核碰撞会”上的大会报告；1994年在意大利帕多瓦（Padova）召开的“重离子熔合反应会”上的邀请报告；2001年7—8月间在美国伯克利（Berkeley）召开的“国际核物理大会（INPC2001）”分会上的邀请报告；同年11月在日本原子能研究所召开的“第二届国际先进科学研究（ASR）讨论会（即超重核讨论会）”上的邀请报告；2003年11月在日本仙台召开的“国际熔合会议”上的邀请报告；2006年3月在意大利威尼斯召开的“近库仑势垒的反应机制和核结构国际会议”即国际熔合会议（FUSION2006）及同年8—9月间在巴西里约热内卢召开的“国际核-核碰撞会”上的邀请报告；2007年在日本东京召开的“第23次国际核物理大会”上的口头报告；2009年8月在北京召开的“第10届国际核-核碰撞会”分会上的邀请报告；2010年11月在意大利梅希纳（Messina）召开的“准裂变国际研讨会”上的邀请报告；以及2011年5月在法国圣·玛洛（Saint Malo）召开的“第5届国际熔合反应会议”、2012年5—6月间在美国德州圣安东尼奥召开的“第11届国际核-核碰撞会”、2013年6月在佛罗伦萨召开的“国际核物理大会”、2014年在意大利威尼斯召开的“国际熔合研讨会”、2015年6

❶ 详见拜克（B. B. Back）1991年圣诞节给张焕乔的回信；范登波什1988年8月4日、1995年1月5日、1995年9月29日的回信；J. Leigh1989年2月22日给张焕乔的回信；日本原子能研究所H. Ikezoe1994年6月23日的来信；T. Døssing1994年6月22日给刘祖华的信；等等。

月在意大利卡塔尼亚召开的“国际核-核碰撞会（NN2015）”上的大会报告或邀请报告。

» 图5-9　张焕乔在日本原子能研究所召开的超重核讨论会上作报告（2001年11月）

» 图5-10　在威尼斯国际熔合会议上张焕乔（左1）
与挚友西诺里尼教授及夫人玛丽娅·露易莎在一起（2006年）

» 图5-11 张焕乔在意大利梅希纳(Messina)准裂变国际研讨会上作邀请报告(2010年)

» 图5-12 张焕乔(左)与意大利佛罗伦萨大学校长布莱什(P. Blash)合影(2013. 意大利)

» 图 5-13　张焕乔在杜布纳召开的中俄双边会议上作报告(2016 年 6 月,杜布纳)

还有 2010 年 6—7 月间、2012 年 8 月、2014 年 7 月、2016 年 6 月在杜布纳联合核研究所召开的“中俄核物理学术研讨会”上的四次邀请报告,和在中国召开的“中俄核物理学术研讨会”上的四次报告。

张焕乔同时也在国内有关核物理的会议上作报告。例如,2000 年 3 月在海口召开的“第八届全国核结构会”上的邀请报告,同年 10 月在湖北襄樊召开的“第十一届全国核物理大会暨第六届会员代表大会”上的邀请报告,2005 年 8 月在青海西宁召开的“中国核数据大会暨中心成立三十周年大会”上的邀请报告,2006 年 9 月在北京召开的“第 23 届国际固体径迹探测器会议”上的邀请报告,2011 年 7 月在四川大学召开的“不稳定核结构和性质研讨会”上及 8 月在威海召开的“第三届强子物理在中国以及在美国机遇研讨会”上的邀请报告,2012 年 4 月在浙江湖州师范大学召开的“全国核结构会”上的邀请报告,同年 11 月在湖南长沙召开的“夸克物质与现代核物理前沿问题研讨会”上的邀请报告,2014 年 7 月在沈阳师范大学召开的“核结构及相关领域前沿热点问题研讨会”上的邀请报告,2016 年 6 月在中科院高能

» 图 5-14 张焕乔在西宁核数据大会上作报告(2005 年 8 月 8 日)

» 图 5-15 张焕乔在“强激光驱动的伽马光源及关键技术与伽马核物理”研讨会上作报告(2016 年 6 月 23 日)

所召开的“强激光驱动的伽马光源及关键技术与伽马核物理”研讨会上的报告[1]。

除了在国际、国内学术会议上报告自己的研究工作外，在国际、国内核物理大小会议上，张焕乔还非常认真地听取同行专家的学术报告。他将这看作是与国际、国内核物理专家进行交流、了解国际研究现状的好机会。报告的内容大部分是没有正式发表的工作，是最新的研究成果，从中可研究探索国际研究动向。要想取得国际先进水平的成果，掌握这些动向大有裨益。每次参加会议前，他都会翻阅会议日程，把感兴趣的报告挑选出来，然后一个一个地去听。而且，他听报告总是坐在前排，从头到尾听得非常仔细，并经常提问。这是他年轻时养成的一个好习惯，到80多岁仍然坚持。例如，2013年在意大利佛罗伦萨召开的国际核物理大会上，尽管吃住条件不好，影响了他的状态，但在整个会议期间，他始终盯住报告人，抢时间跟报告人交流讨论。即便是年轻人，按照这样的模式听报告，一天听下来都非常疲惫，何况是一位耄耋之年的长者，但张焕乔却坚持下来了。年轻学者也被他的这种精神所感动[2]。

此外，他还积极为我国争取承办国际学术大会，并为我国承办的国际学术会议承担了许多组织工作。

1986年，为了给即将投入运行的HI-13串列加速器开展物理研究做准备，院里决定召开串列加速器物理国际会议。会议在北京民族饭店举行，与会国外科学家近40人。这是国内核物理学界举行的第一次国际学术会议。张焕乔作为会议的学术秘书，参加了会议组织的具体事务，并推荐邀请了美国的范登波什、德国的斯科卡和意大利的西诺里尼三位国外同行专家与会，为会议的圆满成功做出了自己的贡献。

1995年，张焕乔作为大会地方程序委员会成员，参与筹办每3年召开一次的国际核物理大会，会议在北京国际会议中心举行。张焕乔为会议报告

---

[1] 张焕乔，《我的经历》，2017年。

[2] 《叶沿林访谈录》，2017年5月9日；《甘在国访谈录》，2016年11月25日；《马余刚访谈录》，2016年9月29日；《许甫荣访谈录》，2016年8月26日。

的选择提出了很多建设性意见和建议。

2006年，张焕乔前往巴西参加国际核-核碰撞会。在国际顾问委员会上他提出了在北京举办2009年国际核-核碰撞会的申请，经过与美国的密歇根州立大学（MSU）、德州农工大学（Texas A&M）及印度巴巴原子研究中心的竞争，中国获得了会议的举办权。2009年，他担任会议主席，负责筹办在中国召开的国际核-核碰撞会，在会议报告选择、会议日程安排、会议经费筹集等方面投入了大量的时间和精力。会议被安排在北京国际会议中心举行，会议期间的学术活动和会前会后的接送都安排得有条不紊，国际同行给予高度评价。普遍认为，这是一次非常成功的国际会议。德国著名理论物理学家格雷纳教授（W. Greiner）给张焕乔赠书的题词中写道："赠张焕乔：万分感谢这一无与伦比、一流的北京国际核-核碰撞大会（NN2009，北京）。沃尔特·格雷纳"[To Huanqiao Zhang with great thanks for a wonderful, first-class Conference（NN2009, Beijing）. Walter Greiner]。

» 图5-16 张焕乔在他主持的北京国际核-核碰撞会上致辞（2009年）

值得一提的是，张焕乔小组的科学研究取得了丰硕的研究成果，自20世纪80年代末起，在30多年的时间内，他们在国际国内知名学术刊物上发表了250多篇科学论文（如果加上20世纪80年代末以前发表的文章，张焕乔共发表300篇文章）。他们的300篇科学论文中，主要论文成果都在国际、国内大会上报告过，得到了与会人员和相关专家的认可，在国际学术界展示了该团队在核物理基础研究方面所取得的成就，为提高我国核物理研究学术地位做出了贡献。同时，通过富有成效的学术交流，该团队也与国际同行交流了学术思想，得到了来自国际顶级科学家的积极反馈，由此进一步提高了该团队的科学研究深度、广度和水平。张焕乔小组已逐步成长为国际公认的优秀核物理研究团队。

第六章

不辍耕耘敬事业

时间如白驹过隙，张焕乔在时代赋予的舞台上从容淡定地投入着，一晃已从走过十八里路求学的少年成长为一位德高望重、著作等身、须发皓白的长者。从中学时期对物理的懵懂，到大学时代对核物理定情，张焕乔数十年如一日，深耕核物理领域，一诺千金，慎终如始。他在国防任务中贡献了青春年华和聪明才智，圆满完成了各项任务。在核物理实验研究的疆场上纵横捭阖，与国际顶级科学家华山论剑、求真若渴，取得了令国际核物理界称赞的科研成果。1997年，张焕乔当选中国科学院院士。在取得这些成就后，他仍然痴心不改，继续在核物理研究领域耕耘：耄耋之年仍心系实验；为事业发展不辞劳苦，积极担任各种学术职务，在战略决策、规划制定、立项评审等方面为中国核物理发展献言、把向；言传身教，以实际行动尊师、育人，悉心培养年轻一代。他爱岗敬业，是一个视核物理如生命的人。

耄耋之年
仍心系实验

人贵有恒。对于一般科研工作者,中青年是黄金时期,为了取得科研成果,每个人都在拼搏奋斗。现实中,很多人一旦功成名就,就选择改行,或者躺在功劳簿上,不再拼搏。而张焕乔却是一个"另类",无论是年轻时岌岌无名,还是当选院士功成名就之后,总是一副很有生气、不知疲倦的模样,似乎什么也没有改变,也不愿意改变。

尽管年纪大了,体力和视力远不如从前,张焕乔却依然活跃在科研第一线。组里的同志看到他这么大年纪还和大家一起一丝不苟地准备实验,于心不忍,就劝他多休息,实验的准备工作交由年轻人做。张焕乔却不以为意,说:"这是我所熟悉的,我愿意去做"。的确,实验已成为张焕乔科研生活的一个重要部分,让他突然改变这经年累月养成的习惯,有些强人所难。

2003年,同事们考虑到张焕乔已逾古稀,坚持不让他再在实验时值夜班。张焕乔做出了让步,但仍始终挂念着实验,不放松对自己的要求。即使不值夜班,他也总是在清晨6点多就来到实验室。在实验人员最难熬、最困乏的时候,他神采奕奕地出现在值班人员面前,给夜班人员带来鼓舞,使他们精神振奋。整个白天他都是与值班人员研究实验,直到很晚才离去。每当他因事不能到实验现场时,他总是挂念着实验。2010年的一次实验中,张焕乔因公去兰州开会。虽然身在兰州,但他仍挂念实验,深夜12点多还给实验值班人员打电话,询问进展。值班人员向他报告了实验情况,告诉他有一些问题。考虑到这位年近八旬的院士第二天还要参加会议,值班人员劝他早点休息。令人意外和感动的是,凌晨3点多钟,电话铃声又一次响起,电话那端传来张焕乔的声音:"我想了半天,可能是由于……"

另外，对开创性的实验，他坚持亲身参与其中，以便把握关键。例如，在重离子近垒熔合反应实验中，他主张将γ谱学方法与带电粒子探测方法结合起来，采用多种手段进行关联探测。他选择了$^{89}Y(^{7}Li,^{6}Li)^{90}Y^{*}$反应，对该反应出射的带电粒子和γ射线进行关联测量。2016年，83岁的他亲自赴意大利申请束流、并进行预备实验。2018年，他们正式进行了实验测量并得到了预期结果[1]。又如，无中微子双β衰变实验是一个很有学术意义的课题，张焕乔一直想做，但是年岁不饶人，他本人已无法亲自做这个实验了，于是他就申请了一个咨询项目，希望推动这一项目尽早在国内、在锦屏地下实验室开展起来，争取获得好结果。

这份对实验研究的执着，感动和鼓舞着同事和研究生们，激励着他们更好地开展实验研究，取得更多的科研成果，为中国的核物理研究发展做出更多贡献。

» 图6-1 张焕乔申请的"无中微子双贝塔衰变实验"自主战略研讨会合影(2018年，北京)。
前排左起：孟杰、许怒、马余刚、程建平、张宗烨、张焕乔、沈文庆、罗明兴、季向东

---

[1] G. L. Zhang, G. X. Zhang, S. P. Hu, Y. J. Yao, J. B. Xiang, H. Q. Zhang et al., One-neutron stripping processes to excited states of $^{90}Y^{*}$ in the $^{89}Y(^{6}Li,^{5}Li)^{90}Y^{*}$ reaction, Phys. Rev. C97, 014611(2018).

除了具体实验，张焕乔同时也考虑更宏观的事情，谋划实验研究发展的重大问题。

如前文中所述，原子能院核物理所的HI-13串列加速器已在他们研究组及其他基础研究工作中发挥了很好的作用，但张焕乔心里很清楚，单用一台串列加速器进行重离子反应研究，有不少局限性。其能量太低，只能进行一些较轻弹核+重靶核系统的重离子反应实验，稍微重一些的弹核，对于重靶核系统，其入射能量就远低于库仑势垒。美国的阿贡国家实验室和华盛顿大学、日本原子能研究所、澳大利亚国立大学、印度的巴巴原子研究中心等都在串列加速器后面配有超导直线后加速器。于是，张焕乔谋划着为HI-13串列加速器配备后加速器。21世纪初，他得知美国纽约州立大学石溪分校的超导直线加速器将要退役、可免费相送，他当即极力主张获取该超导直线加速器，并将其作为HI-13的后加速系统。2010年11月10—22日，他出访美国纽约州立大学石溪分校，商谈超导直线加速器运回国内事宜。后来，几经努力，这台超导直线加速器拆装后运到了原子能院核物理所。目前，正在串列加速器旁进行安装，不久即将投入使用。这将为中国核物理研究提供更有力的支撑，也了却了张焕乔的一桩心愿。

对于一位经历过战火、目睹过祖国晦暗时光的科技工作者，张焕乔深知科学发展的重要性。幸运的是，他将兴趣和职业相统一，一生为之奋斗，60多年如一日忘我地投入，走出多半生，归来仍是少年时的报国志、爱国心。核物理实验研究就是他报效祖国的阵地，就是他冲锋陷阵的沙场，就是他奋斗终身的舞台。痴心不改，探索真知，一路向前，终生不悔。

为事业发展
不辞劳苦

张焕乔知识渊博、专业基础深厚、阅历经验丰富，加之他科学求实、敢讲真话、办事细致，很多政府部门聘请他作为顾问，请他在发展方向和重大项目的资助方面把关；很多实验室聘请他作为学术委员会主任、常委或委员，请他在实验室的发展方向和学术水平上掌舵；很多专业刊物或图书出版单位聘请他作为副主编、编委或顾问，请他为刊物评审文章、筛选稿件；很多重大项目的评审会邀请他作为专家，为重大项目的立项把关、为项目的顺利进行出谋划策。

» 图6-2 北京串列加速器核物理国家实验室学术委员会合影（2003年3月，北京）
前排左起：徐树威、朱胜江、柳卫平、郭之虞、常永福、胡仁宇、丁大钊、张焕乔、卓益忠、张本爱

1992年8月，张焕乔受邀担任核工业科学基金理事会理事。1999年起，他担任中国核工业集团公司历届科学技术委员会高级顾问。2003年2月起，他先后担任国防科工委科学技术委员会委员和国防科技工业局科学技术委员会委员。2005年起，他担任两届国家自然科学奖初评会评委。2006年4月24日，张焕乔被人事部聘为2006年度新世纪百千万人才工程国家级

人选评审委员会委员。2006年4月6日起，受聘担任科技部高能物理重大国际合作专家顾问组成员，多次参与评审LHC（大型强子对撞机）重大国际合作项目和大亚湾中微子国际合作等项目。在任期内，他多次参加了中核集团公司和国防科工委（局）等单位的相关会议，建言咨政，为相关部门决策起到了参谋作用。

自20世纪90年代初开始，他先后担任中国原子能科学研究院核物理所科技委主任（1993—2000年）、中国原子能科学研究院科技委常委（1999—2012年）和北京串列加速器核物理国家实验室主任（2002—2012年）。自21世纪初起，他先后担任教育部北京大学重离子物理重点实验室和国家核物理和核技术重点实验室学术委员会委员和顾问（2001年4月至今）、兰州重离子加速器国家实验室原子核理论中心科学顾问（2001年10月至今）、中科院核辐射与核技术重点实验室学术委员会委员、兰州重离子加速器国家实验室学术委员会委员（2004年8月至今）、北京正负电子对撞机国家实验室学术委员会委员（2006年4月7日至今）、中科院理论物理所第九届学术委员会委员（2007年3月—2012年3月）和战略研讨委员会委员（2012年3月至今）、华中师范大学夸克与轻子教育部重点实验室学术委员会委员（2008年至今）、北京航空航天大学核科学与技术研究中心指导委员会主任（2011年11月至今）、北京航空航天大学物理科学与核能工程学院战略咨询委员会委员（2015年4月18日至今）、国防科技工业辐照应用技术创新中心顾问（2017年11月18日至今）、国防计量与校准重点实验室学术委员会副主任（2017年12月28日至今）。在这些兼职中，他认真负责履行了自己的职责，为相关单位的学术方向及相关问题的客观公正的评价做出了贡献。

张焕乔担任《中国物理快报》《高能物理与核物理》《中国科学 物理学 力学 天文学》《原子能科学技术》《原子核物理评论》《放射化学与核化学》《物理》等7种高水平刊物的编委或顾问，为相关杂志提高办刊水平做出了贡献。先后担任全国科学技术名词审定委员会第五、六届常委，物理学名词审定委员会第三、四届委员，期间，他获得了全国科学技术名词审定委员会颁发的荣誉证书，表彰他在中国科学技术名词规范化方面做出的重要贡献。他还先后担任《现代物理基础丛书》《中国科技术语》《中国大百科全书·物理学科》编委、顾问和副主编，为相关图书高质量出版做出了贡献。

» 图6-3 兰州重离子加速器国家实验室学术委员会2004年会合影。
前排左起：胡仁宇、徐建铭、沈文庆、张焕乔、詹文龙、方守贤、魏宝文、何多慧、李发深、张杰、邱爱慈、陈森玉

值得一提的是，2014年9月10日下午，张焕乔应邀与全国科学技术名词审定委员会副主任刘青、973首席科学家赵宇亮等嘉宾做客光明网《名家访谈》，就新元素的发现确认、命名和术语规范等问题进行了解读和探讨。在讨论“关于人工合成新元素的科研探索是否有尽头”时，张焕乔指出，“超重核稳定岛”理论预言还是个待解命题。俄罗斯团队在合成超重核方面具有其独家所有的“钙48”离子这个“炮弹”，因此在合成超重核113~118号元素方面独占鳌头。中国经过多年的努力，现在已经建成了超重核充气谱仪装置，已经合成了“𨧀”(dù)-259(^{259}Db)、“𨨏”(bō)-265(^{265}Bh)以及鐽(dá)-271(^{271}Da)。中国要想在合成新元素方面有所建树，还需攻克制备超铀锕系元素靶这个难关。在讨论“关于人工合成新元素的命名”时，张焕乔认为，科技术语的规范势在必行，没有共同的科学技术术语，容易造成相互理解的困难甚至造成误解[1]。

[1] 光明网记者吴劲珉，中国需攻克制备超铀锕系元素靶难关，2014年9月17日光明科技，或2014年9月21日光明网。

» 图6-4 全国科学技术名词审定委员会2015年第二次常委会合影(11月19日,北京)。
前排左起:裴亚军、陈运泰、陆汝钤、武寅、路甬祥、王杰、张焕乔、张礼和、李济生

20世纪90年代起,张焕乔在中国核数据委员会、中国物理学会、中国物理学会物理奖基金委员会、中国核物理学会和中国物理学会吴有训奖评审委员会、王淦昌物理奖评审委员会、胡济民教育科学奖评选委员会中担任重要职务,为相关学术团体规范运行、客观公正评选奖项尽职履责。

» 图6-5 张焕乔(前排右5)在全国核物理大会上当选为中国核物理学会主任委员(2007年,兰州)

张焕乔先后参加了多个规划和重大项目的研讨,例如,1998年1月国家重点基础研究发展规划项目建议书——《当代核物理若干前沿问题》讨论

会、同年4月22—24日“21世纪初中国核物理发展规划院士、专家研讨会”、2001年2月18—20日香山科学会议第157次学术讨论会——“21世纪中子科学的发展”、同年5月8—9日“中国散裂中子源(CSNS)研究院士咨询会”、2003年3月20日“北京正负电子对撞机重大改造工程(BEPCII)可行性研究报告论证会”、同年6月10日“国际能源战略——核能问题研讨会”、同年8月25日“《国家中长期科技发展规划》讨论会”、同年10月30—11月1日“第二次中国—欧洲核子中心(CHINA-CERN)学术讨论会”、2004年1月21日“国家中长期科学和技术发展规划——热核聚变实验反应堆(ITER)重大专项论证活动”、同年4月14—15日“科学的机遇与挑战——中国与达姆斯特丹(Darmstadt)国际加速器大科学工程国际学术研讨会”、同年7月13—15日科技部973计划2004年项目“重要科学前沿复评会”、2005年4月5—7日“中微子振荡与反应堆中微子实验的香山学术讨论会”;同年6月7日“超重元素性质与合成和极端条件下物理研究可行性论证会”、同年6月28—29日“高能核物理的大型国际合作与中国机遇学术讨论会”、2006年8月15日大亚湾反应堆中微子实验项目可行性论证会等。

» 图6-6　大亚湾反应堆中微子实验项目可行性论证会合影(2006年8月,北京)。

前排左起:庆承瑞、方守贤、何多慧、王思敬、金铎、张杰、王乃彦、张先恩、陈和生、张焕乔、郑健超、张立群

在这些事关国家科研方向的规划和重大项目的讨论会上，张焕乔始终本着对国家负责、对项目负责的态度，严谨细致、实事求是、顾全大局；协助把握住了正确的科研方向，制定了切实可行的研究规划，为我国科研的总体发展贡献了智慧和力量。

在重要项目立项、中期评估及验收等方面，张焕乔先后参加了"'九五'重大项目——极端条件下原子核的理论研究验收会""CMS[1]重大国际合作项目评估会""2002年度4个创新研究群体实地考核评审会"、国家自然科学基金重大项目"正负电子对撞机粲物理的系统研究评审会""2005年度数理天文国家、部门重点实验室复评会""超重核性质及其合成途径与强子激发态、胶球性质的理论研究""高能物理与核物理探测器实验方法研究的验收会""科技部高能物理重大国际合作专家顾问组会议""大亚湾反应堆中微子实验项目可行性论证会""上海光源评审会""2009年度中科院-国家基金委大科学装置科学研究联合基金项目评审会""中国散裂中子源项目可行性研究报告的专家评估会""中科院高能所正负电子对撞机二期(BEPCII)国家验收会""2013年度数理科学部国家杰出青年科学基金项目评审会"等。作为一个内行专家，张焕乔在严格把关、指出问题、提出解决办法、实事求是给予评价等方面，起到了重要作用。核物理973项目评审专家江栋兴、靳根明、马余刚等都对张焕乔在项目评审中的原则性和对国家负责的精神高度赞赏[2]。

---

[1] CMS(Compact Muon Solenoid)，是国际上正在建造的最大、最先进的高能物理装置——大型强子对撞机(LHC)上的两个重大的综合实验探测装置之一。根据中方和CERN签署的合作备忘录，中国组(中科院高能所和北京大学)自1999年以来承担了CMS端部和桶部部分μ子探测器阴极室(CSC)和阻性板室(RPC)的研制等任务。这是中国政府首次正式协议投资参与的国际大科学合作项目，总投入1800多万元，约占CMS总价值的百分之一。

[2] 详见《江栋兴访谈录》《靳根明访谈录》《马余刚访谈录》。

» 图6-7 上海光源评审会留影（2007年12月21日，上海）。
左起：陈森玉、沈文庆、唐孝威、张焕乔、麦振洪

在参与战略决策讨论方面，张焕乔参加了第59期东方科技论坛“高能核物理的大型国际合作与中国的机遇”、香山科学会议第294次学术讨论会“面对国际直线对撞机（ILC）大科学国际合作项目中国将如何应对”、973项目“暗物质理论研究及实验预研启动会”“中美奇特核物理理论研究所（CUSTIPEN）成立暨奇特核性质以及对核反应和核天体物理的影响研讨会”“新时期建设巩固国防推进核能可持续发展座谈会”“中国工程院/国家能源局第三届能源论坛”“中国高能物理未来发展战略座谈会”等。这些会议关系我国重要学科和能源发展战略的重大问题，张焕乔本着对我国重要学科和能源发展战略高度负责的态度发表了自己的看法，为有关部门的决策提供参考意见。

张焕乔当选为中科院院士以后，他的工作岗位部分从实验室转向了更大的舞台，在全国的范围内耕耘核物理事业，为中国的核物理发展把向。他每年参加的各种会议多达数十次[1]。如此多的会议，一般人难以应对。但张

[1] 见《张焕乔年表》，但年表中所列的会议只是冰山一角，还有大量的会议未列入。

焕乔注重办事效率，合理统筹会议和科研工作，争分夺秒做到两不误。其中的辛苦和劳累可想而知，但他从不言苦，为中国核物理尽力再苦也值，他心甘情愿。

布衣院士的言传身教

张焕乔出生在晦暗的年代，成长在红旗之下，因自身努力和命运垂青转入核物理专业，毕业后师从大师，献身国防，在改革开放的背景下转入核物理实验研究，深耕数十年，蜚声海内外，荣膺院士称号。他一生勤朴，尊师重教，奖掖后人，是一位知恩图报、本色不改的布衣院士。

张焕乔对于教育培养他的老师、学校和研究单位，总是感恩在心的。除了前文已述的感恩钱三强、何泽慧、戴传曾、胡济民、朱光亚等大师外，他还念念不忘为他启蒙、教他为人处世的母校和恩师。80岁之前，由于工作任务繁重，他没有时间重回母校。80岁以后，他逐渐从一线的实验中抽身出来，忙里偷闲、抽时间重返母校，看望老师，以表谢意。

2016年4月14—15日，他先后访问了母校巴蜀中学和土主小学。在巴蜀中学，他参观了校史陈列馆、抗战遗址防空洞、勖艾亭等老建筑，在礼堂观看了《巴蜀是我家》影像片，并再次唱起了《巴蜀学校校歌》。之后，他与当年的老同学邹开琪、吕培青、缪栩侃、江凝等一起交流，现场连线了高中班主任、时年93岁高龄的物理老师董贞熙。83岁的张焕乔向董老师问好，并谦逊地表示——“我追随您在物理上的步伐，我一生都感谢您的教诲”，在场的人都为之动容。他还亲自去成都看望董贞熙老师。在时隔71年后重回土主小学，当他见到现任校长时，紧握其手，带着尊敬的口吻连声叫道：“老师好！”似乎想通过今日的校长表达他对当年老师的感谢[1]。

---

[1]《与重庆晨报的对话》，2016-6-20，新华网。

2016年9月28日，他重返母校武汉大学，参观了校园，随后走访了当年的老师和同学。在校史馆中，他与老同学刘福庆一起坐在当年自习的书桌旁，追忆同学往事；在老斋舍里，他回到了自己当年的寝室，怀念求学经历；在行政楼大厅里，他伫立于一幅幅老校长的画像前，重拾珞珈情怀。参观完校舍后，他应邀为学院师生作了题为“感恩母校，向母校汇报”的专题报告。报告会上，他还向学院捐赠了亲自编著的《现代原子核物理——量子场论》《现代物理基础丛书——原子核结构》《现代物理基础丛书——经典电动力学》等书籍。

张焕乔对我国核物理学界的老前辈充满敬意和感激，他认为自己在核物理研究方面所取得的学术成就与老一辈核物理学家的教导和指引密不可分。因此，一旦有老科学家们的纪念活动，他总是尽力协调时间参加。

2003年10月，他出席了钱三强先生90周年诞辰座谈会暨“钱三强星”命名仪式。2004年3月5日，他在中科院高能所参加了“祝贺何泽慧院士90华诞”大会，会上作了《何泽慧先生在核物理研究中的重要贡献》的报告，随后在原子能院参加了“庆祝何泽慧先生90华诞”的纪念活动。2005年6月3日，参加了“彭桓武先生从事物理工作七十年学术思想研讨会”。2007年5月18—21日，在江苏常熟参加了“王淦昌诞辰100周年纪念会”。2008年7月15日，他在合肥中国科学技术大学参加了赵忠尧先生塑像揭幕仪式，会上作了回忆赵老师的深情讲话，会后参加了赵忠尧基金成立会。2009年5月15日，他参加了“周光召院士从事物理工作55年暨80华诞学术思想研讨会”。2013年10月，他参加了钱三强先生100周年诞辰纪念活动，并接受了记者采访。2014年3月，参加了何泽慧先生100周年诞辰纪念会；12月8日，参加了黄祖洽先生追思会，会上作追思发言；26日下午在北京大学参加了虞福春先生诞辰100周年纪念会；当月还参加了朱光亚先生诞辰90周年纪念活动，并在会上发言。2015年11月17日在清华大学参加了“黄祖洽基金启动仪式暨纪念会”；22日上午在清华大学参加了纪念铀核“四分裂”发现69周年暨《何泽慧传》《何泽慧文选与纪念文集》新书发布会，会上作了关于铀核三分裂和四分裂发现的报告。2016年10月17日参加“钱三强、何泽慧学术思想研讨会暨纪念中子物理研究室成立60周年”大会，会上作了题为《中子物理研究室奠基人——钱三强与何泽慧先生》的发言。

张焕乔参加老一辈科学家的纪念活动，并作发言，不仅是对老一辈科学家的纪念，也是借机宣传老一辈科学家身上承载的科学家精神和“两弹一星”精神，教育引导年轻一代科技工作者将民族复兴使命扛在肩上，为中华科技的伟大复兴而不懈奋斗。

感念前辈的同时，张焕乔也注重奖掖后学。数十年来，他以亲身所历，认识到他所取得的成绩离不开教育培养过他的学校和老师，也离不开科学前辈们的教导及其所奠定的基础。60多年来的科研经历让他清晰地认识到，要想使我国的核物理事业持续发展，就必须培养新生力量。因此，他把对年轻同事和研究生的培养、帮助和扶持看成是他应尽的义务。

自1985年获准招收硕士生、1989年7月被聘任博士生导师至今，他已培养硕士生7名，博士生23名，博士后1名。他曾任北京大学兼职教授，帮助该校技术物理系培养了两名硕博连读研究生。他还曾任华中科技大学兼职教授，帮助该校培养博士生。2015年起，他担任核工业研究生部兼职教授。他于2009年3月1日—9月3日指导一名法国斯特拉斯堡大学学生阿赫夏尔·雷卡尔（Axcel Rechal）在华完成了学年论文，回国答辩，被评为优。

张焕乔对他的学生从学业到人生都是认真负责的，既严格要求学业，又关心照顾生活，还考虑他们的发展。在培养过程中，他不仅给学生传授科学知识和研究方法，培养、锻炼他们的独立研究能力，还以身作则，亲自带领学生开展实验，帮助他们尽快成才。

他对学生要求严格，寄望他们青出于蓝而胜于蓝。他的人品、人格魅力，以及他在传道、授业、解惑方面对学生所表现出来的真挚和认真负责的精神深深地感染着他的学生。

2005年博士生吴秀坤在论文致谢中写道：“我要衷心地感谢我的导师张焕乔院士。对张老师我始终需要仰视，虽然有句话说‘青出于蓝而胜于蓝’，可是在我这一生中恐怕我这个'青'永远不及他这一抹'蓝'了。他广博的学识、严谨的治学风格、深厚的理论功底、和蔼谦恭的待人态度和活到老学到老的孜孜不倦的精神构成了他独特的魅力。这种魅力将影响到我。在读博士的三年研究工作中，他给予我无微不至的谆谆教诲。……他对科学前沿问题的敏感和不断探索精神，以及在科研工作中对每个微小异常现象的及时把握能力，是我以后科研工作中需要不断学习和追求的榜样。"

张春雷是张焕乔在北京大学招收的硕博连读研究生，他以"春风化雨"为题从四方面回忆了张焕乔老师对他的言传身教[1]。第一部分他提到了张焕乔洞察学生情绪、对症下药要求他"一定要能坐住"的故事。张春雷在研究生二年级时到原子能院参与科研工作，首次到原子能院后发现该院偏远寂寥，甚至有些"落后"。清冷的气氛与青春正盛的张春雷形成了鲜明对比，尽管并未作声，但是负面情绪开始在张春雷身上滋生。张焕乔察觉到了张春雷的不良情绪，专门找他谈话，讲述了当年他自己被派往苏联科学院库尔恰托夫原子能研究所实习的那段经历，以亲身经历告诉张春雷：那段看似孤寂清冷的日子，对他后来学术生涯的帮助是巨大的。他希望张春雷也能珍惜中国原子能科学研究院这样的环境，安心于学术，在寂寞的土地里种出灿烂的果实，"搞基础研究的人一定要坐得住"。张春雷听完后备受鼓舞，转变了思想，在原子能院，研三的时候就以第一作者发表了3篇SCI文章，感受到了"能坐住的重要性"，更感受到了张焕乔无微不至的如父亲般的关怀。

第二部分，张春雷通过"就让他承担"，讲述了张焕乔老师深知学生能力、给他压担子的故事。在开展一项实验时，难度很大，原本应该让经验丰富的研究员级科研人员通盘考虑方案。但张焕乔对其他科研人员讲：'就让他承担，没有问题，你们配合'。张春雷感到对他无比的信任，受到莫大鼓舞。经过半年多的奋战，在张焕乔小组成员的共同努力下，实验终于顺利完成。后来，在第十届国际核-核碰撞大会上（世界核物理界三大顶级会议之一），张春雷做了口头报告，向全世界同行介绍了他们的科研成果，而该成果

[1] 张春雷，春风化雨，中国核工业7，63（2013）。

后来被国外同行引用。

第三部分，张春雷讲了“是这篇文献吧”的故事，讲述了张焕乔老师对有关文献如理家珍、了如指掌的故事，引起年轻科技工作者的赞叹与敬佩。

第四部分，通过何泽慧先生的“怎么不认识？”讲述了张焕乔尊师、何先生爱生、师生情深的故事。

张焕乔的“春风化雨”，使张春雷在研究生期间受益良多，后来在高能所工作也很出色。

2012年9月，张焕乔获得北京大学优秀博士论文二等奖指导老师荣誉证书。

在张焕乔身边学习、工作了20多年、现已成为中国原子能科学研究院学科带头人、仍在一起工作的林承键，回忆了他与张焕乔老师这么多年朝夕相处的往事和感悟[1]。他在文章中写道：

“毫无疑问，张老师的学术成就令人仰止。可贵的是，这些成果均是在国内实验条件相对落后，甚至是一穷二白的情况下取得的。特别值得一提的是在20世纪八九十年代开展的重离子垒下熔合裂变的研究。当时组内还有刘祖华和许谨诚两位老师，年轻人甚少，仅两三人。实验条件简陋甚至是基本的电子学和获取系统都不能满足，获取参数仅区区几路。然而，就在这样艰苦的环境下，张老师他们凭着聪明才智和艰苦奋斗，取得了至今仍无法超越的成绩。

“张老师的刻苦勤勉令人敬佩。每天清晨6点刚过，他就会出现在办公室，看各种英语文献，并大声朗读。我的办公室在张老师办公室对面。我在办公室住了将近10年，几乎每天早晨，都是在张老师的朗读声中醒来。下班时，他总是很晚才离开办公室。经别人多次催促或家人打电话询问，他才从工作中回过神来。如今张老师已经80岁了，仍然如此。每天上下班总是骑着自行车，风雨无阻。甚至下大雪，泥泞路滑，也是这样。我们非常担心他。每每说起，他总是婉拒，说：不给你们添麻烦。

---

[1] 林承健，格物致知 诚意正心，中国核工业7，67（2013）。

“张老师非常关注研究组的科研工作。每次组会，他总是积极参加，与大家一起商讨，提出建设性的意见。做实验的时候，我们经常在半夜两、三点钟接到张老师打来的电话，对实验中碰到的问题提出看法和解决措施。组里人手少，做实验的时候，只要在单位，他一定参加实验值班。以他80岁的年纪，依然活跃在科研的第一线，着实令人感动。这些年，他经常感慨：自己老了，不能身体力行地做一些具体的实验工作。从他的感慨中，我能体会到他对科学研究深深的热爱。老师为人谦逊、正直。对人总是称呼‘您’，对年轻人亦是如此，常令我们这些晚辈不知所措。1997年他评上院士后，仍然过着清贫的生活。对生活和工作，他几乎没有任何要求。他曾数次向我们谈到何泽慧先生等老一代科学家们艰苦朴素的科研作风，如从废品中淘宝，做成仪器完成科研。这些传奇故事以及他本人的言传身教，令我们受益匪浅。许多人认为，院士所在的组，应该是科研经费滚滚而来。然而事实并非如此，我们实验组经费紧张，但张老师从不利用其影响力，为自己或研究组谋取利益。他经常对我们说：国家的研究经费紧张，我们拿国家的一分经费，就要尽到一分的责任。研究组内至今仍保持着自力更生、艰苦奋斗的科研传统。这也极大地锻炼了年轻人的动手能力和解决问题的能力。

“对待科学，张老师做到了格物致知；对待人事，张老师做到了诚意正心。以张老师为代表的老一代科学家们的这种诚实做人、踏实科研的品格，深深影响了我们这一代以及新一代的科学工作者。有师若此，让我们如何不敬仰？”

诚如林承键所言，张焕乔诚实的人品、格物致知的科研精神、艰苦奋斗的作风，深深影响了这个课题组的年轻一代。

张焕乔对学生关心爱护，学生们也感念师恩，彼此形成“师爱生、生尊师”的亲密师生关系。每逢张焕乔生日的时候，学生们就聚集在一起，给恩师祝贺生日。

除了对自己的研究生悉心培养外，张焕乔对核物理界的年轻人也非常关心。在国家自然科学基金委杰出青年基金资助（以下简称“杰青”）、吴有训物理奖、胡济民教育科学奖等的评选中,他极力推荐和表彰那些奋发有为的年轻人。例如,国家杰出青年科学基金获得者孟杰对张焕乔的扶持和提携感念有加。在2000年“杰青”的评选中,张焕乔发现孟杰是一个年轻有为的核物理研究人员,但彼时他回国不久,事迹还不为人了解。张焕乔向国内评委介绍了孟杰的研究工作及其在国际、国内的地位和影响。最终,孟杰获得了提名推荐并获得了当年的“杰青”资助。在2006—2007年度吴有训奖的评选中,张焕乔作为评选委员会主席,经过公平公正的评选,孟杰的学术成果《原子核的手征双重带的研究》获得了该年度的吴有训奖。2008—2009年度,经张焕乔院士提名和另外三位科学家的支持,孟杰又获得了2009年华人物理学会亚洲成就奖❶。

» 图6-8 首届胡济民教育科学奖颁奖后合影(2000年,北京)。
左起:于伟翔、邹冰松、许甫荣、张宗烨、张焕乔、叶沿林

❶《孟杰访谈录》2016年11月16日。

年轻学者的成长是需要提携和鼓励的，张焕乔对孟杰的扶持，正是老一辈科学家对年轻科学工作者关心的体现。张焕乔不仅关心孟杰，也关心所有奋发有为的年轻科技工作者。1992至2011年他先后任吴有训物理奖评审委员会秘书和主任。从1999年开始，北大与全国核物理大会同步，设立了胡济民教育科学奖。张焕乔一直是该奖的评委会主任。2004—2018年，他坚持完全从学术出发、公平公正地进行评选的原则，使奋发有为的年轻核物理学者受到了表彰，激励了一批又一批年轻核物理工作者[1]。

张焕乔当选院士后，除了身兼多个学术职务、承担了大量本职工作以外的学术工作之外，其他与当选前没有什么区别。依然在原办公场所从事核物理实验研究，生活上和其他工作人员一样，节俭如初，照旧骑自行车上下班，吃单位食堂，令身边人肃然起敬。

当选院士后，张焕乔并没有因为多了个头衔而变化。为了学术的严谨和正确，当他没有完全把握的时候，常常不耻下问，与年轻人讨论、向年轻人请教。在学术问题面前，他是以同事的身份来与别人讨论问题的，完全没有把自己当作一位院士，与他接触的人都觉得他没有架子、平易近人，非常好相处，甚至对他有些“冒犯”他也不在乎。与他有过工作接触的吴锡真、李祝霞、叶沿林、张玉虎、周小红等都有相同的感受[2]。二室同事都知道他平易近人这一特点，给他起绰号或开玩笑是没有关系的。在二室，张焕乔对问题喜欢刨根究底，爱与人辩论，由于他思维敏捷、反应快，常在辩论中获胜。因此研究室同事给他起了一个“张老铁”的雅号，也有人叫他“张铁嘴”。他毫不在乎。

张焕乔注重节俭，不仅在研究工作中非常节俭，日常生活中也是这样。按照政策，他身为院士，出差可以乘坐公务舱。但他为了省钱，每次出差都乘坐经济舱。有一次，他与另外三个年轻人去俄罗斯开会，三个年轻人后来免费升舱、乘坐公务舱了，而他仍然坐着经济舱，年轻人都觉得很惭愧。于是，他们就给与张焕乔同组的林承键提意见，让林承键以后给张焕乔买公务

---

[1]《叶沿林访谈录》，2017年5月9日；《吴锡真、李祝霞访谈录》，2018年4月6日。

[2]《张一虎、周小红访谈录》，2016年11月24日；《吴锡真、李祝霞访谈录》，2018年4月6日；《叶沿林访谈录》，2017年5月9日；《李泽访谈录》，2018年3月31日；等等。

舱。后来张焕乔去俄罗斯杜布纳开会，林承键想起了同事们提的意见，又考虑到飞行时间较长，硬着头皮给张焕乔买了公务舱，结果还是挨了张焕乔的批评，不得已将票退了。此后，谁也不敢给张焕乔买公务舱机票了。不管路途多长，他照例都坐经济舱❶。2015年6月21日，张焕乔与张英逊、图雅及贾会明同行，去意大利卡塔尼亚核物理国家实验室参加第12届核–核碰撞国际会议（NN2015），乘坐土耳其航空公司的廉价经济舱。飞机凌晨从北京出发，在伊斯坦布尔转机等候时间达八九个小时，等候时只能坐在板凳上。长途鞍马劳顿，加上时差和张焕乔睡眠原就不好，疲劳程度可想而知。但张焕乔还是全程参会，并根据会议节目单选择自己最感兴趣的各分会报告，转战不同的分会场，坐在靠前的位置，认真聆听报告并与报告人积极交流相关问题。回来时，又在伊斯坦布尔转机等候了八九个小时❷。行胜于言，张焕乔为人师表，令人折服。

张焕乔敢于直言、坚持真理、对国家负责、对学术负责，令人印象深刻。与他一起参加评审会的专家几乎都有同感。他知识面广，看问题较准。在评审中，虽然他态度和蔼，但原则性问题他一定不会放过；值得注意的地方他也会当面提醒；与事实不符的地方，他必定予以纠正；指标过高的，他会明确提出意见，坚持实事求是，反对浮夸。“他讨论问题，完全是从坚持真理出发的，只考虑业务问题，不考虑其他的”。在“973”超重核项目的评审会上，张焕乔就直接提出，一个讲超重核合成的报告，没讲甄别比等性能指标是不合适的；光提出合成新的超重元素的指标，但没有条件保障（没有合适的装置，弹靶组合条件也不够，探测设备也不完备），他认为指标提得过高。中期检查，他仍然强调这件事。后来经讨论降了指标，合成了原子序数110的超重核 ^{271}Db，终于圆满完成了973任务❸。

❶《林承键访谈录》，2018年4月3日；《许甫荣访谈录》，2016年8月26日；《马余刚访谈录》，2016年9月29日。

❷ 谢翊，贾会明，《张焕乔院士：钟情核物理事业》，中国科学报，2018年4月9日。

❸《江栋兴访谈录》，2016年11月29日；《张一虎、周小红访谈录》，2016年11月24日；《靳根明访谈录》，2016年11月24日；《马余刚访谈录》，2016年9月29日；等等。

张焕乔提出过很多大项目，也评审过很多大项目，但他所在课题组没有参与其中的任何一个。组里同事有时想不通，偶尔产生一些埋怨情绪。时过多年，他们终于想通了，他们认识到：张焕乔是一个一心为了我国核物理这个大事业而奋斗、不藏私心的科学家。组里若与某大项目无关，就不应该参与。这不仅仅是为了避嫌，而是对国家负责。实际上，他胸怀"国之大者"，打大算盘、算大账，一切问题都是从有利于中国科学发展的大目标出发的，只要是对国家科技发展有利的项目，无论是院里还是院外，他都全力支持、奋力争取。中国先进堆上的中子散射973项目，虽是本单位的，但它关系到中国先进堆的应用以及我国固体物理、材料科学研究，对国防科研意义重大。因此，他亲自带着核物理所领导陈东风去科技部找负责人，联合北大、中科院物理所、山东大学进行申请，最后得以批准。后来又遇到中国先进堆（CARR）运行的燃料问题（只有一炉燃料，没有后续燃料，CARR面临着停开的危险），他就联合核科学系统的其他院士联名给国防科工局写信，呼吁有关领导解决中国先进堆运行的燃料问题[1]。此外，他还帮助核物理所解决了超导后加速器的经费问题。

张焕乔是一位实验核物理学家，但却有很好的理论功底。通常，理论家与一般实验人员交流时，常常感到缺乏共同语言，难以深入讨论，但与张焕乔交流却不一样：没有感到隔阂，很顺畅，且常常产生共鸣。张焕乔非常重视原子核理论学习，在他的影响和鼓励下，小组中的每位成员都十分重视理论学习、重视实验与理论的结合。这样，他们不仅在学术交流中，进入了同行的交流圈，而且还与国际上多位理论家建立了合作关系，与国际理论家一起做课题，发论文。他也与国内的理论家合作，共同研究探讨问题。他还请院里的理论家"长驻"组里一起工作。该组成员不仅能用现有的理论模型和程序分析自己做的实验数据，还能做一些"小"的理论工作。他这样做，在决定研究方向或课题时更能做到有的放矢，一击中的。这或许就是当时在串列加速器上的某些其他课题组或长或短地都停了，或选择了一些别的方向，

---

[1]《林承键访谈录》，2018年4月3日；《陈东风访谈录》，2018年4月3日。

而他这个课题组经久不衰的原因[1]。

在涉及个人的事情上，张焕乔更是严格要求自己。他当院士后，学术方面的评审会增加了许多，但在工作、生活环境方面，与当院士前几乎没有两样。除了按院里规定，宿舍搬到了院士楼之外，其他一切几乎没有任何变化。他的办公室还是那个在核物理所小楼里的十来平方米的矮小房间，里面除了一张办公桌、两台计算机、两把办公椅和一个书架外，接待一两人还勉强，人多了就拥挤不堪，只能去会议室。直到2015年，院里的综合科技楼投入使用之后，他才按照院里统一安排搬进该楼的一间宽敞的房间里办公。当选院士后，他每天还是照样骑着自行车上下班，为了避开上下班人流高峰，他每天早来晚归，风雨无阻，一直到2014年。当选院士后，他还是整天忙于研究课题的具体事务，从文献调研、申请基金、准备实验，到“上马”值班，事无巨细，他仍然亲力亲为，直到最近几年。他尊重他人，对院外同事，嘴上常挂着“您”字，逢过年过节，他仍像往常一样，不管长幼，都主动打电话问候。别人若有事找他，他仍然是那样热情接待。他是一个永远生活、工作在普通科技工作者之中的院士，从未脱离过群众。不少人都尊称他为平民院士，或布衣院士。

这位布衣院士，心中永远装着核物理，年至老而不衰。耄耋之年仍不辍耕耘，他心系实验，带领年轻人攻关拔寨；他身兼多职，不辞奔波之苦，参加立项评审和规划制订，为中国核物理发展献计、把向；他奖掖后学，言传身教，竭力为中华科学复兴培养高端人才。他就是为核物理而生的。爱岗敬业，他把他的一生贡献给了中国的核物理事业。

---

[1]《许甫荣访谈录》，2016年8月26日；《刘福庆访谈录》，2016年9月28日；《许谨诚访谈录》，2018年6月。

第七章

弘毅进取 诺宏愿

张焕乔心无旁骛、一心一意从事科学研究，是一个纯粹的科研人。他与我国的核事业共同成长，在国防任务中磨炼、建功，在基础研究中成才，蜚声海内外，成为权威专家。他的一生，就是科学家精神的生动诠释。在他成长、成才、奉献、奋进的一点一滴中，我们看到了他胸怀祖国、服务人民的爱国精神，勇攀高峰、敢为人先的创新精神，追求真理、严谨治学的求实精神，淡泊名利、潜心研究的无私精神，集智攻关、团结协作的协同精神，甘当人梯、奖掖后学的育人精神。

胸怀祖国
服务人民

张焕乔是我国自己培养的核物理学家，从小感受到了日寇的凶残和国民党的腐败，从中学起接受党的正面教育，幼小的心灵一直充满着对祖国、对人民的热爱。大学毕业参加工作后，正赶上国家研制原子弹、氢弹的大好时机。他深知，这关系到祖国的安全和人民的安宁。他胸怀祖国、心系人民，始终把国防任务放在第一位并全力以赴去完成。他圆满完成了两弹研制所急需的第一批核数据任务——裂变谱中子诱发 ^{238}U 的全截面、裂变截面和 ^{235}U、^{239}Pu 裂变截面的实验测量；接着又完成了研制原子弹点火中子源提出的异形钋（Po）α 源强的测量任务。“文革”期间还完成了核爆现场样品测量的紧急任务。“文革”后期，核武器研制提出的任务减少，正当他着手研究裂变同核异能素和在自然界寻找超重核的时候，核武器研制单位提出高精度测量 ^{239}Pu 裂变瞬发中子平均数随中子能量变化的紧急任务。任务就是国家命令，他立即停止手上的工作，转入 ^{239}Pu 裂变瞬发中子数测量。经过 5 年的努力奋斗，获得了精度约 0.8% 的好结果，与国外当时最高水平相当，超指标完成了这一任务。在承担国防任务期间，张焕乔全身心地投入工作，达到了忘我的境界。自上大学起 9 年没有回过家。1961 年，他在家人的催促下，在忙完任务的空隙里，才挤时间回了重庆老家一趟，看望了久别的嫡母和哥嫂，以及侄儿侄女们，但他在重庆只待了两个星期，就返回单位忙于国防任务了。张焕乔为完成两弹任务而感到无比骄傲和自豪，曾深情怀念那段辉煌的岁月：“我还清楚记得钱三强先生来室里传达陈毅元帅的话，说‘如果中国把原子弹搞出来了，我这个外交部长的腰杆子也就硬起来了，外交部长就好当了’。听到这样的讲话，当时我们心里不由得热血沸腾，于是攒足了劲干活。那段时光是最令人难忘的。”[1]

20世纪70年代末，他转入核物理基础研究，仍然胸怀祖国、心系人民。他知道，科学研究是无国界的，但科学家是有祖国的。他认为，搞基础研究必须要有所创新、为国争光，让人民满意。当他们发现垒下重离子熔合裂变碎片各向异性异常时，他吸收20世纪60年代发现超声波使衍射中子增强未及时报道的教训，立即在国内外知名杂志上发表文章并在国际专题会议上报告新取得的成果，为中国核物理发声。在他心中，国家利益永远是第一位的，他每次参加项目立项评审时，始终本着对国家负责、对项目负责的态度，严谨、实事求是，为国家把关，对人民负责，对项目负责。

勇于创新
敢为人先

张焕乔在科学研究中有一种不服输的精神，勇于创新，敢为人先。

1962年，张焕乔负责开展^{238}U对裂变谱中子的裂变截面的绝对测量。为了避免中子注量直接测量问题，他想出了利用产生裂变谱中子的转换靶^{235}U对热中子的裂变平均瞬发中子数$\overline{v}_{pth}$作为基准来得到裂变谱中子注量的方法，进而得到裂变谱中子引起的^{238}U的裂变截面。该方法大大提高了测量精度，具有创新意义。时隔50多年，至今该结果仍与新近测量的数据一致。

1987年，他们发现了垒下重离子熔合裂变碎片各向异性异常后、面对非完全熔合跟随裂变的质疑时，大胆创新，首次提出了折叠角技术，将完全熔合裂变和非完全熔合跟随裂变分开，成功地扣除了非完全熔合转移跟随裂变的影响，漂亮地回答了相关质疑。此外，还首次提出低角动量预平衡裂变理论解释了他们实验得到的异常结果。

[1] 叶娟，《志驰核物理，情寄四〇一——中国科学院院士张焕乔口述实录》，中国核工业2013，第7期，59页。

在重离子熔合反应热点问题研究中，每个问题他们都添加了新意。例如，在弱束缚弹核对熔合影响的研究中，他们统一了弱束缚弹核与紧束缚弹核对熔合反应的影响，并提出了测量弹核破裂几率的新方法——对于弹核的破裂几率无需进行直接测量，可通过弱束缚弹核的背角弹性、准弹性散射数据和理论公式来得到。在正Q值2中子转移的研究中，他们发明了一种专门研究重离子熔合增强的方法：通过实验测得的熔合截面与耦合道理论计算的熔合截面的比值RE的大小，定量地给出了对熔合增强的影响。在核形变对熔合反应的影响方面，他们通过对背角弹性、准弹性散射激发函数的测量及熔合势垒的研究，发展了一种得到参加反应核的多极形变参数（最高的可达到十六极）的方法。在完全熔合裂变和准裂变竞争研究中，他们为纯粹的准裂变研究指出了实验对象。在不稳定核系统光学势参数测量方面，他们首次提出了通过转移反应角分布测量得到奇特核系统光学势的实验方法，在光学势阈异常研究方面，他们将阈异常研究深入到深度垒下能区，首次清晰地给出了晕核系统光学势强度随能量变化的完整图像，还提出了光学势实部和虚部之间色散关系对奇特核系统不适用的看法。

在中子晕核研究中，他们发展了渐近归一系数方法，将之用于中子晕核的探寻，并在稳定核中发现了晕中子激发态。

此外，张焕乔还向中科院申请咨询项目，向无中微子发射的双贝塔衰变这一国际难题发起了挑战。

追求真理
严谨治学

科学家始终以追求真理为己任，并以严谨的态度从现象到本质进行推演、佐证，发现客观规律。张焕乔在创建谱仪、完成国防任务的过程中、在大师的严格要求和影响下，逐步养成了追求真理、追求真值、严谨治学的求实精神。

这种求实精神在张焕乔所担任的国防任务中就是想方设法使所测得的数据逼近真值，确保数据可靠、精确。因为这些数据精度直接关系着两弹的设计，核数据的失之毫厘，会使两弹的设计效果差之千里。因此，从事核数据测量任务的人必须十分严谨、保证数据的可靠性，并对数据的质量精益求精。张焕乔负责的一些原子弹、氢弹研制所需的核数据测量就是按照这样的要求完成的。他负责测量的核数据，例如 ^{235}U、^{238}U 的裂变截面，^{239}Pu 的裂变截面和平均裂变瞬发中子数，不仅精度当时是一流的，时隔数十年，至今仍是精确可靠的核数据。他负责测量的 ^{252}Cf 自发裂变平均中子数 $\overline{v_p}$，被国际上誉为"高质量的测量"，是国际核数据委员会认可的13个数据中精度最高的四个之一，是《热中子截面和 ^{252}Cf 自发裂变中子产额》标准中作为原始数据被收入的唯一中国数据。

张焕乔在完成国防任务中践行了求实精神，在后来的基础研究中、在项目和稿件的评审中得到了进一步发扬。

在重离子垒下熔合裂变的实验中，他们发现了裂变碎片角分布各向异性异常。他们并不止步于现象的发现，也不止于采用折叠角技术将完全熔合裂变与转移跟随裂变分开，而是进一步探寻事物的本质。他们通过实验找到了该系统裂变时某些物理量尚未达到平衡的证据，提出了预平衡裂变理论，解释了他们自己发现的异常现象。从现象到本质、从发现到探寻真理，工作步步深入、严谨完美，最后上升到理论，逼近客观真理。

对中国大百科全书、刊物稿件、研究生论文，张焕乔也是十分严谨、一丝不苟的。因为这些资料不仅是给今人看的，还是要留给后人阅读的，"文章千古事"，不能给今人后人传以谬误。因此，他非常认真地修改，拿着放大镜逐条核对、逐字校正大百科全书中的词条。这种严谨、认真负责的工作情景还深深留在人们的印象中。他在学术稿件和学生论文中挑出的密密麻麻的错字、符号，以及字迹工整的修改，也永远留在草稿中，留在稿件作者的心里。

淡泊名利
潜心研究

自从张焕乔中学时期萌生长大要从事核物理的想法以来，他一直念念不忘核物理；参加工作后，则对其更加痴迷，并倾尽全力为之奋斗，表现出超乎常人的执着坚持和刻苦勤奋。

张焕乔认准的事，总是执着坚持的。小时候的张焕乔，与一般的孩子没有两样，也是贪玩的：捉虫子、钓鱼……对《薛仁贵征东》《罗通扫北》，也曾产生过兴趣。但到中学以后，他的兴趣便有了明显的取向，这就是数理化，特别是原子核物理。他逐渐把核物理变成了他的志向，课外阅读几乎都集中在这些方面。到了大学，则有了更大的行动，他居然在课外阅读了俄文原版的《中子》。大学四年级，他被从武汉大学选入北京大学，学习原子核物理，与他的志向不谋而合，因而，更全身心地投入了学习。大学毕业后直接进入了我国的最高核府——中科院物理所（原子能所前身），而这正好与他的兴趣爱好一致。我国原子弹、氢弹的研制任务，给他提供了一个施展抱负的大平台。他负责完成了多项国防紧急任务，为我国两弹研制做出了贡献，获得了多项国防科技成果奖。20世纪70年代末，随着国防任务的减少，他的兴趣细化为核裂变基础研究。正在这时，国家加强基础研究，张焕乔又不失时机地转入了核物理基础研究，在计划引进的串列加速器上开展垒下重离子熔合裂变反应研究，摒弃当室主任的引诱，坚持重离子熔合裂变研究矢志不移。

张焕乔对他感兴趣的核物理不仅执着坚持，而且还总是报以勤奋，不怕劳苦、拒绝诱惑、不惜花费时间。

青少年时，他对读书很感兴趣，因此在小学、中学、大学时，他是班里最勤奋、最刻苦的。中考的落榜，促使他更加勤奋地去学习。在重庆巴蜀中学念书六年，他得到了“张啃书”的雅号；直至毕业，重庆很多知名景点他都未去过。在武汉大学念书三年,但武汉的许多知名景点他却无暇光顾。在他的心中,他感兴趣的科技书籍似乎比那些景点更能引起他的兴趣,他把所有的课外时间几乎都放到科技书籍的阅读上。在北京大学,他接触到了他梦寐以求的核物理,于是就把自己完全沉浸在大师的讲课和课后的复习中。初到工作岗位,在人才济济的原子能所二室,他更加发奋学习、工作,甚至他把叠被子的时间都省下来用在学习和工作上。在苏联实习时,每天晚上最后离开所里图书馆的人一定是他,每天早晨第一个来到办公室的人也一定是他。在原子能所,如在加速器上做实验,他常常是夜以继日,关键时刻常常连续工作三十多个小时不休息;若没有实验,他也总是早来晚归。为了弥补英语口语的短板,每天早晨6点多他就来到北区办公室,大声地朗读英语,然后工作,或调研文献、或申请基金、或准备实验,晚上总是很晚下班回家。他的乐趣不在于游山玩水,不在于欣赏娱乐节目,也不是体育,而是科学知识,是像原子核这样大小的微观世界。原子核物理的新发现、新问题像磁石一样吸引着他,他已经潜下心来,把他所有的时间和精力都投入到这些问题的研究中了。他享受获得新知识的喜悦,他欣赏他解决问题的好方案及其取得的好结果。因此,虽然他整天忙于看书、忙于思考、忙于实验,但并不感到丝毫倦意,因为这是他的兴趣所在。爱因斯坦说过,"在天才和勤奋两者之间,我毫不迟疑地选择勤奋,她几乎是世界上一切成就的催产婆。"张焕乔的勤奋也是他一切成就的催产婆。有人曾用这样的话来概括张焕乔的勤奋,说他"下班与上班一样,节假日与工作日一样……"[1]他的确几十年如一日,除了吃饭、睡觉,其余时间几乎全花在工作和学习上、花在核物理上。

由于他淡泊名利、潜心研究,由于他执着坚持和刻苦勤奋,最后终于发现了垒下重离子熔合裂变碎片角分布各向异性异常,给重离子热点问题添加了新意,在稳定核激发态中发现了中子晕现象,做出国际先进水平的研究工作,为国争光,实现了他儿时的夙愿。

---

[1]《李泽访谈录》,2018年4月6日。

集智攻关
团结协作

张焕乔的科研团队是小而精的高效科研团队。骨干人员只有三人，但个个都是精兵强将，都是事业心强、基本功扎实的实干派。这个团队有着良好的学术气氛，对重大学术问题的看法一致，而且还具有“任务第一”“科研入迷”等优良传统。20世纪70年代初，这个团队的骨干是张焕乔、许谨诚和刘祖华三人，他们对裂变双峰势垒、裂变同核异能素、超重元素稳定岛等都很感兴趣，便一起想方设法探索寻找裂变同核异能素和超重核。他们到军事医学科学院，与有关人员沟通，设法恢复该院的强流高压倍加器，以便用该加速器产生的高强度中子、辐照重原子核得到裂变同核异能素。另外，还趁许谨诚去贵州探亲之机，专程到贵阳地化所求助，请他们帮助制备陨石和海底锰结核粉末样品，寻找自然界可能存在的超重核。1973年，他们接受了“^{239}Pu裂变瞬发中子平均数随入射中子能量变化”的紧急任务。张焕乔是项目负责人。在完成这个任务的过程中，他们充分发挥了团队精神。首先，他们集智攻关，找出了这一任务的关键点：抗堆垒的大载量的^{239}Pu裂变室、稳定高效的4π中子探测器和稳定可靠的中子平均数目分析器，并提出具体解决办法。然后，分工负责：张焕乔、许谨诚、刘祖华分别负责上述三项关键工作。三人既分工又团结协作，经过三年多的努力，建成了一台测量裂变中子多重性的前沿设备。同时，与兄弟单位合作，研制了^{240}Pu含量很低的^{239}Pu样品，研制了快前置放大器。最后，他们在静电加速器上进行了精细测量，超指标完成了国家任务。在近垒和垒下重离子熔合裂变反应的研究中，张焕乔、许谨诚、刘祖华三人各自发挥特长，为开展这一研究和取得优异成果做出了贡献。张焕乔牵头在新建的HI-13串列加速器上建立了这一课题，并亲自访问意大利等国、为他们在国内开展研究积累经验并与相关实验室建立了合作关系；许谨诚以我国教育部选派的首批访问学者的身份去美国加州大学伯克利分校进修重离子反应，也在为在我国开展有意义的研究探索方向；刘祖华则在电子学和实验数据的理论分析方面发挥自己的特长。在探寻中子晕核的研究中，张焕乔提出了课题，与刘祖华一起商量确定了通过测量(d，p)转移反应的方法在稳定核中寻找中子晕态的技术路线，开启了中子晕核的研究。后来，张焕乔又利用兰州近物所放射性核束的条件，开展了质子晕核和双质子关联发射的实验研究，后来将这一课题交给同组的年轻人林承键负责。在这个团队中，早期（20世纪90年代前），以张焕乔、许谨诚、刘祖华为核心，依靠学生和一些短期工作人员开展工作。20世纪90年代以后，许谨诚逐步走上了所、院领导岗位，以张焕乔、刘祖华、林承键为核心，依靠研究生开展研究，取得了许多前沿性成果。杨峰作为组里的年轻研究人员也起到了其应有的作用。在研究生中，林承键、钱兴、阮明、贾会明、张春雷、白春林等都对该组的研究工作做出了贡献。

» 图7-1 张焕乔（右1）获何梁何利科技奖。左起：许嘉璐、杨国桢、张焕乔。（2004年，北京）

2004年11月11日，张焕乔获得“何梁何利科学与技术进步奖”。当被问起获奖的感受时，张焕乔说：“这个奖其实不应该属于我，而应该属于我们这个集体。”这些话一方面体现了张院士的低调和谦虚，另一方面，也体现了这个团队在他心目中的重要作用。

甘为人梯
奖掖后学

他从自己的成长中深刻体会到了前辈工作和大师培养的重要性。我国的核物理研究能有今天这样的基础是靠我们的前辈们筚路蓝缕创建的。他借以完成国防任务的、在反应堆上的中子物理实验平台，是钱三强、何泽慧、戴传曾等老一辈亲自带着他们创建的；他赖以发现熔合裂变碎片各向异性异常的实验平台，其基础——串列加速器是赵忠尧等老一辈多次呼吁才得以建立的；我国最早的静电加速器也是赵忠尧老前辈冒着危险、几经周折、远渡重洋以零件方式运回国内组装的；我国开始研制原子弹点火中子源用的钋(Po)α源也是钱三强先生从法国带回来的。前辈们艰苦创业为我国的核物理打下了必要的基础，张焕乔对此非常清楚，对前辈们充满感激和敬仰之情。因此他在百忙之中抽时间写文章纪念核物理的前辈们，尽量参加他们的纪念活动。他曾为钱三强、何泽慧、戴传曾、胡济民、虞福春等写过纪念文章，他曾多次参加过钱三强、何泽慧的纪念活动，以及彭桓武、朱光亚、黄祖洽、周光昭的纪念会，还远赴安徽合肥参加赵忠尧塑像揭幕仪式、远赴江苏常熟参加王淦昌诞辰100周年纪念会。并在会上发表热情洋溢的讲话，宣传前辈们的光辉业绩和崇高品德，鼓励年轻一代继承他们的科学家精神。

他从自己的成长中深深体会到，年轻人是需要他们的前辈帮助成才的。因此，他在进行科研的同时，把培养研究生、帮助和扶持年轻同事、将前辈们的创业精神传给年轻一代，看成是自己应尽的责任，甘当人梯，让年轻人更上一层楼。张焕乔没有辜负历史赋予他的责任，身体力行，尽其所能，奖掖后学。至今，他已培养了7名硕士生、23名博士生和1名博士后。这个数目看似平常，但在实验领域，培养这么多的研究生已经很不容易。张焕乔对他的研究生是十分负责的。首先，他要绞尽脑汁为每个学生安排一个相对独立的研究课题，其次，他要让他的学生受到包括文献调研、方案制定、实验技术、论文写作等在内的全面锻炼，使学生毕业后能独当一面。在培养过程中，他不仅给学生传授科学知识和研究方法，培养、锻炼他们的独立研究能力，而且以身作则，用身教影响学生，希望他们德才兼备、青出于蓝而胜于蓝。张焕乔培养出来的研究生遍及海内外，为国家培养了很多高质量的高级人才。例如，他的早期博士生林承键，早已是研究员、博导和核工业研究生部兼职教授，现为原子能院核反应实验研究工作组科技创新团队学术带头人和中核集团科技带头人，中国核物理学会理事，中国物理学会科普委员会委员，多种学术刊物的编委和审稿人。他近期培养的博士生白春林，读博时是北大的优秀博士生，2010年毕业后分配到四川大学，现在是该校核物理学院的教授、博导，还是胡济民教育科学奖的获得者，得到了教育部和国家基金委优秀项目的资助。

张焕乔除了对他的研究生悉心培养外，对核物理界的年轻人也非常关心。在“杰青”、吴有训物理奖、胡济民教育科学奖等的评选中，他极力推荐和表彰那些奋发有为的年轻人。前面提到的孟杰就是一个典型事例。张焕乔不仅关心孟杰，也关心所有奋发有为的年轻科学工作者。

从中学起张焕乔就喜欢核物理，从此就痴心不改，咬定核物理不放松。他把他的绝大部分时间和精力都花在了核物理上。他数十年淡泊名利的弘毅进取，他数十年超乎常人的勤奋执着，终诺宏愿，圆了他儿时的梦。

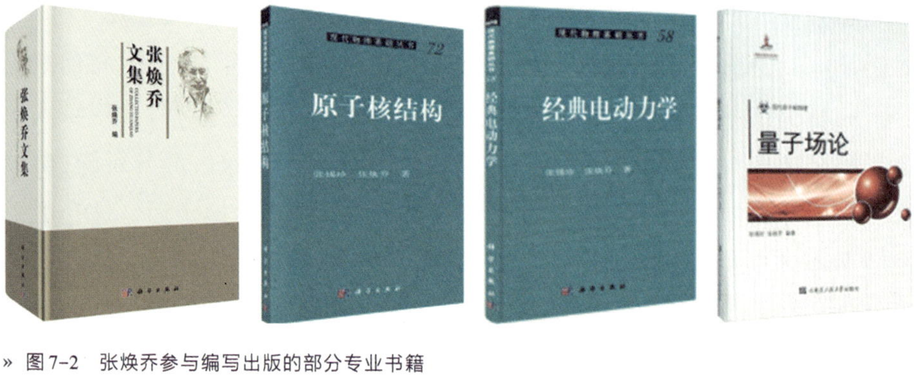

» 图7-2　张焕乔参与编写出版的部分专业书籍

至今,张焕乔已获得国家级奖励7项,其中1978年全国科学大会奖5项,国家自然科学奖三等奖2项;省部级科技成果奖9项,其中,国防科工委颁发的2项,核工业部和核工业总公司或集团公司颁发的6项,吴有训奖一项,还有何梁何利科学与技术进步奖一项。除了参与编辑出版的《中国大百科全书》和《物理学名词》外,还参与编写出版专业书籍6册、纪念文集1册。在国内外的著名刊物上发表了300篇文章。在国际学术会议上作邀请报告数十次。作为一个实验核物理学家,发表如此多的论文是很不容易的。“文章千古事,得失寸心知”。这些文章背后的艰辛、危险和酸甜苦辣,只有作者自己最清楚。这里面有他们许许多多的不眠之夜,有不计其数的失败和挫折,有刻骨铭心的放射性污染;当然,也有实验成功的喜悦、听到同行认可的惬意、发表文章及获奖时的幸福感。这些文章是他们脑力劳动的结晶,当然也付出了不少体力劳动,是他们对中国科学,乃至世界科学的一份贡献。1997年他当选为中国科学院院士,成为国际知名的核物理学家,实至名归。

由于张焕乔出色的工作业绩,2009年国庆60周年时他受邀参加了国庆观礼。这是党和国家对他的肯定和鼓励。

张焕乔一生与核物理结下了不解之缘,核物理已深深扎根在他的心里,已成为他生活中极重要的一部分。虽已年至米寿,他还在为我国的核物理献计献策,还在积极参与、推动中微子测量、暗物质寻找和无中微子发射的双β衰变探索。

核物理研究,张焕乔院士永远在路上。

» 图 7-3　2009 年张焕乔应邀参加国庆 60 周年观礼

附 录

张焕乔
年表

1933年

●12月23日(农历十一月初七)出生于重庆市沙坪坝区土主镇向家坪村毛家岗。父亲张玉田,名安民,生母龚小妹。

1939年

●2月,生母去世。

●进入土主中心小学读书。

1944年

●上半年每周两天下午在土主乡小石坝农村义务识字班任小老师。

●秋季转入兴隆中心小学,读六年级,直到小学毕业。

1945年

●赴重庆报考重庆南开中学,落榜。

●在重庆树人初中先修班补习小学课程。

1946年

●考入重庆巴蜀中学。

1949年

●6月,初中毕业考试期间,父亲病逝,考完后立即回家奔丧。

●下半年继续在巴蜀中学读高中。

●11月30日,重庆解放。学校组织到渣滓洞白公馆接受革命教育,看到烈士尸体包裹还没有收敛的惨景,对蒋介石反动派更加深恶痛绝。

1950年

●参加抗美援朝宣传活动,每周两个晚上,在重庆临江门棚区进行反美、仇美、鄙美宣传。

1951年

●张焕乔所在班被命名为青年近卫军班,与苏联驻西南影片公司代表斯克交朋友。斯克与他们一起过班日,还请他们看苏联电影、参加舞会。

1952年

●1月至4月,随班级调往重庆市政府增产节约大队,在第六检查大队参加"五反"运动,3月8日国际妇女节宣誓入团。

●暑假期间,与重庆全部高中毕业生一起,集中在沙坪坝区参加重庆市暑期升学学习团,听了许多领导的报告,学习了许多文件并进行讨论,接受教育,端正升学态度。考前两周,班主任董贞熙帮助复习功课,最终考入武汉大学物理系。

●10月初到武汉大学物理系报到。

1953年

●上半年,武汉大学在物理系一年级选派5名学生参加留苏考试,张焕乔先被中南局批准并通知参加考试。但临考试前5天取消了他的考试资格,由女同学邹平行递补参加考试。

●一年级期末学校组织新生去武汉协和医院复查身体,被判肺结核待查,复查后决定是否要停学。二年级开学后,在湖北医学院经肺部照相,结论钙化,继续上学。

1954年

●张焕乔与另外三位同学在二年级考试中所有功课都获得满分。

●专业选择。张焕乔本人很想读核物理,但武汉大学无此专业。武汉大学物理系只有金属物理和电离层专业,他怕读电离层以后不好求职,坚持选了金属物理。

●自学弗拉索夫著的俄文原版《中子》。

●学年实习到黄石市武钢公司磨金相样品,观测金相结构。

1955年

●四年级刚开学,学校通知,张焕乔等15人调北京大学物理研究室学习核物理,圆了他的核物理梦。

●有幸参加听苏联科学家代表团传达日内瓦和平利用原子能国际会议报告。

1956年

●北京大学物理研究室毕业，分配到中科院物理研究所（原子能研究所前身）中子物理研究室（二室）。

●师从戴传曾先生，参加中子晶体谱仪建设，从事中子物理实验。钱三强所长与长春光机所所长王大珩达成协议，合作共建中子晶体谱仪。

1957年

●戴先生提出建立一台中子极化谱仪，开展极化中子β衰变测量，用以检验李政道-杨振宁提出的弱作用宇称不守恒。题目组讨论并上报了计划。张焕乔做了电磁铁的计算和设计，制成一个电磁铁线圈；加工了两块铜镜，完成镀钴试验，准备在铜镜上镀钴。次年春，戴先生受到批判，这题目被批成是黑题目，被迫中断。

1958年

●在戴先生主持和领导下，在重水反应堆上建成两台中子晶体谱仪。一台是将原中央研究院留下的一台X光衍射仪改建成的高分辨中子晶体谱仪；另一台是长春光机所建造的高精度中子晶体谱仪（转盘采用高射炮底座）。

●10月，被派往苏联科学院库尔恰托夫研究所实习，师从彼伏日涅耳教授。参加在中子晶体谱仪上测量^{229}Th的中子裂变截面工作。

1959年

●1月，结束^{229}Th中子裂变截面测量，计算了中子共振积分。

●3月，参加在机械单色器上用气体闪烁探测器测量^{241}Am中子裂变截面工作。

●5—6月，到理论实验物理研究所在中子极化仪上参加液氦温度下Fe-Co反铁磁性实验。

●6月初，钱三强、朱光亚、力一、阮可强（翻译）参观库尔恰托夫研究所，钱所长看到他们在建中子飞行时间谱仪研究固体声子谱，当场向彼伏日涅耳提出，将张焕乔实习延长半年，参加固体声子谱的研究工作，得到苏方同意。

●导师彼伏日涅耳用两整天时间领着张焕乔参观库尔恰托夫研究所РФТ、ВВР、ИРТ反应堆、电子直线加速器和回旋加速器上的所有核物理工作，使他开阔眼界。

●受苏联原子能总局邀请，参加“五一劳动节”和“十月革命节”红场观礼。

●7月和10月两次见到苏联原子弹之父——库尔恰托夫院士，得到他亲切的鼓励。

1960年

●2月，从苏联回国后参加助理研究员提职考试，获通过。

●6月，负责将长春光机所建立的中子晶体谱仪改建成中子衍射仪。

●8月，为适应核武器研制需要，领导将张焕乔从中子衍射组调至裂变物理组，负责执行重点任务“重核对裂变中子谱的平均裂变截面测量”。

1961年

●按原规定，张焕乔应完成^{238}U裂变中子谱的平均裂变截面的绝对测量，年初因王豫生个人原因，领导决定让张焕乔先完成她负责的^{238}U裂变中子谱的全截面的测量。他们迅速建立了全波长中子计数管并用透射法获得了结果。

●室主任何泽慧先生主持全室突击考试，张焕乔获得核物理考试第一名。

1962年

●提出用 ^{235}U 热中子裂变的平均中子数作基准，负责完成了 ^{238}U 裂变谱中子平均裂变截面的绝对测量。文章报送国家科学技术委员会，成为中子物理研究室报送的第一份报告。

1963年

●负责完成 ^{235}U 和 ^{239}Pu 对裂变中子谱的平均裂变截面的测量。

●建立小立体角装置测量α放射源强度，研究了各种系统误差的修正，完成了 ^{210}Po-α放射源和异形α放射源的绝对强度测量。

1964年

●完成 ^{235}U 和 ^{239}Pu 对裂变中子谱的平均裂变截面测量的报告，交研究室主任。1965年报送国家科委，成为中子物理文献登记的第六份报告。

●春节后发现组里公用 ^{239}Pu 靶泄漏，造成101厂房大面积放射性污染，参加去污。

●11月，下放河南省罗山县子路公社十八里庙大队参加劳动锻炼。

1965年

●在河南省信阳县五里店公社凤台大队参加“四清”运动。

●11月，返回原子能研究所，调至宏观中子物理组任组长。

●为了验证脉冲中子源技术，测量了天然锂与天然硼的热中子吸收截面。

1966年

●负责用脉冲中子源技术检验国产核用石墨性能，为天然铀石墨生产堆的安全运行提供了必要的数据。

●5月，负责用电离室法测量载热核材料的原子弹爆炸现场取样的铀含量。

●12月，负责用电离室法测量氢弹原理爆炸现场取样的铀含量。

1967年

●参加用抵消法和饱和法n–γ甄别技术调试芪晶体快中子谱仪，为21所在原子能所回旋加速器上测量特定中子源能谱。

●关注斯特鲁金斯基（B. Струтинский）壳修正方法，对该方法预言裂变双峰势垒很感兴趣。

1968年

●阅读新出现的裂变同核异能素文献，很受鼓舞。

1969年

●关注宏观–微观液滴模型对超重元素稳定岛的预言。

●9月，与张佩珠结婚。

●11月，到湖北省潜江县浩口“五七”干校二连劳动。

1970年

●湖北省潜江县浩口“五七”干校二连劳动。

1971年

●3月，调回北京原子能研究所。

●负责用载镉液体闪烁体探测器绝对测量^{240}Pu自发裂变平均中子数。

●启动在军事医学科学院的高压倍加器上寻找裂变同核异能素的工作。

●向杨振宁教授介绍原子能研究所在重水堆上的实验工作，杨教授对压电振动石英单晶衍射中子增强的发现很感兴趣，询问是否做了相应的理论工作，告知他有半定量的解释。

1972年

●在兰州饭店参加第一届全国核物理大会，报告了^{240}Pu自发裂变中子数目分布，并提出将载镉闪烁液体探测器置入地洞，通过测量异常的裂变中子数在自然界寻找超重核。赵忠尧教授在会议总结时指出，该寻找超重核的建议是有趣的。

●启动在自然界寻找超重核的工作，请贵阳地化所制成陨石样品，准备用云母固体径迹探测器做符合测量。

●所室领导要求停止裂变形状同核异能素和在自然界寻找超重核的工作，下达测量快中子引起^{239}Pu裂变瞬发平均中子数随中子能量变化的重点任务。

●向来访的美国高能物理代表团介绍原子能研究所在重水堆上的实验工作，他们对压电振动石英单晶中子衍射增强的发现很感兴趣，钱伯伦和阿尔瓦雷斯教授一直询问为什么不发表文章，张焕乔请陪同的钱三强所长进行了回答。

1973年

●制定快中子引起 ^{239}Pu 裂变的平均中子数随中子能量变化的实验方案，决定：①改造载镉液体闪烁体为载钆液体闪烁体中子探测器；②研制快电流电离室；③研制高稳定性多重事件分析器；④在重水堆里照射天然铀元件，制备 ^{240}Pu 含量低的 ^{239}Pu 样品；⑤请13室研制快电流前置放大器。该方案报送所科技处。

●请本所10室制备 ^{242}Cm 和 ^{244}Cm 样品，在没有得到 ^{239}Pu 样品前，用锔样品进行快电离室研制。

●向194所获取天然铀元件，准备在重水堆内照射、生成 ^{240}Pu 含量低的 ^{239}Pu。完成照射条件的计算，与101物理组计算做了比对。

●向本所13室提出研制用于快裂变室的快电流放大器，提供了快电流放大器线路图。

1974年

●照射 ^{240}Pu 含量低的 ^{239}Pu 时，监控重水堆内的环境条件、积分中子通量、照射时间等。辐照完成后，请10室10组分离提取 ^{239}Pu，请10室9组电镀制备 ^{239}Pu 样品。

●用 ^{242}Cm 样品进行快电流电离室模拟试验，制成了相当于25mg ^{239}Pu 的快裂变电离室，在这种条件下能够将α与裂变碎片分开。

●参加载钆液体闪烁体的制备。

1975年

●用小立体角装置测量每片 ^{239}Pu 样品的α强度，估计载量及 ^{240}Pu 含量。最后制成一个分成4部分、总含量105mg的 ^{239}Pu 快裂变电离室。

●用小立体角装置和云母径迹探测器分别测量了 ^{242}Cm 的 α 衰变和自发裂变的半衰期。

1976年

●年中制成110立升载钆液体闪烁体中子探测器，下半年通过测量 ^{240}Pu 自发裂变的平均中子数来调试探测器系统。

1977年

●在静电加速器上开始进行快中子引起 ^{239}Pu 裂变瞬发平均中子数的测量。

1978年

●8月前，完成多个单能点中子引起的 ^{239}Pu 裂变平均中子数的测量，并做数据处理。

●8月，参加在庐山召开的全国核物理大会，并协助核物理学会做部分组织工作。

●9—10月，完成 ^{252}Cf 自发裂变的平均中子数及中子数目分布的测量，并做数据处理。

●参加副研究员考试，提出 ^{252}Cf 自发裂变的平均中子数及中子数目分布的报告，获得通过。

●获全国科学大会奖五项。

1979年

●为检验李政道提出的 σ 模型，在 ^{252}Cf 自发裂变中寻找高能 γ 射线。

●参加引进串列加速器的物理工作组，讨论在该加速器上的物理终端及电子学、计算机获取系统等的设置。

●在法国Tridak-C计算机二维多道分析器上，与同组的刘祖华、多道组的曲凤山和计算机组的张其欣等合作在原子能所首次实现逐个事件记录(event-by-event)的三参数测量。

1980年

●利用载钆液体闪烁体探测器以三参数测量^{252}Cf自发裂变平均中子数与碎片质量的关联。订正了前人实验中出现的一些错误，得到比前人更完整的系统性规律。

●在回旋加速器上开展$^{6}Li(d,p)$反应的实验研究。

1981年

●利用载钆液体闪烁体探测器以三参数测量^{252}Cf自发裂变平均中子数与碎片电荷(原子序数z)的关联。

●在回旋加速器上开展$^{6}Li(p,\alpha)$反应的实验研究。

●利用载钆液体闪烁体探测器以三参数测量^{252}Cf自发裂变平均中子数与单碎片质量的关联。该结果近年还被理论家作为比较的依据。

●在串列加速器物理讨论会上作“带电粒子裂变的进展”报告。

1982年

●1月中旬，受邀到意大利国家核物理研究院里亚洛实验室进行合作访问，参加重离子熔合反应研究工作。

●1月下旬，参加里亚洛国家实验室的串列加速器XTU-15落成典礼。

●上半年完成$^{48}Ti+^{27}Al$熔合反应的质量分布和截面激发函数的测量。

●7月，参加在瓦雷纳(Varena)举办的国际费米暑期学校学习班。

●9月，参加意大利物理学会年会，报告了 $^{48}Ti+^{27}Al$ 熔合反应的质量分布和截面激发函数工作，受到好评。

1983年

●4月，出访美国。意方出资为张焕乔购买环行美国机票，14—16日在纽约州立大学石溪分校参加国际重离子核物理讨论会，随后访问了美国布鲁克海文国家实验室和伯克利国家实验室。

●参加意大利里亚洛国家实验室静电偏转板的建立。7月进行性能测试，很好地实现了将熔合产物与类弹粒子的分离。准备在它上面完成Si+Ni近垒和垒下熔合反应实验。可惜，5月和7月加速器2条输电梯相继断裂，需送美国返修，后因回国，未能参加实验。

●8月29日—9月3日在佛罗伦萨参加国际核物理大会（INPC1983），会上与国内来的多位先生相聚。

●8月下旬和9月上旬李寿枬副所长和姜承烈来意大利里亚洛国家实验室访问，他们知道张焕乔在焦急等待串列加速器恢复运行并力争做成实验后，要求张焕乔于1984年1月中旬按时回国。

●12月，获法国奥赛（Orsay）大学资助，应邀访问了奥赛大学核物理所，与他们讨论了快裂变和重离子裂变反应的裂变中子多重性偏离统计理论的问题。还访问了萨克莱（Sacley）国家实验室，与恩果（NGO）教授讨论了他们在快裂变研究方面的工作。

1984年

●1月中旬离开意大利去日本短期访问。

●1月中旬应日本筑波大学邀请，短期访问筑波大学串列加速器研究中心、东京大学核物理研究中心。婉谢了筑波大学提出工作访问一年的邀请。

●2月中旬回国后，立即了解本组在我国串列加速器上的准备工作情况。发现出国前交实验工厂靶室图纸没有加工,原定的18万经费已减为12万。张焕乔向所领导交涉,要求建立静电偏转分离器。

●5月21—25日去瑞典参加国际原子能机构组织的第三届超锕同位素核数据专家顾问组会,会上做了“Activities of the transactinium isotope nuclear data at the Chinese Nuclear Data Centre(CNDC)”的报告。会后顺访了斯德哥尔摩大学核物理研究所,了解了他们用氚β衰变谱测定反电子中微子质量的工作。

●8月27—31日在日本富士参加国际重离子核物理研讨会和9月3—5日在筑波大学召开的国际重离子熔合研讨会。会后在筑波大学访问一个月,与美国范登波什教授在一起,多次讨论裂变中子多重性偏离统计理论的问题。

1985年

●联系了实验工厂李跃华厂长,落实了靶室加工事宜。

●继续向所领导反映,要求建立静电偏转器。经领导研究,获准加工静电偏转器。开始静电偏转器的设计。

●任中国原子能科学研究院科技委委员,直至2000年。

●完成用电喷法制备近百块^{232}Th、^{238}U和^{237}Np薄靶,供后来整个重离子熔合裂变角分布实验使用。

1986年

●完成裂变靶室的加工、安装和检漏。

●设计加工云母径迹探测器圆柱支承筒,保证大立体角接受裂变碎片。

●完成静电偏转板设计图,送北京仪器厂加工。

●参加筹备串列加速器物理北京国际讨论会,与姜承烈一起任学术秘书。在熔合方面获准邀请3位外国专家,张焕乔推荐邀请了范登波什(美国)、斯科卡(德国)和西诺里尼(意大利)。5月26—30日参加会议,会上和会外进行了专题讨论。

1987年

●完成静电偏转板的安装、检漏和性能测试,系统真空达10^{-7}mm-Hg。

●8月在串列加速器上第一次实验,测量了$^{19}F+^{232}Th$近垒和垒下熔合裂变碎片角分布,发现碎片各向异性异常和垒下异常峰。

●12月获中国核工业总公司颁发的部级科技进步奖三等奖2项:^{240}Pu、^{242}Cm和^{244}Cm自发裂变中子平均数及数目分布和^{252}Cf自发裂变瞬发中子发射研究。

●10月30日任中国原子能科学研究院研究员。

1988年

●6月1—4日在意大利里亚洛国家实验室参加国际近库仑势垒重离子相互作用会议,报告了$^{19}F+^{232}Th$近垒和垒下熔合裂变碎片角分布各向异性异常,引起国际同行的兴趣和讨论,与美国范登波什教授和兰道内教授进行了广泛深入的讨论,随后收到了他们有益的来信。会后在里亚洛国家实验室工作一个月。

●完成$^{16}O+^{232}Th$近垒和垒下熔合裂变角分布的测量,观测到碎片各向异性异常和在垒下能区的峰结构。

●与兰州近物所郑纪文小组在串列加速器上合作开展重离子熔合反应实验。

1989年

●在Phys. Lett. B上发表$^{19}F+^{232}Th$近垒和垒下熔合裂变碎片角分布各向

异性异常的文章。

●完成 $^{19}F+^{208}Pb$ 近垒和垒下熔合裂变碎片角分布测量，观测到碎片各向异性异常。

●体检查出转氨酶高达800，住院隔离，3个月后恢复正常。

●兰州近物所戴光曦组来串列加速器做实验，提出用张焕乔小组的静电偏转板，一起合作完成实验。

●3—4月，在原子能院完成《核物理的发展现状与前景》专著中"垒下重离子熔合裂变反应"一章的撰写。

●12月19日收到意大利里亚洛国家实验室所长P. Dalpiaz教授邀请信，邀请访问该实验室8个月，并还可延长8个月。因当时身体不好，提出推迟访问。

1990年

●完成 $^{16}O+^{232}Th$ 和 $^{19}F+^{208}Pb$ 近垒和垒下熔合裂变碎片角分布两篇文章，分别在物理评论C（PRC）和核物理A（NPA）上发表。

●完成 $^{12}C+^{237}Np$ 和 $^{16}O+^{238}U$ 近垒和垒下熔合裂变碎片角分布的测量，观测到了碎片角分布各向异性的异常。

●请兰州近物所制作位置灵敏气体雪崩平行板计数器（PPAC），用于裂变碎片折叠角分布测量，实现将熔合裂变与转移裂变分开。

●10月8—12日在兰州参加重离子物理及其应用国际讨论会，并作邀请报告，受到国内外同行好评，Seimssen教授在总结中给出了评价。

●作为第一获奖人获中国物理学会吴有训物理奖，获奖题目是"自发裂变和中子诱发裂变的瞬发中子多重性研究"。

1991年

●受日本筑波大学资助，6月6—8日在日本参加尼科研讨会（NIKKO's

Symposium)；10—14日在金泽参加第4届国际核-核碰撞会，会上作了“系统研究近垒和垒下熔合裂变反应的碎片各向异性异常”的报告。

●6月20日，任中国物理学会第二届吴有训物理奖评委会委员兼秘书，直至1999年。

●8月，获中国核工业总公司颁发的部级科技进步奖一等奖，获奖项目：垒下重离子熔合裂变反应碎片角分布异常。

1992年

●1月，钱三强先生托张焕乔带口信给黄胜年，建议他在准备科学院学部会上报告时注意三点。

●1月28日获中国核工业总公司颁发的“优秀科技工作者”证书。

●因要去意大利工作访问，2月向钱三强、何泽慧先生辞行。真没有想到这是最后一次向钱先生辞行。

●3月，去意大利里亚洛国家实验室访问一年。在串列加速器XTU-15上参加Ni+Ni和Ni+Mo体系的熔合截面与平均角动量的激发函数的测量。在^{58}Ni+^{60}Ni熔合势垒分布的测量中，观测到熔合势垒劈裂成3个峰的现象，表明核表面振动对垒下熔合增强有重要影响。这是一个核表面振动对垒下熔合增强影响的典型工作，文章发表在物理评论通讯(PRL)和核物理A(NPA)上。

●受意大利资助，7月26日—8月1日参加在德国Wisbanden召开的国际核物理大会，并访问德国重离子研究中心(GSI)。

●发表^{12}C+^{237}Np和^{19}F+^{232}Th近垒和垒下熔合裂变角分布的文章，首次在计算激发能中考虑了发射裂变中子的影响。

●8月2日，被聘为核工业科学基金理事会理事，任第一届专业组成员，参加核工业基金评审。

●10月1日起享受国务院颁发的政府特殊津贴。

1993年

●3月从意大利回国，任原子能科学研究院核物理研究所科技委主任，直至2000年。

●为了确证完全熔合裂变角分布和碎片各向异性异常的实验结果，用气体位置灵敏PPAC探测器测量^{16}O+^{232}Th、^{238}U和^{19}F+^{232}Th裂变碎片折叠角分布。

●黑龙江教育出版社出版的《中国当代科技精华·物理卷》中载有“张焕乔与垒下重离子熔合裂变”的文章。

1994年

●继续用气体位置灵敏PPAC探测器测量^{12}C+^{237}NP、^{16}O+^{238}U和^{19}F+^{232}Th裂变碎片折叠角分布，首次实现将完全熔合裂变与转移裂变分开，确证了近垒及垒下完全熔合裂变碎片各向异性的异常。文章发表在PRC上。

●5月25—27日在意大利帕多瓦参加国际熔合反应会议，并在会上作邀请报告。会后在LNL工作一个月。

●参加在重庆召开的全国核物理大会。

1995年

●基于^{12}C+^{237}NP和^{16}O+^{238}U实验结果的比较，从实验上找到了垒下熔合裂变碎片各向异性异常的物理原因：与入射道的质量不对称性有关。根据T. Dossing和J. Randrup的理论框架，参与提出新的预平衡裂变模型解释了垒下熔合裂变碎片各向异性的异常。文章发表在物理通讯B（*Phys. Lett. B*）上。

●8月21—26日在北京国际会议中心参加国际核物理大会，并参与地方程序委员会工作。西诺里尼教授在他的大会邀请报告中评述了张焕乔小组的工作。

1996年

●1月任中国物理学会物理奖基金委员会委员兼副秘书长，直到1999年。

●参加K不平衡裂变模型文章写作，发表在PRC上。

●撰写《原子核物理进展》一书的“绪论”（P1–29）和第四章“重离子熔合裂变反应”（P206–249），系该书编者之一。

●获准招收硕士生资格，并招收1名硕士生。

●9月1日—10月30日，赴意大利里亚洛国家实验室工作访问。

1997年

●参加《原子核物理进展》全书审校，该书在上海科技出版社出版。

●当选为中国科学院院士。

●任1997—1998年度《中国原子能科学研究院年报》编委。

●5月28日，为意大利里亚洛国家实验室PRISMA磁谱仪方案提交所写的国际专家评估函。

●10月14—18日，在合肥中科院等离子体物理研究所参加第二届基金委物理Ⅱ学科发展与管理会议。

●12月23日，在兰州参加近物所RIBLL次级放射性束流线在束性能测试，任组长。

1998年

●1月，在北京中国原子能院参加国家重点基础研究发展规划项目——《当代核物理若干前沿问题》建议书讨论。

●4月22—24日，在北京中国原子能院参加《21世纪初中国核物理发展规划》院士、专家研讨会。

●7月1日任《高能物理与核物理》编委，直至2007年。

●9月9日—11月5日访问意大利里亚洛国家实验室两个月，进行合作实验。

●开展 $^{32}S+^{152}Sm$，^{184}W 准弹势垒分布测量。$^{32}S+^{152}Sm$ 准弹势垒分布一文在PRC上以快讯发表。

●参加兰州RIBLL验收，并在会上提出寻找质子晕的合作实验。

●提出在兰州RIBLL上寻找 $^{28,29}S$ 质子晕的国家自然科学基金申请并获批准。

1999年

●1月1日，任中国原子能科学研究院年报1997—1998年度编委。1月28日任中国原子能科学研究院第五届科技委常委，任期三年。

●1月，沈文庆先生寄来上海原子核所拟在上海光源开展同步辐射核物理的可行性调研报告，提出用激光光子对高能电子康普顿背角散射产生高能极化准单色γ光子的建议，希望大家提出意见和建议。张焕乔大力支持这项建议，在上海建立核物理研究平台。

●5月，任《物理》杂志第七届编委会编委，直至2011年。

●5月7—10日，在北京召开中国物理学会第七届全国代表大会，当选理事会理事和常务理事，直至2003年。

●6月7日，参加串列加速器核物理国家实验室升级工程可研报告起草小组，任组长。

●7月16日，获准任中国原子能科学研究院博士生导师，并招收博士生1名。

●夏天在北京大学参加北京国际亚原子暑期学校讲课。

●8月24—27日，在兰州参加国际核反应讨论会，作题为“$^{16}O+^{152}Sm$、^{174}W 的弹性和准弹势垒分布”的邀请报告。

●10月22日，任中国核工业集团公司第一届科学技术委员会高级顾问，至今。

●10月25—27日，在北京九华山庄参加“极端条件下物质的性质、结构和相互作用”论坛，与王乃彦院士、方守贤院士共同主持会议。

●12月，获国家自然科学奖三等奖，获奖项目：近垒和垒下重离子全熔合裂变的碎片各向异性的异常。

●12月27日，下午在中科院物理所参加九三学社、中国物理学会、周培源基金会联合举办的王淦昌先生逝世周年纪念会。

2000年

●提出用转移反应作探针，首次在稳定核激发态中寻找中子晕。实验发现，^{13}C第一激发态和^{12}B第二和第三激发态为单中子晕态。

●完成$^{19}F+^{208}Pb$弹性散射角分布测量，研究光学势阈异常。

●1月，任中国物理学会物理奖基金委员会副主任，吴有训物理奖评选委员会委员，直到2003年。

●3月25—30日，在海口参加第八届全国核结构会，会上作“超重核合成”邀请报告。

●4月29日，任北京大学兼职教授，招收博士生，直至2017年。

●5月8日，被聘为中国原子能科学研究院发展战略策划组专家，聘期二年。

●6月，在日本东海村访问日本原子能研究所一个月，协助他们开展熔合势垒分布实验。

●7月10日，任国家自然科学基金委第8和9届科学评审组成员，直至2004年。

●10月11—15日，在湖北襄樊参加第十一届全国核物理大会暨第六届会员代表大会，会上作“超重元素和晕核研究”的邀请报告。

●11月4—6日，在宁波大学参加973项目“放射性核束物理和核天体物理”学术讨论会。

●11月21日，在兰州参加中科院“九五”重大及特别支持项目“大科学装置上若干科学前沿问题研究—新核素合成、高激发热核和放射性物理研究”验收会，任组长。

●11月28日，参加强流质子回旋加速器轴向注入系统实验台架部级鉴定会，任副主任。

●任《原子核物理评论》编委会委员，直至2012年。

●任中国原子能科学研究院第五届科学技术委员会常委，聘期三年。

2001年

●深入研究中子晕核的标度定律和发生的条件，得出比国外宽松约5倍的结果。

●1月1日，被聘为中国原子能科学研究院年报顾问，至今。

●1月10日，收到中国物理学会办公室邀请函，邀请参加《中国科学技术专家传略理学篇物理Ⅲ卷》的撰写供稿。

●2月18—20日，在北京参加香山科学会议第157次学术讨论会——“21世纪中子科学的发展”。

●3月15日，任华中科技大学兼职教授，招收博士生，直至2013年。

●3月22—23日，在北京外专公寓参加中科院“九五”重大项目“极端条件下原子核的理论研究”验收会。

●4月30日任北京大学重离子物理教育部重点实验室学术委员会委员，任期2001年4月—2005年12月。

●5月5—7日，在广州中山大学参加国家自然科学基金委物理II学科第二次国家杰出青年科学基金获得者经验交流会。

●5月8—9日，在北京参加“中国散裂中子源研究”第一次院士咨询会，探讨它的必要性、可行性和先进性。

●7月中旬在北京参加国家自然科学基金委2001年度国家科学基金项

目(包括面上,重点,杰青,群体和交叉项目)评审会。

●7 月 30 日—8 月 3 日,在美国伯克利参加国际核物理大会(INPC2001),在分会上作 ^{12}B 和 ^{13}C 激发态单中子晕的邀请报告。还代林承键在分会上作变形弹核对阈异常和熔合反应影响的邀请报告。任大会国际顾问委员会成员。

●8 月 26—27 日,在北京参加“中国散裂中子源研究”第二次院士咨询会,同意中国散裂中子源(CSNS)建设方案和项目建议书。

●9 月 5 日,任中国核数据委员会第三届委员会特约顾问,至今。

●10 月,任兰州重离子加速器国家实验室原子核理论中心科学顾问,至今。

●11 月 13—15 日,在日本原子能研究所参加第二届国际先进科学研究(ASR)讨论会(超重会),会上作“系统研究近垒和垒下熔合裂变反应的碎片各向异性的异常”的邀请报告。任大会国际顾问委员会成员,应邀在宴会上致辞。

●11 月 20 日,任北京串列加速器国家核物理实验室第 5 届学术委员会副主任,直至 2004 年。

●任《中国物理快报》(*Chinese Physics Letters*)编委,直至 2014 年。

●为向意大利里亚洛国家实验室提出束流申请计划,请李祝霞组发展 QMD 模型计算 $^{48}Ca+^{90,96}Zr$ 熔合激发函数。

2002 年

●在兰州 RIBLL 上开展寻找 $^{27,28}P$ 质子晕核实验。

●1 月 8—10 日,参加兰州重离子加速器国家实验室原子核理论中心召开的“CSR 上的介子物理第一次会议”。

●3 月 15 日,任国家自然科学基金委第一届数理学科专家咨询委员会委员,直至 2004 年。

●6 月 3 日,参加 CMS 重大国际合作项目评估会。

●7月9日，任国家自然科学基金委第九届数理科学部专家组成员。

●6月30日—7月15日，参加意大利里亚洛国家实验室PAC会议并为$^{48}Ca+^{90,96}Zr$熔合实验申请束流时间，获准6天束流时间，会后在该实验室进行了预实验。

●6月24日，在北京中国高等科学技术中心参加不稳定核反应学术讨论会，会上作了晕核和弱束缚核熔合及相关反应的报告。

●参加中科院2002年“知识创新工程”试点单位科技目标完成情况的评估工作。

●8月29—31日，在北京大学参加中国物理学会2002年秋季学术会议暨中国物理学会成立70周年庆祝会。

●9月21日—10月6日，在里亚洛国家实验室串列加速器上完成$^{48}Ca+^{90,96}Zr$熔合实验。随后访问该实验室一个月。

●12月15—20日，参加2002年度4个创新研究群体实地考核评审。其中15—17日在兰州近物所考核詹文龙放射性束物理及核天体物理研究；18日在北京中科院物理所考核闻海虎非常规电子态物质特性研究；19日在清华大学考核王光谦流域水沙过程与调控的理论及应用研究；20日在中科院遗传所考核李家洋遗传与发育生物学研究。

●任北京串列加速器核物理国家实验室主任，直至2012年。

2003年

●研究中子晕核的标度定律及出现条件的文章，发表在Phys. Rev. C上。

●研究弱束缚弹核破裂对垒下熔合过程的影响，第一次给出了$^{6}Li+^{208}Pb$的熔合激发函数，被国外理论家作为完全耦合道理论计算的比较数据。文章发表在Phys. Rev. C上。

●在兰州RIBLL上开展寻找$^{28,29}S$质子晕核实验。

●1月任《中国科学G》第八届编委会委员，直至2007年。

●1月8—9日在北京参加国防科技工业工作会议。

●2月10日任国防科工委科学技术委员会委员。

●2月24—27日，在北京会议中心参加国家自然科学基金委数理科学部国家杰出青年科学基金获得者（1997—1998）第二次工作报告会暨数理科学部专家咨询委员会第二次会议。

●3月18日，任《中国大百科全书》第二届物理学科副主编。

●3月20日，在北京高能所参加北京正负电子对撞机重大改造工程（BEPCII）可行性研究报告论证会。

●3月21日，在北京参加北京大学《十五“211工程”物理学项目》论证会。

●6月10日，在北京应物所参加“国际能源战略-核能问题”研讨会。

●7月22日，在北京应物所参加关于国家能源战略—核能问题第二次研讨会。

●8月，人事部聘请担任2003年度新世纪百千万人才工程国家级人选评审委员会委员。

●8月25日，在北京参与关于国家中长期科技发展规划讨论会。

●9月，任《物理》杂志第八届编委会编委，任期2003—2007年。

●9月17日，在安徽合肥召开中国物理学会第八届全国会员代表大会上当选理事会理事和常务理事，任期2003—2007年。

●9月，任中国物理学会物理名词委员会委员，直到2014年。

●10月，在北京出席钱三强先生90周年诞辰座谈会暨“钱三强星”命名仪式。

●10月30—11月1日，在威海参加第二次CHINA-CERN（中国-欧洲核子中心）学术讨论会。

●11月12—16日，参加在日本仙台松岛召开的国际熔合会议，会上作^{6}Li+^{208}Pb近垒熔合激发函数的邀请报告。会议期间与林承键讨论，提出用稳定核转移反应抽取出射道含晕核或不稳定核体系的光学势的想法。这不仅解决了晕核反应系统难测的问题，还可大大提高精度。

●11月17日，在北京外国专家大厦参加国家自然科学基金重大项目"正负电子对撞粲物理的系统研究"评审会。

●11月21日，在北京参加科技部召开的国家中长期科学和技术发展规划——"热核聚变实验反应堆（ITER）"重大专项论证活动。

●12月22日，在清华大学参加国家自然科学基金委组织的"LHCb重大国际合作项目"联合评审会，任组长。

●12月，"原子核物理的新发展"发表在北京大学学报（自然科学版）上（第39卷，增刊，33-37页，2003）。

●任国防科学技术工业委员会第二届专家咨询委员会委员，直至2007年。

2004年

●用Glauber理论计算实验数据，除观测到^{27}P是单质子晕外，还发现^{27,28}P核芯增大现象。文章发表在PRC上。

●首次观测到^{29}S可能是一个质子晕核，文章发表在中国物理快报上。

●利用^{12}B和^{13}C激发态中子晕，利用渐近归一系数方法抽取滴线核中子直接辐射俘获截面。

●在北京获何梁何利科学技术进步奖。

●1月6—7日，在北京京西宾馆参加国防科工委召开的国防科技工业2004年工作会议和专家咨询委员会二届二次全体（扩大）会议。

●2月，被山西师范大学现代物理研究所聘为名誉教授。

●2月，受聘任中国物理学会胡刚复、饶毓泰、叶企孙、吴有训、王淦昌物理奖基金委员会委员，任期2004—2007年。

●2月，受聘任中国物理学会吴有训物理奖评审委员会主任，任期2004—2007年。

●2月10—13日，在杭州参加“第四次国家自然科学基金委物理科学二处学科发展与管理工作会议”。

●2月28日，受国家自然科学基金委邀请在北京参加关于“我国参与国际热核聚变实验堆(ITER)计划”研讨会。

●3月5日，在中科院高能所参加“祝贺何泽慧院士90华诞”大会，会上作“何泽慧先生在核物理研究中的重要贡献”的报告。

●3月6—10日，在日本九州参加第5届日中核物理联合讨论会，会上作题为“^{6}Li+^{208}Pb和^{48}Ca+^{90,96}Zr垒下和近垒熔合反应”的邀请报告。

●3月在原子能院参加何泽慧先生90华诞纪念会。

●4月14—15日，在北京参加“科学的机遇与挑战——中国与Darmstadt(达姆斯特丹)国际加速器大科学工程”国际学术研讨会。张焕乔认为，GSI的FIAR是本世纪核物理重要大科学装置，涉及核物理重要前沿，如有可能，中国应参与合作。

●4月16日，在北京参加国家自然科学基金委数理科学部专家咨询委员会第四次会议。遴选出数理科学部推荐的“十五”第三批科学基金重大项目；对数理科学部2001年度创新研究群体科学基金获得者的中期工作报告进行评估；听取科学部2003年工作总结和2004年度工作安排，并提出意见。

●4月17—23日，在北京参加第十二届全国核物理大会暨第七届会员代表大会。

●4月30日，在北京参加国家中长期科学与技术发展规划战略研究报告之十四——“基础科学问题研究专题报告”讨论会。

●5月，在武汉参加华中科技大学引力中心学术委员会会议。

●5月31日—6月1日，在北京良乡参加北京串列加速器国家核物理实验室第5届学术委员会第3次会议。

●7月13—15日，在北京新大都饭店参加科技部973计划2004年项目“重要科学前沿”复评会。

●7月23—28日，在威海参加国家自然科学基金委“2004年度数理科学部海外、港澳青年学者合作研究基金和创新研究群体”评审会议。

●8月4—6日，在中科院物理所参加第一届散裂中子源多学科应用研讨会。

●8月17日，上午在兰州参加近物所重离子加速器国家实验室学术委员会会议；下午参加中科院知识创新工程重要方向项目“新核素合成前期探索研究”验收会。

●9月，任武汉大学兼职教授，聘期三年。

●9月5日，在北京大兴外研社国际会议中心参加《微电子器件单粒子效应战略发展》研讨会。

●11月4日，在北京西郊宾馆参加2004年度数理和地学领域教育部重点实验室综合评估。

●11月30—31日，参加国家自然科学基金委重大国际合作项目中期检查评审会。

●12月16—17日，参加《串列加速器升级工程》物理研讨会，会上作报告。

●作为专家组专家参加国防科技工业中长期科技发展规划专题汇报交流会。

2005年

●关注正Q值多中子转移对垒下熔合过程的影响，完成$^{32}S+^{90,96}Zr$准弹势垒分布的测量，在$^{32}S+^{96}Zr$系统中证实了这种影响的存在。

●取得了很好的实验结果，在中国物理快报发表了$^{48}Ca+^{90,96}Zr$垒下熔合动力学效应的文章。

●1月1日，任《原子能科学技术》杂志2005—2008年度编委会顾问。

●1月12日，收到北京市科学技术协会来信，要求修改《北京志》科技人物篇（张焕乔）的函。

●3月13—15日，在北京昌平金池蟒山会议中心参加国家自然科学基金委物理Ⅱ学科发展和“十一五”优先资助领域专家研讨会。

●3月21—22日，参加北京大学“人工微结构和介观物理国家重点实验室”评估。

●4月5—7日，参加香山会议“中微子振荡与反应堆中微子实验”学术讨论会。

●4月15日，在人民大会堂参加“世界物理年纪念会”。

●4月20日，关于开展大亚湾堆中微子振荡实验事宜联名致信路甬祥院长、徐冠华部长。

●5月4日，联系北京大学技术物理系第一班毕业同学50周年返校活动。

●5月，参加国家自然科学基金委组织的2005年度数理、天文方面的国家和部门重点实验室复评。

●5月10日，在北京出席“2005世界物理年中美物理学家联谊会”，与美国物理学会（APS）主编Martin Blume、司库Thomas McIlrath和美国物理联合会（AIP）执行主席Marc Brodsky相见。

●6月1日，在北京参加“中国散裂中子源项目建议书”专家评审会。

●6月3日，上午在清华大学参加“2005世界物理年学术报告会”；下午在清华大学参加“彭桓武先生从事物理工作七十年学术思想研讨会”。

●6月7日，参加中科院基础科学局重要方向项目“超重元素性质与合成”和“极端条件下物理研究”可行性论证会，任组长。

●6月28—29日，在上海参加第59期上海东方论坛——“高能核物理的大型国际合作与中国机遇”学术讨论会。

●8月8—12日，在青海西宁参加2005年中国核数据大会暨中国核数据中心成立三十周年，会上作“弱束缚核近库仑势垒重离子反应”的邀请报告。

●9月8日，任全国科学技术名词审定委员会常委，直至2015年12月。

●10月17—21日，在北京参加亚太放射学会（APSORC-05）学术会议，作“核晕及相关反应”的大会邀请报告。报告发表在J. of Nuclear and Radio Chemical Sciences，7，R7-R12（2006）上。

●11月12日，在北京中关村客座公寓参加中科院推荐2006年国家科学技术奖项目初评会。

●任2005年国家自然科学奖初评会评委。

●在原子能院参加祝贺彭桓武和黄祖洽两位先生大寿。

●在北京新大都饭店参加我国核工业创建五十周年庆祝活动暨科技委工作座谈会。

2006年

●在组里提出寻找质子滴线核激发态2质子发射的实验研究，在兰州RIBLL上开展了$^{28,29}S$激发态2质子发射的寻找。

●与意大利合作在PRC上发表了$^{48}Ca+^{90,96}Zr$熔合激发函数的文章。

●3月5—6日，在兰州近物所参加中科院知识创新工程重要方向项目“超重核性质及其合成途径与强子激发态、胶球性质的理论研究”和“高能物理与核物理探测器技术和实验方法研究”的验收会，任组长。

●3月19—23日，在威尼斯参加近库仑势垒的反应机制和核结构国际会议（FUSION2006）。

●3月，被总装备部聘为第三届（2006-2008年度）武器装备科技奖评审委员会评委。

●4月6日，任科技部高能物理重大国际合作专家顾问组成员，当天在科技部节能楼601会议室开成立会。

●4月7日，任北京正负电子对撞机国家实验室学术委员会高能物理专业委员会委员，至今。

●4月24日，被人事部聘为2006年度新世纪百千万人才工程国家级人选评审委员会委员。

●5月10—11日，参加科技部高能物理重大国际合作专家顾问组会议，讨论了①大亚湾反应堆中微子振荡测量 θ_{13} 实验，获得支持；②大型强子对撞机（LHC）上中国参加CMS和ATLAS项目，应支持后续工作，国内建立LCG网络计算机平台，组织经费和人力，支持投入今后的物理工作，支持鼓励理论家参与和指导；③同意补足CMS 90万元人民币的缺口，解决ATLAS 140万元人民币的缺口。④LHCb，建议维持现有方式，请清华大学继续支持。

●5月16—20日，在上海参加第六届中日核物理双边会议。

●5月，在原子能院参加北京串列加速器国家核物理实验室学术委员会。

●6月16日，在北京银龙苑宾馆参加2006年度国家科学技术奖励（自然科学奖物理与天文）初评会。

●6月28—29日，在上海参加第59期东方科技论坛——“高能核物理的大型国际合作与中国的机遇”。

●8月3—4日，在北京参加香山科学会议第281次学术讨论会：“同步辐射与中子散射交叉的前沿科学问题”。

●8月15—16日，在高能所参加科技部召开的大亚湾反应堆中微子实验项目可行性论证会。

●8月22日—9月2日，在巴西里约热内卢参加国际核-核碰撞会，作“弱束缚弹核破裂和中子转移对近垒熔合的影响”的邀请报告。首次指出对弱束缚核的反应应将原来用的T=1-R用T=1-R-B代替，T是穿透系数，R是反射系数，B是破裂因子。文章发表在Nucl. Phys. A（2007）上。会前还参加了熔合卫星会议。

●9月11—15日，在北京参加第23届国际固体径迹探测器会议，在会上作“垒下重离子熔合裂变反应碎片角分布各向异性的异常”的邀请报告。

●9月19日，在北京友谊宾馆参加中俄老中青科学家联谊活动“能源动力组座谈会”，并在会上发言。

●9月，任《现代物理基础丛书》编委会成员，至今。

●10月30日，被聘任为第二届物理学名词审定委员会委员并在中科院物理所参加第二届物理学名词审定委员会成立大会。直至2014年完成物理名词1996版修订。

●11月12—15日，在北京参加由美国国家自然科学基金会、中国原子能院和中科院共同主办的“第一届中美中子散射技术研讨会”。

●11月15日，受聘为核工业研究生部兼职教授，直至今日。

●12月5—7日，在北京参加香山科学会议第294次学术讨论会“面对国际直线对撞机（ILC）大科学国际合作项目中国将如何应对”。

●任北京大学重离子物理教育部重点实验室学术委员会委员，任期2006—2010年。

2007年

●2月8—11日，在日本理化学研究所参加RIKEN的束流评审会（PAC），申请$^{17}F+^{12}C$弹性散射实验的束流时间，获批准。

●3月，在北京参加中科院理论物理所第九届学术委员会（开放所第七届委员会）。从此任理论物理所两届学术委员会委员（从2007.3—2012.3）。

●4月26日，参加广东东莞中子科学中心在松山湖科技产业园区挂牌仪式。

●5月18—21日，在江苏常熟参加王淦昌诞辰100周年纪念会。

●6月17—23日，在葡萄牙里斯本参加质子发射核及有关课题的国际会议。组内同事在会上作了^{29}S的2质子晕和激发态2质子发射的报告。

●6月，在高能所与美国Rabi Mohapatra教授讨论在中国原子能院CARR堆上开展中子-反中子振荡的科学性和可行性。

●8月，任中国核数据委员会第四届委员会特约顾问。

●8月24—25日，在兰州近物所参加QCD相变与重离子碰撞物理系列讨论会。

●9月，被原子能研究院放射化学所聘为核化学专业专家组成员；任《物理》杂志第九届编委会顾问，至今。

●9月，向国家自然科学基金委提交重点项目建议书“弱束缚核和稳定核引起的近库仑势垒的核反应”。

●11月，获中国核工业集团公司科学技术奖一等奖，获奖项目：探寻质子晕核与中子晕核。

●12月2—4日，在北京高能所参加中咨公司组织的“中国散裂中子源项目建议书”专家评审会，任组长。

●12月7日，参加中日核物理合作研究委员会年会，并在会上作报告。

●12月16日，任中国科学院大科学装置理论物理中心第一届学术委员会委员，任期4年。

●12月，获国防科工委国防科学技术进步奖二等奖，获奖项目：探寻质子晕核与中子晕核。

●任中国核物理学会主任委员，直至2013年10月。

2008年

●指导两位博士生用转移反应抽取出射道含晕核体系的光学势的实验，并发表文章。

●指导北京大学博士生白春林开展将Skyrm张量力自洽地加到HF+RPA理论框架，首次用于原子核激发态性质研究，计算了^{90}Zr和^{208}Pb的GT激发态的强度函数，观测到主峰下移1MeV、有将近10%的成分移到40MeV以上高能区域的现象，并找出了产生这些效应的物理原因。

●指导博士生用背角准弹散射实验研究光学势表面弥散参数异常。

●1月，任北京大学核物理与核技术国家重点实验室学术委员会委员。

●5月11—15日，在武汉大学参加第九届国际正电子与正电子素化学会议。会前在物理科学与技术学院作邀请报告。

●5月20日，在华中科技大学的科学精神与实践讲座上，作“核物理进展”报告。

●5月21—24日，在华中师范大学参加ALICE/LHC重离子物理国际讨论会。

●5月30日—6月1日，在杭州参加973项目放射线束物理和核天体物理年会。

●6月，任中国物理学会胡刚复、饶毓泰、叶企孙、吴有训、王淦昌物理奖基金委员会委员，任期2008—2011年。任中国物理学会吴有训物理奖评审委员会主任，任期2008—2011年。

●7月15日，在合肥中科大参加赵忠尧先生塑像揭幕仪式，会上作了深情回忆赵老师的讲话。会后参加赵忠尧基金会成立会。

●9月20日，任华中师范大学夸克与轻子教育部重点实验室学术委员会委员，至今。

●10月19—22日，在北京参加高能强流质子加速器前沿科学亚洲科学研讨会。

●10月23日—11月2日，在莫斯科访问俄罗斯国家研究中心库尔恰托夫研究所，研讨在北京的合作实验。

●任国家国防科技工业局科学技术委员会委员。

2009年

●在PRC上发表了高精度背角准弹散射系统研究光学势表面特性的文章。

●与刘福庆教授一起指导华中科技大学博士生用三体法捷耶夫方程近似计算^{18}Ne激发态2质子发射。

●在PRC上发表^{29}S激发态2质子发射的实验结果。

●1月1日，被聘为《原子能科学技术》2009—2012年度编辑委员会顾问。

●1月16日，被聘为国防科学技术工业局第一届科学技术委员会委员。

●2月10日，在北京中科院院士活动中心参加全国科学技术名词审定委员会2009年度常委会会议。

●2月18日，在北京国谊宾馆参加国防科工局科学技术委员会一届一次会议。

●3月1日—9月3日，指导一名法国斯特拉斯堡大学学生Axcel Rechal来华学习，作学年论文。

●5月15日，参加“周光召院士从事物理工作55年暨80华诞学术思想研讨会”。

●7月7—16日，分别在北京-长春-上海-合肥-北京参加2009年中科院数理学科第2组院重点实验室评估会。

●8月2日在青岛参加2009年度中科院-国家基金委大科学装置科学研究联合基金项目评审会。

●8月3—7日，在兰州参加第六届全球华人物理大会(6OCPA)。

●8月16—21日，在北京主持第10届国际核-核碰撞会议，任会议主席和国际顾问委员会成员。

●10月19—21日，在高能所参加中咨公司组织的“中国散裂中子源项目可行性研究报告”的专家评估。

●11月5—7日，在合肥参加第13届全国中高能核物理大会暨第7届全国中高能核物理专题研讨会。

●11月9—13日，在日本筑波参加第7届中日联合核物理讨论会，会上作了“近库仑势垒重离子反应”的邀请报告。会后访问筑波大学一个月。

●11月18—20日，在国家会议中心参加2009年核学会年会。

●参加中科院高能所BEPCII国家验收会；参加中科院高能所BESⅢ谱仪工艺测试验收，任组长。

●被聘为《放射化学与核化学》杂志顾问，至今。

2010年

●完成$^{9}Be+^{208}Pb$、^{209}Bi体系弹性散射角分布测量，观测到光学势破裂阈异常，澄清了原有实验上的分歧。

●完成 $^{32}S+^{184}W$ 裂变碎片角分布实验，在 PRC 上发表了 $^{32}S+^{182,184}W$ 在熔合裂变与准裂变之间的竞争的文章。

●在 PRC 上发表 ^{28}P 激发态 2 质子发射文章。

●继续研究张量力对原子核激发态的影响，在 Phys. Rev. Lett. 上发表了张量力对 ^{208}Pb 电荷交换自旋-偶极激发效应的文章。

●在 Nucl. Phys. A. 上发表了该研究组在第 10 次核核碰撞会分会上的一个邀请报告和三个口头报告。

●1 月 1 日，被聘为中国原子能科学研究院 973 项目"新堆中子束应用关键技术"项目专家。

●3 月 8—12 日，在瑞士 Grindelwald 参加 19 届先进中子源国际合作会议（ICANS-XIX）。会后访问了瑞士 PSI 研究所，参观了散裂中子源和先进核材料实验室。

●3 月 18—19 日，在中科院理论物理所参加 973 项目"暗物质理论研究及实验预研"启动会。

●3 月 19 日，在北京大学参加北大核物理与核技术国家重点实验室学术委员会会议。

●3 月 24—26 日，在日本筑波参加第一届亚欧物理学峰会（ASEPS）。

●4 月 2 日，被华中师范大学聘为夸克与轻子物理教育部重点实验室学术委员会委员，聘期 2010.8.11—2015.8.10。

●5 月 28—30 日，在浙江湖州参加全国低能核物理研究热点研讨会。

●6 月 13 日，在北京大学英杰交流中心参加"北京大学核科学与技术研究院"成立大会。

●6 月 22—24 日，陪何泽慧先生访问山西师范大学，考察核乳胶转移生产的条件。受聘该校名誉教授。

●6 月，在俄罗斯联合核研究所参加中俄 KLFTP-BLTP 核理论研讨会，在会上作邀请报告。会前与博戈留波夫实验室理论家安东年科、阿达缅等人进行学术讨论，建立了开展近垒熔合反应理论研究的合作关系。在随后的5年里，合作发表了10多篇文章。

●8月6—7日，在宁夏银川参加“973计划”“自由电子激光装置和反质子加速器重大基础研究”年会。

●8月30日，在上海张江科学园区参加“上海激光电子伽马源（SLEGS）专题讨论会”。

●9月10日，被聘为核工业研究生部兼职教授，任期2010—2015年。

●10月8日，在成都四川大学参加暗物质理论及实验进展研讨会，会后赴锦屏地下实验室和西昌卫星发射中心参观。

●10月21—22日，在北京国谊宾馆参加全国科学技术名词审定委员会第六届全国委员会全体会议。被中科院、科技部聘为全国科学技术名词审定委员会第六届全国委员会常委。

●11月1—5日，在安徽合肥参加第14届全国核物理大会暨第10届会员代表大会。

●11月7—9日，在意大利Messina参加国际重离子反应的准裂变过程研讨会，会上作“^{32}S+^{184}W的熔合裂变与准裂变的竞争”的邀请报告。拜克教授在会议总结报告中指出这是近20年来这方面的好工作。

●11月10—22日，出访美国纽约州立大学石溪分校，商谈超导直线加速器运回国内事宜。

●在北京大学参加百年讲座听俄罗斯科学家奥格尼辛（Oganessian）教授的超重核报告并再次相聚北京。

●任《中国物理快报》杂志第六届编辑委员会委员，任期2010—2014年。

2011年

●与俄罗斯联合核研究所博戈留波夫实验室理论家安东年科、阿达缅等人合作开始发表文章。

●2月，就中国钍基熔盐堆项目接受世界物理（World Physics）记者李娇采访，表达了两点看法：①钍基熔盐堆是国际公认的第4代核电堆型之一，赞成在实验室规模开展研究，重点突破有关技术难点；②目前中国核电行业已确定快中子堆(也是国际上第4代核电堆型)核电技术为下一代发展堆型，现已建成实验快中子堆，并着手建立示范快中子堆核电站。在10—15年后应对快中子堆核电技术和钍基熔盐堆核电技术进行可行性和经济性评估，择优选取。

●5月1—6日，在法国圣玛洛(Sant Malo)参加第5届国际熔合会议，会上作正Q值多中子转移对^{32}S+^{96}Zr垒下熔合增强影响的口头报告。该组在会上还有两个报告，其中一个是邀请报告。

●6月20—22日，在日本东京参加东京大学回旋加速器CRIB活动评论会，会上作了“60MeV ^{17}F在^{12}C靶上的弹性散射”的报告。

●6月24日，在中科院高能所参加中国散裂中子源工程科学技术委员会第一次会议。任工程科技委副主任兼靶站谱仪分委会主任。

●7月，在四川大学参加不稳定核结构和性质研讨会，会上作邀请报告。

●7月27日，在北京参加973项目“中国先进研究堆中子束应用关键技术及若干科学问题”中期总结会。

●8月8—11日，在威海参加“强子物理在中国和在美国的机遇第三届研讨会”(“Third Workshop on Hadron Physics in China and Opportunities in US”)，会上作了近库仑势垒重离子反应的邀请报告。

●10月20日，在广东深圳参加散裂中子源工程奠基仪式。

●10月，在北京参加973项目“高通量中子散射在凝聚态物质磁相互作用方面的前沿研究”项目启动会，任项目专家。

●10月26—30日，在四川绵阳参加国家中子源多学科应用研讨会。

●11月2日，被北京航空航天大学聘为核科学与技术研究中心指导委员会主任。

●11月12日，在北京参加中科院理论所第九届学术委员会(开放所第七届学术委员会)会议。

●12月8日，在高能所参加973计划“自由电子激光和反质子加速器重点基础研究”年会。

●在上海973项目中期检查会上，作了近库仑势垒熔合与2质子发射的报告。报告内容在中国物理上以2篇评述文章发表。

●参加国家自然科学奖初评会。

2012年

●与俄罗斯联合核研究所Adamian等人合作在PRC上发表6篇文章。

●继续研究正Q值中子转移对垒下熔合的影响，在PRC上发表了$^{16}O+^{74}Ge$和$^{18}O+^{78}Ge$的熔合激发函数文章，没有观测到该效应。

●1月1日，开始执行国际（地区）合作与交流——中俄合作交流$^{28}Si+^{208}Pb$极深垒下熔合研究，预期两年完成。

●4月12—16日，在浙江湖州师范大学参加全国核结构会，会上作“张量力对原子核集体激发态的影响”的邀请报告。

●4月25日，在武汉参加华中师范大学夸克与轻子物理教育部重点实验室学术委员会会议。

●5月27日—6月3日，在美国德州圣安东尼奥参加第11届国际核核碰撞会，作题为“近垒和垒下$^{32}S+^{184,186}W$裂变反应研究”的分会邀请报告。

●6月，被中科院理论物理研究所聘为战略发展委员会委员，至今。

●7月22—25日，在哈尔滨市北大荒国际饭店参加2012年度国家自然科学基金委-中科院“大科学装置科学联合基金”评审会。

●8月2—6日，在俄罗斯联合核研究所参加中俄KLFTP-BLTP核物理联合研讨会。作“Q>0多中子转移和弱束缚弹核破裂对近垒熔合的影响”的邀请报告。

●9月，获北京大学优秀博士论文二等奖指导老师荣誉证书。

●11月3—5日，在湖南长沙参加夸克物质与现代核物理前沿问题研讨会，作“近库仑势垒重离子反应”的邀请报告。

●11月16—18日，在南京江苏议事园酒店参加“暗物质的理论研究及实验预研”2012年交流会，并参观紫金山天文台。

●与上海交通大学季向东教授和刘江来教授共同提出在中国原子能院高通量反应堆上近距离(约7米)探寻惰性中微子的建议。撰写了国家自然科学重点基金申请,未获批准。

2013年

●提出用γ谱学与带电粒子符合方法在线与离线测量极深垒下熔合反应的实验方案,获国家自然科学基金支持。

●在Phys. Lett. B上发表^{29}S和^{27}P激发态2质子发射的论文。

●在Phys. Lett. B上发表N=Z核GT激发中T=0对作用的文章。

●1月,在发布的2012年度"中国科学十大进展"中,对"大亚湾中微子实验"进行了点评。任中科院高能物理研究所国家重点基础研究计划(973计划)"大亚湾中微子实验的物理研究"项目专家组专家。

●3月12—13日,参加中科院理论物理研究所战略发展委员会。任战略发展委员会委员。

●4月8—13日,在澳大利亚国立大学参加静电加速器物理及应用研讨会。

●5月,任上海光源激光伽马线站专家组成员,至今。

●5月,任《原子核物理评论》杂志第5届编委会顾问,任期从2013年6月至2018年5月。

●5月7—9日,在北京大学参加"中美奇特核物理理论研究所(CUSTIPEN)"成立大会暨"奇特核性质以及对核反应和核天体物理的影响"研讨会。任第一届CUSTIPEN委员会成员。

●6月2—7日,在意大利佛罗伦萨参加国际核物理大会(INPC2013),该组贡献两个分会报告。期间,张焕乔与挚友、会议主席西诺里尼教授及家人相聚,共进晚餐。

●6月16—18日,在北京会议中心参加2013年度数理科学部国家杰出青年科学基金项目评审会。

●8月30日，在河南郑州参加中科院核辐射与核能技术重点实验室学术委员会会议，任该重点实验室学术委员会委员。

●9月10—13日，在哈尔滨工程大学参加中国核学会2013年年会。

●10月14—15日，在北京参加香山科学会议第469次会议："中子科学平台及其在先进材料研究中的科学前沿和重大需求"，任共同执行主席。

●10月16日，上午在中关村科学院科技会堂参加科学院召开的钱三强先生100周年诞辰座谈会。下午在原子能院参加中核集团公司召开的钱三强先生100周年诞辰纪念会，并接受记者采访。

●10月18日，参加北京大学重离子物理研究所成立30周年庆典。

●12月10日，在广东东莞参加散裂中子源工程科学技术委员会第二次会议。

2014年

●参加国家自然科学基金委数理科学部创新群体科学基金评审。

●在Phys. Lett. B上发表"^{74}As多重三轴带和旋称反转"的文章。

●在Phys. Rev. C上，以快讯形式发表"从背角准弹散射抽取十六极形变"文章，首次提出这种方法，可用于不稳定核。

●在Phys. Lett. B上发表"^{74}Ge谱学"文章：指出该核从软到三轴性。

●与俄罗斯库尔恰托夫研究所合作在*Eur. Phys. J. A*上发表文章，也在俄罗斯原子核物理上发表。

●3月，在高能所参加何泽慧先生100周年诞辰纪念会。

●5月5日，在北京参加理论所战略发展研讨会，记者采访周海军的"石头、剪刀、布"。

●6月4日，在北京天鹅湖会议中心参加"中国先进研究堆中子束应用关键技术及若干科学问题"973项目总结会。

●7月7—9日，在沈阳师范大学参加"核结构及相关领域前沿热点问题研讨会"，会上作题为"张量力对原子核GT和SD激发的影响"的邀请报告。

●7月14—19日，在俄罗斯联合核研究所参加中俄KLFTP-BLTP核物理研讨会，作“正Q值多中子转移对垒下熔合增强的影响”的邀请报告。

●8月19—22日，在威海山东大学参加STAR区域会议暨973项目学术讨论会。

●8月28—29日，参加香山科学会议“核物理与核科学装置”学术研讨会。

●9月10日，下午做客光明网《名家访谈》，讲解新元素“112、114和116”的中文定名。

●10月25—28日，在桂林广西师范大学参加全国核结构会议。

●10月，在北京参加中国核学会等举办的《纪念原子弹爆炸50周年》座谈会。

●11月4日，接待巴西戈麦斯夫妇访问原子能院。

●12月6日，在合肥中科大参加无中微子双β衰变研讨会，并参加上海交大合作组。

●12月8日，在北京师范大学参加黄祖洽先生追思会，会上发言思念黄先生。

●12月11日，上午在中国科学会堂参加“朱光亚学术思想座谈会”，纪念朱光亚先生诞辰90周年；下午在北京大学参加朱光亚先生诞辰90周年纪念会暨北京大学朱光亚纪念室建设启动会，并在会上发言。

●12月26日下午在北京大学中关新园一号楼科学报告厅参加虞福春先生诞辰一百周年纪念会。

●12月，获北京市科学技术三等奖，获奖项目：近库仑势垒重离子反应机制研究。

●在北京怀柔国科大参加973项目“暗物质的理论研究和实验预研”2014年交流会。

●参加国家自然科学基金委数理科学部创新群体科学基金评审。

2015年

●在PRC上发表关于$^{32}S+^{94,96}Zr$和$^{40}Ca+^{94,96}Zr$垒下熔合反应中子转移不同作用检验的文章。

●在PRC上发表用γ谱学在线测量$^{6}Li+^{96}Zr$反应的结果，揭示在中重系统$^{6}Li+^{96}Zr$反应垒上熔合截面存在较小压低的现象，这表明可能与靶核的电荷数有关，值得进一步研究。

●1月10日，在广东参加江门中微子JUNO实验启动工程仪式。

●1月15日，在人民大会堂东大厅参加“新时期建设巩固国防推进核能可持续发展”座谈会。

●1月23—25日，在四川大学参加“不稳定原子核结构和性质”研讨会。

●2月23日，在中科院高能所参加中国散裂中子源反角白光中子管道探测器方案设计评审会。

●3月17日，在中科院物理所参加《中国大百科全书》第三版物理学科编委会。

●3月19—21日，在深圳参加国家自然科学基金委-中科院大科学装置科学及联合基金重点项目中期检查和结题审查会议。

●3月25日，在中科院院士活动中心参加全国科技名词常委会会议。

●4月18日，任北京航空航天大学物理科学与核能工程学院战略咨询委员会委员。

●5月7—9日，在北京参加国家自然科学基金委第136期双清论坛“核数据关键基础科学问题”。

●5月14—15日，在北京稻香湖景酒店参加中国工程院和能源局主办的“第三届能源论坛”。

●5月28日，在科技部201会议室参加科技部基础司召开的中国高能物理未来发展战略座谈会。

●6月21—26日，在意大利卡塔尼亚参加国际核核碰撞会(NN2015)，会上作“用背角准弹散射抽取原子核十六极形变参数”的口头报告。

●7月5—10日，在兰州近物所参加国际质子发射研讨会。

●7月26—29日，在贵阳参加全国核反应会暨973核物理项目年会。

●8月，被聘任核工业研究生部兼职教授，直至2020年8月。

●8月31日，在中科院高能所参加中科院战略性先导科技专项《江门中微子实验》中期检查。

●9月10日，下午在北京参加了光明网新元素命名访谈节目。

●9月21—24日，在四川绵阳中物院参加中国核学会2015年学术年会，并参观中物院三大科学装置。

●10月29日—11月3日，在广西桂林榕湖饭店参加中俄核物理（2015 SKLTP-BLTP）研讨会，作"用背角准弹激发函数抽取原子核十六极形变参数"的邀请报告。

●11月8—10日，在北京大学参加第三届全国中子散射会议暨国家中子源多学科应用研讨会。

●11月17日上午在清华大学参加"黄祖洽基金启动仪式暨纪念会"。

●11月22日上午在清华大学参加纪念铀核"四分裂"发现69周年暨《何泽慧传》《何泽慧文选与纪念文集》新书发布会，会上作了关于铀核三分裂和四分裂发现的报告。

●12月16日，在广东东莞参加中国散裂中子源工程科学技术委员会第三次会议。

●12月26日，在北京国谊宾馆参加中国核学会第八届理事会第三次会议。

●12月31日，获全国科学名词审定委员会荣誉证书，表彰在中国科学技术名词规范化方面做出的重要贡献。

2016年

●在PRC上发表用在线γ谱学方法测量近垒$^{6}Li+^{96}Zr$反应激发态单中子削裂过程的文章，揭示垒下反应可能存在大的转移成分。

●在*Phys. Lett. B*上发表分析正Q值中子转移对熔合影响的一个自洽方法的文章。

●对上海应用物理研究所马余刚等人反质子-反质子强相互作用的工作写科学评论文章，发表在国家科学评论(NSR)杂志上。

●1月31日，任核科学技术名词审定委员会委员。

●2月18—19日，参加意大利里亚洛国家实验室束流申请答辩，获准2天束流时间做在束γ-γ、γ-带电粒子和带电粒子-带电粒子符合实验，借以区分完全熔合与不完全熔合以及集团转移和单核子转移伴随的破裂效应研究。6月底已完成实验，获得有用数据，分析后确定下一步的束流申请。

●2月21—24日，在意大利参加博米尔学术讨论会，任国际顾问委员会成员，任优秀青年论文评选小组评委。

●3月20日，在中国核工业集团公司参加“核物理与等离子体物理”学科发展战略研究联合项目第一次研讨会。

●4月7—9日，接待澳大利亚国立大学Hinde教授和Dasgupta教授来访。

●4月14日，在重庆重访母校巴蜀中学，与老师同学座谈。

●6月23日，在高能所参加“强激光驱动的伽马光源及关键技术与伽马核物理”研讨会，会上作“光致核反应与核天体物理”的报告。

●6月28日—7月2日，在俄罗斯杜布纳参加KLFTP-BLTP核物理讨论会，会上作“研究弱束缚核破裂和转移开发低能核反应动力学”的邀请报告。

●7月9日，在武汉华中师大参加973计划“高压缩重子物质的物理实验研究”中期总结会。

●9月28日，重返珞珈，感恩母校武汉大学，与老师同学座谈。

●10月9日上午在高能所参加国家重点研发计划“中子散射样品环境及相关实验技术”项目启动会，任项目组专家(4年)。

●10月9日下午在高能所参加国家重点研发计划“白光中子源实验技术”项目启动会，任项目组专家(4年)。

●10月19—25日，在成都四川大学参加第16届全国核物理大会暨第12

届会员代表大会。

●11月22日，在武汉华中师范大学参加夸克与轻子物理教育部重点实验室学术委员会暨顾问委员会会议。

●11月28日，在上海交通大学参加李政道研究所成立暨宇称不守恒与中微子物理国际研讨会。

●12月11日，在广东惠州天悦嘉柏大酒店参加中国科学院高精度核物理重点实验室年会。

●对普通高中物理课程标准修订组材料进行审读，提出建议并得到采纳。

2017年

●1月15日上午在中国科技会堂B407参加新元素113、115、117和118中文定名讨论会。

●1月22日上午在中科院物理研究所参加中国物理学会院士候选人推荐会。

●2月14日下午在中核集团公司529会议室讨论中微子探测核潜艇问题。

●2月18—25日，前往澳大利亚参加国际熔合会议（FUSION2017）。

●3月2日，在中国原子能院接待俄罗斯联合核研究所安东年科和阿达缅来访。

●3月6—7日，在北京良乡参加国防预研项目评审会。

●3月16日，在上海参加中科院应用物理所国家科学优秀群体基金进展汇报会。

●3月23日，在中国原子能院接待墨西哥核研究所戈麦斯·卡马乔（Arturo Gomez Camacho）教授来访。

●3月27日下午参加北京大学核物理与核技术国家重点实验室学术委员会会议。

●4月14—18日，在湖州师范学院参加全国核反应会议。

●4月22—29日，在波兰华沙大学重离子物理实验室参加$^{24}Mg+^{90,92}Zr$准弹势垒分布实验。

●5月9日，在中科院参加新元素113、115、117和118中文定名发布会。

●5月12日上午在张江参加上海超强超短激光束与X射线作用大科学装置讨论会，讨论开展QED真空涨落效应及核物理实验研究。

●5月18日，在原子能院参加中核集团军工部召开的国防预研究2017指南评审会。

●5月23—24日，在四川北川新北川宾馆参加中国散裂中子源白光中子源讨论会。

●6月15—17日，在重庆参加“逐梦他乡重庆人”活动。

●7月4—8日，在湖州师范学院参加中美奇特核谱学和核反应国际会议。

●7月11日，在兰州近物所参加申报中科院“HIRFL-CSR上中高能放射性束物理研究”开发研究项目实施方案论证会。

●8月2—4日，在威海国际会议中心参加上海应物所QCD物理研讨暨973年会。

●8月18日，在兰州近物所参加建所60周年学术研讨会——“重离子科学与核技术”。

●9月9日，在北京国际会议中心参加“利用硼中子俘获疗法治癌回顾与展望国际讨论会”。

●9月18日，在武汉华中师范大学参加夸克-轻子教育部重点实验室学术委员会会议。

●9月21日下午在中科院高能所参加大亚湾中微子实验的物理研究课题结题验收会。

●9月22日上午在中科院高能所参加“大型强子对撞机CMS，ATLAS和ALICE实验的物理研究”课题结题验收会。

●9月23—26日，在黑龙江黑河访问中俄华侨纪念馆。

●9月27日，在北京师范大学参加“射线束技术及应用教育部重点实验室”论证会。

●10月11日，在原子能院核工业展览馆参加北京串列加速器国家实验室成立30周年暨学术委员会会议。

●10月16—18日，在北京大学参加第二届中美放射性束物理会。

●10月23日，在中核集团参加第四届中核集团科技委基础研究专业委员会第一次会议，讨论“中核集团-国家基金委核技术创新联合基金指南”。

●10月28—29日，在桂林访问广西师范学院，参加广西师范学院地区重点实验室汇报会。

●10月31日，在北京国谊宾馆参加国防科工局科技委六届六次会议——“深入学习党的十九大精神，加强国防科技工业智库建设”座谈会。

●11月9日，在中核集团参加第四届中核集团科技委基础研究专业委员会第二次会议，讨论“中核集团-国家基金委核技术创新联合基金指南”。

●11月13日，在中国原子能院参加国家重点研发计划“中子散射关键技术及前沿应用研究”启动会，并被聘为专家组成员。

●11月18日，在中国原子能院参加国防科技工业辐照应用技术创新中心成立会，被聘为顾问。

●11月25日，在北京应用物理计算所参加军委科技领域重大项目“紧凑型聚变装置技术”立项评审会。

●11月27—30日，在深圳大学参加中俄KLFTP-BLTP强相互作用讨论会。

●12月14日，在广东东莞参加CSNS工程科技委员会第四次会议。15日参加中子科学和中子技术发展战略研究启动会。

●12月27日，在北京天湖会议中心参加国防计量与校准重点实验室学术委员会会议。

●12月28日，在北京裕龙国际酒店参加四川科技厅召开的先进核能实验室组建方案专家咨询会。

2018年

●1月4日，在环保部参加环保部、能源局、国防科工局联合召开的三门和海阳核电厂首次装料有关工作评审专家会。

●1月9日，在原子能院参加国防核材料创新中心学术委员会会议，任该中心学术委员会顾问。

●1月11日，在国务院第4会议室参加国办召开的三门和海阳核电一号机组装料专家会。

●1月16—17日，在上海中科院应物所参加高能重离子物理前沿研讨会。

●1月22—23日，在北京国谊宾馆参加中核集团有限公司工作会议。

●2月2日，在中国原子能科学研究院参加中国核数据中心国家自然科学重大基金启动会。

●2月24日，在上海天平宾馆参加核物理前沿研讨会。

●3月11—12日，在广东东莞参加国家大科学装置散裂中子源靶站和谱仪工艺测试，任组长。

●3月20日，在北京西郊宾馆参加中科院数学物理学部“无中微子双beta衰变”咨询项目答辩。

●3月21日，在北京三里河科技部火炬中心参加大科学装置前沿研究重点专项评审。

●3月25日，在广东东莞参加中国散裂中子源中科院鉴定会。

●3月26日，在清华大学参加教育部组织的锦屏地下实验室评审。

●3月29日，在国家会议中心参加核工展发奖会。

●4月3日下午在中科院物理所参加散裂中子源建设研究平台评审会。

●4月21日，在中科院高能所参加中科院江门中微子先导项目中期评审。

●4月22日，在北京大学参加第一届超凤凰研讨会（1st sPHENIX Workshop）。

●4月23日，在国谊宾馆参加发改委中咨评估公司组织的清华大学锦屏地下实验室的评审会。

●4月25—26日，在中山大学珠海分校参加引力波与重元素合成交叉学科问题研讨会。

●5月4日，参加北京大学120周年庆典。

●5月6日，在上海中科院应物所参加RHIC物理研讨会暨973项目高温高密核物质形态研究会。

●5月14—17日，在成都四川大学参加中美CUSTIPEN研讨会。

●5月18日上午在中科院院机关706会议室参加“百人计划”学术帅才现场答辩会。

●5月28—6月1日，在北京参加中科院院士大会。

●6月2日，在中科院理论物理研究所参加40周年所庆暨第九届战略发展委员会第一次会议。

●6月9日，在中科院物理所参加九十周年所庆论坛。

●6月26—29日，在威海参加中科大国际合作基金“ATLAS实验上基于双玻色子和顶夸克末态的物理研究”和科技部“大型强子对撞机实验探测器升级”结题评审。

●6月30日，在中国原子能科学研究院给核工业大学生夏令营作报告。

●7月4日，在兰州近物所参加近物所中科院B类专项评审会。

●7月6日，在中核集团参加“2019年中核集团-国家基金委联合基金项目指南讨论会”。

●7月12日，在高能所参加CEPC落户雄安新区方案讨论会。

●7月14日，在北京大学参加北京大学核物理与核技术国家重点实验室学术委员会会议。

●7月17日，在北京西郊宾馆参加抗辐射应用技术创新基金评审会。

●7月23日，在东莞参加中科院组织的散裂中子源验收会。

●8月6日，在高能所参加科技部召开的中子散射样品环境及相关实验技术项目中期评估。

●8月14—16日，在兰州大学参加全国核数据大会。

●8月17日，在北京职工之家参加国家万人计划青年拔尖人才中央企业候选人评审会。

●8月22日上午在高能所参加中科院重点部署项目“中美高能物理合作基金”实施方案论证会。

●8月23日，在东莞参加发改委组织的散裂中子源国家验收会。

●8月25—26日，在北京良乡昊天宾馆负责组织“无中微子双贝塔衰变实验”咨询项目第一次研讨会。

●8月30日，上午在北京朗丽兹西山花园酒店参加中国原子能科学研究院一堆一器学术研讨会。下午至31日在北京参加香山科学会议：“伽马光子对撞机和相关前沿科学”。

●9月5日下午在高能所参加中科院B类专项“下一代高温超导磁体关键科学与技术”实施方案论证会。

●9月8—10日，在中科院理论所参加“我国高功率强子加速器上的粒子物理高强度前沿研究”讨论会。

●9月26—28日，在上海徐家汇天平宾馆参加“International Symposium on Simplicity, Symmetry and Beauty of Atomic Nuclei, in honor of Professor Akito Arima's 88 year-old Birthday”会议，并作报告。

●9月29日，在广东东莞参加机械学会组织的散裂中子源靶站鉴定会。

●10月14—15日，在上海复旦大学参加地下实验室无中微子双贝塔衰变和其他低本底项目研讨会。

●10月16日，在北京师范大学参加北京师范大学核学科成立60周年庆典暨核科学高峰论坛。

●10月18日，在北京参加原子能院核材料中心举办的核材料技术创新大会。

●10月19日，在上海应用物理研究所参加973项目“高温高密核物质形态研究”课题结题会。

●10月20日，在北京参加中科院高能所BEPC建成30周年研讨会。

●10月21日，在北京高能所参加重点专项——中微子项目评审会。

●10月30—31日，在北京参加原子能院核技术创新联合基金评审。

●11月2—3日，在合肥中国科技大学参加科技部973高能重离子物理前沿项目结题前内部评审会。

●11月6日，在中科院物理所参加中国大百科全书编委会，研究大事记条目。

●11月12—13日，在广州华南师范大学参加夸克物质学术讨论会暨量子物质研究院成立。

●11月17日，在清华大学参加科技部国际大科学计划和国际大科学工程——锦屏地下实验室的国际大科学计划。

●11月19—29日，接待俄罗斯联合核研究所Avazbek Nasinov博士来访。

●11月22日下午在中核集团公司参加“集团公司首席专家、科技带头人复核会议”。

●11月23日，接待意大利帕多瓦大学Santo Lunardi教授和Daniele Mengoni博士来访。

●11月26—27日，在广东东莞参加散裂中子源第二届科技委第一次会议。

●11月28日，在中国原子能院参加核数据国防重点实验室学术委员会会议。

●12月4—8日，在日本SATAMA参加国际核-核碰撞会议，任国际顾问委员会成员，并主持一场全体大会。

●12月18日，在武汉华中师范大学参加华师夸克与轻子物理教育部重点实验室学术委员会会议。

●12月20日，在原子能院参加100MeV回旋加速器束流测试鉴定。

●12月22日，在广东惠州参加未来核物理研讨会。

●12月23日，在广东惠州参加国家重大工程HIAF启动会。

●12月28日，在复旦大学参加核科学成立60周年暨科学发展研讨会。

2019年

●1月8日，在中核集团参加核工业系统院士授勋和老领导院士座谈会。

●1月18日，在北京大学中关新园参加胡济民先生诞辰100周年纪念会暨核结构研讨会。

●1月21日，在北京参加国防电离辐射剂量中心学术委员会。

●1月22日上午在北京八宝山参加于敏院士遗体告别仪式。

●1月27日，在兰州近代物理研究所参加中科院专项B“核物质相结构与重元素产生的研究”评审会。

●2月22日，在原子能院参加核工业核材料中心学术委员会。

●2月28日，在原子能院参加原子能院人才工作会议。

●3月1日，在清华大学工物系刘卿楼参加锦屏中微子实验E厅工程科学论证会。

●3月17日，在兰州近代物理研究所参加中科院专项B“多核子转移反应”评审会。

●3月19日，在原子能院参加钱三强科技奖评审会。

●3月31日，在北京大学物理学院参加北京大学核物理与核技术国家重点实验室第三届学术委员会，任资深顾问5年。

●4月2日，在江西瑞昌参加瑞昌核物理应用研究院开工奠基仪式。

●4月8日下午在中科院物理所参加物质科学领域国际大科学计划战略研究报告的讨论和凝练。

●4月16日，在中科院物理所参加“中子科学和中子技术科学发展战略研究”项目研讨会。

●4月26日上午在中科院物理所参加《物理学名词第三版》出版发布会。

●5月8日下午在中核集团参加钱三强科技奖评审。

●5月13—17日，在意大利威尼斯参加核结构与动力学(NSD)国际会议。任一场分会报告召集人。

●5月19日，在清华大学工物系参加973项目MRP探测器成果鉴定会，任组长。

●5月20—24日在北京国家会议中心参加国际核数据大会，任国际顾问委员会成员。

●5月31日—6月6日，墨西哥核物理研究所A. Gomez Camacho应邀来我们组访问。

●6月6日上午在中科院高能所参加中科院散裂中子源用户谱仪部门评审会，任组长。

●6月8—9日，应邀访问合肥中科院核安全研究所。

●6月12日，在原子能院参加原子能院科技创新奖评审。

●6月15日，在北京大学物理学院参加北大物理学院第二次校友大会，并担任校友会名誉理事。

●6月18日，在武汉华中师大参加科技部973项目“高压缩重子物质的物理实验研究”会议。

●6月19—21日，在天津南开大学参加科技部973“北京谱仪Ⅲ τ-charm物理实验研究”项目结题。

●7月1—4日，在青岛山东大学物理学院参加973“大型强子对撞机实验探测器升级”及基金委国际合作与交流项目“ATLAS实验上基于双玻色子和顶夸克末态的物理研究”结题内部会议。

●7月7日，在北京郁金香温泉度假村参加国家重点研发计划项目“中子散射样品环境及相关实验技术”总结会。

●7月9日上午在原子能院综合科技楼接受新华社记者采访钱三强先生事迹。

●7月11日，在北京国谊宾馆参加中核集团有限公司的科技工作会。

●7月12日，在北京国谊宾馆参加中核集团有限公司的人才工作会。

●7月14日，在兰州大学参加核工业系统研究生培养研讨会。

●7月24—25日，在山东大学威海分校参加基金委“重离子物理创新群体”与“QCD物理与夸克拓扑效应”交流会。

●8月7—9日，在吉林长春南湖宾馆参加2019全国核反应会议。

●8月21—23日，在包头参加核学会年会。

●9月3日，在北京参加中咨评估公司评估中山大学中子谱仪。

●9月11日，在中核集团参加集团人力资源部召开首席专家、科技带头人领域调整沟通会。

●9月12日下午参加中核集团聚变堆科普评奖会。

●9月18—20日，在上海参加国防科技工业核材料创新中心第二届核材料创新会议。

●10月10日，参加核学会推荐4个重大科学问题难题项目讨论会。

●10月13日，参加北京航空航天大学物理学院战略咨询会。

●10月23日，参加原子能院串列加速器学术委员会。

●10月30日，在中科院机关712会议室参加中科院2019年度物质科学与技术领域候选立项的战略先导科技专项实施方案和概预算咨询论证会。

●11月10日上午原子能院核物理与核数据团队申请国防科技创新团队答辩。

●11月11日，在武汉华中师范大学参加许怒973项目结题讨论会。

●11月17日，在北京中国大饭店参加2019未来科学大奖颁奖典礼。

●11月19日，在北京外国专家大厦参加科技部海外人才引进评审会。

●11月27—28日，在北京航空航天大学参加“Origin of Elements and Cosmic Evalution:From Big-Bang to Supernova and Mergers”。

●11月29日,在原子能院参加核数据重大基金进展会。

●12月15日,在兰州近代物理研究所参加无中微子双贝塔衰变讨论会。

●12月20日,在武汉华中师范大学参加夸克轻子物理教育部重点实验室学术会议。

●12月21日,在北京科技会堂参加抗辐照中心基金评审会。

2020年

● 1月15日,在北京国谊宾馆参加纪念核工业创建65周年座谈会。晚上颁发“核工业功勋奖”,获奖。

●1月16日,在北京国谊宾馆参加中核集团工作会议。

●1月18日,在原子能院参加原子能院工作会议。

●2月18日,在原子能院参加国防核材料创新中心专家委员会。

●6月8—9日,在南京参加北方夜视技术公司南京分公司“20吋微通道板型光电倍增管关键技术及应用项目科技成果鉴定会”。

●6月22日下午在原子能院核物理所参加2021年度串列加速器束流分配会。

●7月7日,在线上参加王淦昌物理奖评审会。

●7月10日,在线上参加散裂中子源设计指标工艺测试会。

●7月22日,在国电投总部参加AP1000技术引进消化吸收和依托项目建设运行评估会。

●7月25日,在高能所参加在线中子散射样品环境及相关实验技术年度总结。

●7月27日,在北京科技会堂参加国防抗辐照中心创新基金初评评审会。

●7月28日,参加国防科工局评审会。

●8月10日，在中国原子能科学研究院参加反角白光中子源用户交流会。

●8月11—12日，线上参加大型强子对撞机实验探测器升级视频会（赵政国项目）。

●8月21日，在北京科技会堂参加抗辐照中心创新基金立项评审会。

●8月26日，在原子能院参加核数据中心申请项目评审会（阮锡超项目）。

●9月2日，在原子能院接受科协科普图书作者采访。

●9月23日，在北京参加能源局召开AP1000总结评审。

●10月14日，参加中咨公司国防业务组召开的西部高能光源重大设施论证评估会。

●10月16日，在中科院高能所参加大亚湾中微子实验装置退役评审会。

●10月21日，在北京西郊宾馆参加原子能院抗辐照中心HI-13及回旋加速器束流时间预分会。

●10月22日下午在原子能院核物理所参加HI-13及回旋加速器束流时间预分会。

●10月23日，在北京参加能源局召开的AP1000总结评审最终评审会。

●10月24日，在原子能院核物理所参加串列加速器核物理国家实验室学术委员会。

●11月18日，在北京中信会议中心陪同叶国安参加国家科技进步奖答辩。

●11月12—13日，在北京会议中心参加国家自然科学基金委召开的锦屏地下实验室双清论坛。

●11月17日，参加广西师范大学重点实验室评估视频会。

●11月19日，在北京师范大学参加教育部重点实验室评估会。

●11月21日，在兰州近物所参加实验研讨会。

●12月3—4日，在广州广东大厦参加第16届（2020年）核技术应用学术会议。

●12月7—8日，在原子能院参加SLEGS-2020研讨会（视频会议）。

●12月11日上午在深圳参加大亚湾中微子实验装置退役会。

●12月12—14日，在东莞参加极化中子学术会议。

●12月28日上午在北京科技会堂参加国防核材料中心理事会与专家委员会。

2021年

●1月19日，在北京中原公司参加中核集团公司人力资源部组织的“院士增选材料审查会”。

●1月23日，在原子能院参加两位特殊渠道院士候选人材料审查会。

●2月2日上午参加原子能院工作会议，做5分钟发言。

●2月2日下午在北京科技会堂参加核学会召开的院士增选推荐评审会。

●2月25日上午在原子能院参加北京BISOL和成都多用途高通量堆国家重大科学候选项目预备会。

●2月27日下午在北京新大都世界陪同柳卫平参加中咨公司召开的BISOL评审会。

●3月5日，在北大中关园参加北京大学核物理与核技术国家实验室重组评审会。

●3月31日，在中国工程院参加中法核能二期项目评审会（赵宪庚、叶奇蓁牵头）。

●4月6日，在中科院高能所参加基于氦-3先进中子极化技术科技部重点项目启动会。

●4月7—11日，在原子能院视频参加第一届地下和空间粒子物理与宇宙物理前沿问题讨论会。

●4月19日下午在中科院高能所参加北京正负电子对撞机2021年度计划评审会。

●4月27日上午在原子能院视频参加华中师范大学教育部重点实验室学术委员会。

●4月27日下午在中核集团参加中核集团第五届科技委成立会。

●4月30日上午在原子能院参加重大自然基金中期检查预备会。

●5月7日下午在北京中信会议中心参加计量与校准国防重点实验室工作会暨学术委员会。

●5月13日下午在北京参加中核电公司能源局召开的吉林省辽源市泳池堆清洁供热示范工程前期工作专家座谈会。

●5月14日，在北京西郊宾馆参加国防抗辐照中心创新基金评审会。

●5月17日，在密云同方公司参加会议。

●5月18日，在原子能院与央视记者交流走进科学家事项。

●5月19日，在北京参加中核集团第四批青年英才项目核技术及装备领域专家会。

●5月27日—6月1日，参加中国科学院院士大会。

●6月9日，在中国原子能科学研究院参加首席科学家、学术带头人和高级技师院内预选。

●6月11日，在太原参加辐射防护“核+X”科普活动。

●6月18日，在线上参加散裂中子源科技委员会会议。

●6月21日，在中核-100号参加“进口冷链食品新冠防控的辐照消杀技术研究”项目阶段验收评审会。

●6月25日，在原子能院参加落实习近平总书记讲话精神 庆祝建党100周年及科技创新研讨会。

●7月9—10日，在原子能院核工业展览馆参加“高功率强子加速器上的粒子高强度前沿研究”讨论会。

●7月19日，在中科院高能所参加北京正负电子对撞机对撞能量和取数效率升级可行性评审会。

●7月21日，在北京中国职工之家参加“中核集团精英报告会”。

●8月19日，何梁何利科学与技术进步奖候选人胡思德院士考察会。

●8月23日，参加中核集团重大科技评审，评审“钱三强科技奖与青年奖”。

●8月24—27日在山东大学威海学术交流中心参加QCD物理研讨会暨国家自然科学重大项目“量子色动力学的相结构和新颖拓扑效应研究”。

●9月14日，参加高能所线上会议“中微子质量和宇宙物质-反物质不对称的起源是什么？”

●9月24日，在中国职工之家参加“中国核学会科学技术奖三轮评审会”。

●9月27日，参加“纪念戴元本先生追思会”；参加中国职工之家集团公司第六届科技工作会暨首届科技创新发展论坛。

●10月10日，在中科院高能所参加李政道95华诞会。

●10月12日，参加原子能院科技委组织评审会。

●10月13日，参加贯彻习近平总书记指示座谈会。

●10月15日，参加原子能院串列学术委员会会议；参加原子能院科技委组织评审会。

●10月20日，参加中国核学会年会。

●10月30日，参加理论所2021战略委员会。

●11月9日，参加中国空间科学技术研究院国防科技成果鉴定会。

●11月11日，参加核数据实验室汇报。

●11月12日，参加北京西山会议中心项目立项评审会。

●11月13日，参加线上“散裂中子源科技委会议”。

●11月19日，参加集团公司科技委和原子能院“十四五”规划科技部分内容。

●11月22日，参加中科院高能所引进人才计划-学术帅才（A类）评审会。

●11月25日，审查核工业西南物理研究院“十四五”规划的科技部分。

●11月29日，参加航天五院项目立项综合论证报告评审会。

●12月9日，参加原子能院战略咨询委员会暨战略中心成立大会。

●12月10日，参加广西师大核物理与技术重点实验室学术委员会会议。

●12月16日，参加原子能院科技委组织加速器战略报告最终讨论会。

●12月20日，参加在北京市房山区良乡召开重离子熔合反应及核结构研讨会。

●12月24日，在中核100号参加中辐院成果鉴定会。

●12月27日，参加集团科技委科信部科技工作交流会；参加高能所BEPC运行计划评审。

●12月28日，参加原子能院评首席申报人员评审会。

●12月30日，参加集团第七届青年人才托举工程评审会。

2022年

●1月5日，参加中国原子能科学研究院王淦昌物理奖评审。

●1月13日，在原子能院核学会组织专项工程验收会。

●1月16日下午举办“量子色动力学的相结构和新颖拓扑效应研究”报告会。

●1月20—21日，参加意大利“LNL-Deep Barrer Fusion Symposium”线上会议。

●1月25日，在中核集团公司参加集团公司老领导、专家院士座谈会。

●2月17日，在中核集团参加科技委组织的学术会议。

●2月23日，在原子能院参加核物理所工作会议。

●2月28日下午在原子能院视频参加“福岛废水排放问题交流会”。

●3月1日，在原子能院物理所参加柳卫平“何梁何利科技进步奖”申报书讨论。

●3月4日，在家线上参加“中国基于加速器的粒子物理发展战略研究”项目结题汇报(赵政国)

●3月13日下午在家线上参加北大核物理与核技术国家重点实验室学术委员会。

●4月1日下午在家线上参加总公司科技委组织的“核医疗专题讨论会”。

●4月6日全天在北京中国核电工程有限公司第一会议室参加项目评估。

●4月8日上午在家线上参加国科大“中微子-原子核弹性相干散射实验”论证会。

●4月14日上午在中核集团公司参加叶企孙2023年项目指南评审会。

●4月15日下午在中核集团参加科技委组织的项目审查验收会。

●4月26日上午在家线上参加华中师范大学2021年度“夸克与轻子物理”教育部重点实验室学术委员会会议。

●4月28日下午线上参加中核集团科技委组织召开的贫铀管理专题研讨会。

●5月27日下午线上参加中核集团科技委组织召开的2021—2022年度第二批课题研究成果验收会。

●6月13日下午在中核集团参加科技委召开的核医学课题验收会。

●6月20日下午在家线上参加王淦昌物理奖评选。

●6月21日上午在中核集团参加科技委召开的“科技带头人领域”审查会。

●6月24日上午上海复旦大学举办苏汝铿教授的学术活动，提供5分钟发言稿，请蔡荣根院士代读。

●6月24日上午在原子能院参加核数据中心学术交流会。

●6月27日上午参加在中国科学技术大学举行的“纪念赵忠尧先生诞辰120周年学术研讨会”，提供致辞稿，对方代发言。

●6月29日，在原子能院参加院战略研究委员会组织的加速器大科学讨论会。

●7月1日下午参加中核集团科技委召开的学术会议。

●7月4日下午参加中核集团科技委召开的推荐集团科带子领域及推荐高级职称评审专家会。

●7月5日，在原子能院参加回旋加速器战略研讨会。

●7月11日上午在原子能院综合楼图书馆会议室参加核技术应用急需发展方面和需要掌握的基础建设报告评审会。

●7月15日，线上参加“新一代奇异核素工厂与奇异核素性质研究”暑期学校开幕式，致辞。

●7月16日下午参加国防抗辐照创新中心基金评审。

●7月18日下午参加中核集团科技委召开的集团“院士行”汇报材料交流会。

●7月19日下午在高能所参加研究项目课题绩效评估会，任组长。

●7月26日上午《物理》编辑部王海霞等人来为《物理》50周年采访录像。

●8月5—7日，在江西瑞昌参加核物理及核数据中的机器学习应用研讨会并致辞。

●8月8—9日，在江西瑞昌参加亚太物理学会“第二届核物理青年科学家学校(NUSYS)”暑期学校开幕式，并致辞。

●8月17日，在青龙湖参加2022年度抗辐照应用技术创新基金指南评审会。

●8月18日上午在原子能院参加第十届院科技委成立大会，受聘高级顾问。

●8月26—28日，在香山饭店参加清华大学物理系40周年“核物理前沿与交叉研讨会”。

●9月15日，线上参加国防辐照中心基金评审会。

●9月16—18日，在山西太原参加物理科学年会并致辞。

●9月22日下午访问合作单位航天五院。

●9月23日，线上参加中核集团科技委召开的核技术应用急需发展方面和需要掌握的基础建设报告评审会。

●9月27日上午在原子能院参加孙昌璞院士报告会。

●9月27日下午在中核集团参加核学会青年托举工程评审。

●9月28日下午北京国际咨询公司的人来家听取关于中科大-河南关于陶粲大科学装置评审意见。

●9月29日，参加国家自然科学基金委来我院核物理所访问座谈会。

●9月30日，在高能所参加项目中期自查会。

●10月25日下午在中核总参加集团科信部召开的科技质量与信息化工作向集团科技委汇报交流会。

●11月15—16日在北京沙河唯实国际交流中心参加中核集团公司人力资源部召开的工程系列正高级职称评审会。

●11月18日下午在原子能院参加核数据专报材料讨论会。

●11月30日上午线上参加国家自然基金委召开的“重质量和超重区域核素版图扩展的关键科学问题”重大项目建议答辩，并为答辩报告人。

●11月30日下午在家线上参加中核集团科技委召开的核能工程2040进展汇报会。

●12月1日下午在家线上参加中核集团科技委召开的碳达峰碳中和与核能的发展。

●12月4日下午在家线上参加中核集团科技委会议。

●12月13—14日，在家线上参加原子能院核物理所辐照中心创新基金评审会。

●12月17日下午在家线上参加中核集团科技委召开的验收会议。

●12月24日，在家线上参加串列加速器核物理国家实验室学术委员会会议。

张焕乔
主要论著目录

一、论文

1. 戴传曾，叶春堂，张焕乔，黄治俭，周友扑，朱家瑄，“跃进一号”中子晶体谱仪，原子能科学技术 2，100(1959).

2. 安万寿，张焕乔，杨继廉，朱家瑄，李光定，中子衍射仪的构造与性能，物理学报 17，222(1961).

3. 张焕乔，张培恕，陈进贵，黄胜年，裂变中子对 ^{238}U 全截面的测量，原子能研究所 Z. K. Y. Y. C1. P0046(1962).

4. 张焕乔，中子平面晶体谱仪的分辨函数，物理学报 19(8)，477(1963).

5. 张焕乔，用电化法在铝上制备 UO_2 涂层，原子能科学技术 6，464(1963).

6. 张焕乔，陈进贵，崔德惠，裂变谱中子对 ^{238}U 裂变截面的测量，中华人民共和国科学技术委员会原子能科学技术文献，原 30005/物中 001(1963年3月1日).

7. 张焕乔，崔文光，翟国良，用小立体角法测量 α 放射源的绝对强度，中国科学院原子能研究所 Z. K. Y. Y. I2 R0125(1964年10月).

8. 张焕乔，崔文光，翟国良，用小立体角法测量异形 α 放射源的绝对强度和均匀性，中国科学院原子能研究所 Z. K. Y. Y. I2 R0126(1964年10月).

9. 张焕乔，李泽，周书华，铀—235和钚—239裂变谱中子平均裂变截面的测量，中华人民共和国科学技术委员会科学技术研究报告，原50004/物中006（1965年2月18日）.

10. 张焕乔，黄胜年，介绍一种新型的固体径迹探测器，原子能6，404（1966）.

11. 杨桢，张焕乔，周友扑，1960—1961年观察到压电振荡对石英单晶片进行中子衍射的影响，物理学报23（6），447（1974）.

12. 裂变中子数测量组，^{240}Pu自发裂变平均中子数的绝对测量，原子能科学技术4，285（1975）.

13. 裂变中子数测量组，^{238}U瞬发裂变平均中子数随入射能量变化的测量，原子能科学技术4，362（1975）.

14. 张焕乔，U—235快中子裂变的平均裂变中子数的编评，中国科学院原子能研究所科学技术报告hsj-76041（bj），1978年12月.

15. 王正民，张焕乔，汪惠慈，陈朝清，用芪晶体闪烁谱仪测量快中子能谱，原子能科学技术资料选编第一辑，原子能出版社，P. 50，1978.

16. 张焕乔，赵裕民，姚锦章，汪惠慈，天然硼和天然锂热中子吸收截面的测量，原子能科学技术资料选编第二辑，原子能出版社，P. 214，1978.

17. 张焕乔，温同庆，^{239}Pu快裂变室，原子能科学技术2，113（1979）.

18. 孙汉城，王正民，王大海，张焕乔，陈保林，戴能雄，崔云峰，2.06MeV氘核引起的^{7}Li（d，n）反应中子能谱，原子能科学技术3，137（1979）.

19. 张焕乔，刘祖华，^{252}Cf自发裂变瞬发中子平均数及中子数目分布，原子核物理1，9（1979）.

20. 张焕乔，许谨诚，温同庆，^{242}Cm α衰变和自发裂变半衰期的测定，原子核物理1，21（1979）.

21. 张焕乔，刘祖华，丁声耀，刘绍明，^{240}Pu、^{242}Cm和^{244}Cm自发裂变瞬发中子平均数及中子数目分布，原子核物理3，149（1979）.

22. 张焕乔，许谨诚，刘祖华，温同庆，丁声耀，陈志才，^{239}Pu瞬发裂变中子平均数随入射快中子能量的变化，原子核物理 2，29（1980）.

23．刘祖华，张焕乔，^{252}Cf 长程 α 粒子伴随裂变瞬发中子数目分布，原子核物理 2，53（1980）.

24．许淑艳，张焕乔，许谨诚，刘祖华，用蒙特卡洛方法模拟大体积载钆液体闪烁中子探测器的效率曲线，原子能科学技术 6，692（1980）.

25．刘祖华，张焕乔，丁声耀，刘绍明，^{252}Cf 三分裂瞬发中子平均数与长程 α 粒子动能的关联，原子核物理 3，281（1981）.

26．张焕乔，丁声耀，刘祖华，刘绍明，唐孝威，李焕铁，^{252}Cf 自发裂变中高能 γ 射线的实验探索，科学通报 26，255（1981）.

27．张焕乔，带电粒子裂变的进展，原子能研究所串列加速器物理工作研讨会资料，1981 年 9 月.

28．Zhang Huanqiao，Ding Shenyao，Liu Zuhua，Liu Shaoming，Tang Xiaowei，Li Huantie，Experimental search for high energy γ_rays in the spontaneous fission of ^{252}Cf，KEXUE TONGBAO 26，955（1981）.

29．张焕乔，丁声耀，刘祖华，张贵山，刘绍明，唐孝威，李焕铁，^{252}Cf 自发裂变中高能 γ 射线的探索，高能物理与核物理 6，491（1982）.

30．G. Fortuna，G. Montagnoli，A. M. Stefanini，Huanqiao Zhang，S. Beghini，S. Lunardi，M. Morando，C. Signorini，Distribuzioni di massa del prodotti di fusione nelle reazioni ^{32,34}S and ^{46,48}Ti+^{27}Al，Bellettino della Societe Italiana di Fisica 127，12（1982）.

31．张贵山，张焕乔，蒙特卡洛方法计算铅玻璃探测器对高能 γ 射线的探测效率，高能物理与核物理 7，370（1983）.

32．H. Q. Zhang，G. Fortuna，A. M. Stefanini，C. Signorini，S. Beghini，S. Lunardi，W. Meczynski，M. Morando，Fusion-evaporation reactions in the ^{27}Al+^{46,48}Ti systems，Bellettino della Societe Italliana di Fisica 130，79（1983）.

33．G. Fortuna，C. Signorini，A. M. Stefanini，H. Q. Zhang，S. Beghini，S. Lunardi，W. Meczynski，M. Morando，Study of heavy-ion fusion-evaporation reactions at 0° by an electrostatic beam separator, INFN-LNL 1983, P. 76.

34. H. Q. Zhang, G. Fortuna, C. Signorini, A. M. Stefanini, S. Beghini, S. Lunardi, W. Mecznski, M, Morando, Fusion-evaporation process in $^{27}Al+^{46,47,48}Ti$ systems, Proceedings of the International Conference on Nuclear Physics, Vol. 1. D64 (1983).

35. Huanqiao Zhang, Zuhua Liu, Shenyao Ding, and Shaoming Liu, Measurement of average values and the distributions of prompt neutron numbers for spontaneous fission of ^{240}Pu, ^{242}Cm and ^{244}Cm, Nucl. Sci. Eng. 86, 315(1984).

36. 刘祖华,张焕乔,丁声耀,许谨诚,刘绍明,张其欣,在不同碎片质量比和总动能下^{252}Cf自发裂变瞬发中子多重性,原子核物理6,1(1984).

37. 丁声耀,许谨诚,刘祖华,刘绍明,张焕乔,^{252}Cf自发裂变$\bar{\nu}(Z)$的测量,原子核物理6,9(1984).

38. 丁声耀,许谨诚,刘祖华,张其欣,刘绍明,张焕乔,^{252}Cf自发裂变时瞬发中子的研究,原子核物理6,201(1984).

39. Ding Shengyao, Xu Jincheng, Liu Zuhua, Zhang Qixin, Liu Shaoming, and Zhang Huanqiao, Study of prompt neutron from ^{252}Cf spontaneous fission fragments, Chinese Physics 5, 678(1985).

40. 张贵山,张焕乔,能量从10keV到300MeV的电子和光子在物质中若干物理参数的计算程序,原子能科学技术2,159(1985).

41. Huanqiao Zhang, Jun Lu, Jincheng Xu, Zuhua Liu, Kan Xu, Ming Ruan, Sub-Barrier Fusion Reaction of $^{19}F+^{232}Th$, Proceedings of the Symposium On Heavy-Ion Interactions Around The Coulomb Barrier, Legnaro, Italy, June 1—4, 1988, Lecture Notes In Physics 317, Springer-Verlag, Berlin, 1988, P. 173.

42. Huanqiao Zhang, Jincheng Xu, Zuhua Liu, Jun Lu, Kan Xu, and Ming Ruan, Anomalous Anisotropies of Fission Fragment Angular Distributions in Sub-barrier Fusion-Fission Reaction, Phys. Lett. B218, 133(1989).

43. Zhang Huanqiao, Activities of transactinium isotope nuclear data at the

Chinese Nuclear Data Centre(CNDC),IAEA-TECDOC-336,1985,PP. 335-342.

44. Liu Zuhua, Zhang Huanqiao, Xu Jincheng, and Liu Shaoming, Exchange processes in $^{6}Li(\alpha,d)^{8}Be$ reaction, Chinese Nuclear Physics 11,9(1989).

45. Liu Zuhua, Xu Jincheng, Zhang Huanqiao, and Liu Shaoming, The importance of exchange processes in the $^{6}Li(\alpha,p)^{9}Be$ reaction, Chinese Nuclear Physics 12,253(1989).

46. Huanqiao Zhang, Zuhua Liu, Jincheng Xu, Kan Xu, Jun Lu, and Ming Ruan, Fission Fragment Angular Distributions for the $^{19}F+^{208}Pb$ Near- and Sub-Barrier Fusion-Fission Reaction, Nucl. Phys. A512,531(1990).

47. Huanqiao Zhang, Jincheng Xu, Zuhua Liu, Jun Lu, Ming Ruan, and Kan Xu. Anomalous anisotropies of fission fragments for the $^{16}O+^{232}Th$ sub-barrier fusion-fission reaction, Phys. Rev. C42,1086(1990).

48. Zuhua Liu, Huanqiao Zhang, Jincheng Xu, Kan Xu, Jun Lu, and Ming Ruan, Test of the coupled channels model for sub-barrier fusion-fission reactions, Phys. Rev. C42,2752(1990).

49. Zhang Huanqiao, Liu Zuhua, Xu Jincheng, Lu Jun, Ruan Ming, and Xu Kan, A Systematic Study of Anomalous Anisotropies of Fission Fragments in Near- and Sub-barrier Fusion-Fission Reactions, Proceedings of the International Symposium on Heavy Ion Physics and Its Applications, Lanzhou, China, October 8-12, 1990, World Scientific, 1991, PP. 369-375.

50. Huanqiao Zhang, Zuhua Liu, Jincheng Xu, Kan Xu, Jun Lu, and Ming Ruan, Test of the coupled channel model for sub-barrier fusion reaction, Towards a unified Picture of Nuclear Dynamics, International Symposium NIKKO' 91, NIKKO, Japan, 1991, PP. 1-7.

51. 张焕乔,刘祖华,许谨诚,阮明,钱兴,徐侃,吕骏,$^{16}O+^{238}U$ 垒下熔合裂变碎片角分布,高能物理与核物理 16,826(1992).

52. Zhang Huanqiao, Liu Zuhua, Xu Jincheng, Qian Xing, Chen Shaolin, Lu

Lixing, Fragment Anisotropies of Complete Fusion-Fission at Subbarrier Energies for the$^{11}B+^{238}U$ and $^{12}C+^{237}Np$ Reactions, CHIN. PHYS. LETT. 9, 297(1992).

53. Huanqiao Zhang, Zuhua Liu, Jincheng Xu, Jun Lu, Ming Ruan, and Kan Xu, Anomalous Anisotropies of Fission Fragments in Near- and Sub-Barrier Fusion-Fission Reactions, Nucl. Phys. A538, 229c(1992).

54. 谭继廉，李惠林，张金霞，张昭，宴太来，张焕乔，钱兴，刘祖华，许谨诚，大面积位置灵敏平行雪崩室及其应用，核电子学与探测技术第72卷增刊，1992年9月，205-210页.

55. 许谨诚，张焕乔，刘祖华，裂变瞬发中子多重性研究，物理20，554(1992).

56. 钱兴，蔡薇，戴光曦，张国保，靳根明，王大延，梁国照，张焕乔，许谨诚，刘祖华，徐侃，阮明，吕骏，零度附近蒸发剩余核的双鉴别系统，核电子学与探测技术12，142(1992).

57. 王素芳，郑纪文，刘国兴，陈克良，白兴平，于遢，郑平子，张焕乔，许谨诚，刘祖华，徐侃，阮明，吕骏，$^{16}O+^{12}C$全熔合反应激发函数的测量，高能物理与核物理16，453(1992).

58. 郑纪文，郑平子，刘国兴，陈克良，王素芳，白兴平，于遢，张焕乔，许谨诚，刘祖华，徐侃，阮明，吕骏，$^{16}O+^{28}Si$全熔合反应激发函数，高能物理与核物理16，640(1992).

59. 钱兴，张焕乔，刘祖华，许谨诚，陈绍林，徐侃，鹿立新，84.0 MeV ^{16}O轰击^{238}U核的裂变碎片角关联的测量，高能物理与核物理17，173(1993).

60. Huanqiao Zhang, Zuhua Liu, Jincheng Xu, Xing Qian, Shaolin Chen, and Lixing Lu, Experimental evidence against a model incorporating fission before K equilibration, Phys.Rev. C47, 1309(1993).

61. Zheng Jiwen, Zheng Pingzi, Liu Guoxing, Chen Keliang, Wang Sufang, Bai Xingping, Zhang Huanqiao, Xu Jincheng, Liu Zuhua, Ruan Ming, Lu Jun and Xu Kan, Gross Resonance-like Structure of the Complete Fusion Excitation Function for the $^{16}O+^{28}Si$ Reaction, Chinese J. of Nuclear Physics 15, 201(1993).

62. 王素芳，郑纪文，刘国兴，陈克良，白兴平，郑平子，张焕乔，许谨诚，刘祖华，阮明，吕骏，徐侃，$^{16}O+^{nat}S$全熔合反应激发函数，高能物理与核物理 18，6(1994).

63. 张焕乔，程业浩，赵葵，袁坚，陈泉，HI-13串列加速器上核反应研究的进展，核物理动态 11，17(1994).

64. Huanqiao Zhang, Zuhua Liu, Jincheng Xu, Xing Qian, Yu Qiao, Chengjian Lin, and Kan Xu, Anomalous anisotropies of fission fragments in near- and sub-barrier complete fusion-fission reactions of $^{16}O+^{232}Th$, $^{19}F+^{232}Th$, and $^{16}O+^{238}U$, Phys. Rev. C49, 926(1994).

65. 钱兴，许谨诚，刘祖华，张焕乔，江栋兴，叶沿林，垒下 $^{16}O+^{232}Th$ 裂变碎片角关联模拟，高能物理与核物理 18，385(1994).

66. Huanqiao Zhang, Zuhua Liu, Jincheng Xu, Xing Qian, Chengjian Lin, and Kan Xu, Anomalous Anisotropies of Fission Fragments in Near-and Sub-Barrier Complete Fusion-Fission Reactions, Proceedings of the Workshop on Heavy Ion Fusion: Exploring the Variety of Nuclear Properties, Padova, Italy, May 25-27, World Scientific, 1994, PP. 121-126.

67. Zuhua Liu, Huanqiao Zhang, Jincheng Xu, Xing Qian, Yu Qiao, Chengjian Lin, and Kan Xu, Signature of non-compound-nucleus fission at subbarrier energies, Phys. Rev. C50, 1717(1994).

68. Liu Zuhua, Zhang Huanqiao, Xu Jincheng, Qian Xing, Qiao Yu, Lin Chengjian, and Xu Kan, Probing the Non-Equilibration Component of Tilting Spin Mode, Chinese J. of Nuclear Physics 16, 108(1994).

69. Liu Zuhua, Zhang Huanqiao, Xu Jincheng, Qian Xing, Qiao Yu, Lin Chengjian, and Xu Kan, Interplay Between Scission-Point Model and Experimental Data for Sub-Barrier Fusion-Fission, Chinese J. of Nuclear Physics 16, 323(1994).

70. 刘祖华，张焕乔，许谨诚，钱兴，林承键，徐侃，$^{16}O+^{232}Th$ 垒下全熔合裂变，高能物理与核物理 18，289(1994).

71. 刘国兴,王素芳,陈克良,白兴平,郑平子,张焕乔,许谨诚,刘祖华,阮明,吕骏,徐侃,$^{16}O+^{24}Mg$全熔合反应激发函数的类共振结构,核物理动态 12,20(1995).

72. D. Ackermann, P. Bednarczyk, L. Corradi, D. R. Napoli, C. M. Petrache, P. Spolaore, A. M. Stefanini, H. Q. Zhang, F. Scarlassara, S. Beghini, G. Montagnoli, L. Muller, G. F. Segato, C. Signorini, Studies of Subbarrier Fusion in Heavy Ion Reactions Leading to $^{118,122,128}Ba$ as Compound Nuclei, Proceedings of the Second European Bienniel Workshop on Nuclear Physics, Megeve, England, 29 March-2 May, 1993, LNL-INFN(REP)73/93.

73. A. M. Stefanini, D. Ackermann, L. Corradi, D. R. Napoli, C. Petrache, P. Spolaore, P. Bednarczyk, H. Q. Zhang, S. Beghini, G. Motagnali, L. Muller, F. Scarlassara, G. F. Segato, and F. Soramel, Influence of Complex Surface Vibrations on the Fusion of $^{58}Ni+^{60}Ni$, Phys. Rev. Lett. 74, 864(1995).

74. 刘祖华,张焕乔,许谨诚,钱兴,乔愚,林承键,徐侃,垒下熔合裂变中观察到的异常,高能物理与核物理 19,585(1995).

75. Zuhua Liu, Huanqiao Zhang, Jincheng Xu, Xing Qian, Yu Qiao, and Chengjian Lin, Preequlibrium for Low Angular Momentum, Phys. Lett. B353, 173(1995).

76. D. Ackemann, F. Scarlassara, P. Bednarczyk, S. Beghini, L. Corradi, G. Motagnoli, L. Muller, D. R. Napoli, C. Petrache, K. M. Varier, F. Soramel, P. Spolaore, A. M. Stefanini, G. F. Segato, C. Signorini, H. Q. Zhang, Mean angular momenta in heavy ion fusion, Nucl. Phys. A583, 129(1995).

77. 刘祖华,张焕乔,许谨诚,钱兴,乔愚,林承键,预平衡裂变,高能物理与核物理 20,107(1996).

78. Zuhua Liu, Huanqiao Zhang, Jincheng Xu, Yu Qiao, Xing Qian, Chengjian Lin, and Kan Xu, Fission before K equilibration, Phys. Rev. C54, 761(1996).

79. D. Ackemann, P. Bednarczyk, L. Corradi, D. R. Napoli, C. M. Petrache, P. Spolaore, A. M. Stefanini, K. M. Varier, H. Q. Zhang, F. Scarlassara, S. Beghini, G. Motagnoli, L. Muller, F. Segato, F. Soramel, C. Signorini, Cross Sections and Average angular momenta in the Fusion of $^{28}Si+^{94,100}Mo$ and $^{58,64}Ni+^{64}Ni$, Nucl. Phys. A609, 91(1996).

80. 林承键, 许谨诚, 张焕乔, 刘祖华, 杨峰, 鹿立新, $^{19}F+^{208}Pb$ 近垒及垒下准弹反应, 高能物理与核物理 21, 872(1997).

81. Zhang Huanqiao, Liu Zuhua, Xu Jincheng, Qian Xing, Qiao Yu, and Lin Chengjian, Systematic Study of Anomalous Anisotropies of Fission Fragments in Subbarrier Complete Fusion-Fission Reactions, Nuclear Science and Techniques 8, 1(1997).

82. 谭继廉, 张金霞, 靳根明, 张焕乔, 钱兴, 刘祖华, 许谨诚, 用于垒下重离子熔合裂变研究的两维位置灵敏探测器, 高能物理与核物理 21(1), 8-14(1997).

83. 林承键, 许谨诚, 张焕乔, 刘祖华, 杨峰, 鹿立新, $^{19}F+^{208}Pb$ 近垒及垒下准弹反应, 高能物理与核物理 21(10), 872-880(1997).

84. 张焕乔, 垒下重离子熔合裂变反应, 原子核物理进展第四章, 上海科学技术出版社, 1997, PP. 206-249.

85. 张焕乔, 杨峰, 林承键, 刘祖华, 胡跃明, $^{16}O+^{152}Sm$, ^{184}W 准弹和弹性散射的势垒分布, 高能物理与核物理 22, 769(1998).

86. Huanqiao Zhang, Feng Yang, Chengjian Lin, Zhua Liu, and Yueming Hu, Barrier distributions for $^{16}O+^{152}Sm$ quasielastic and elastic scattering, Phys. Rev. C57, R1047(1998).

87. C. Signorini, Z. H. Liu, Z. C. Li, K. E. G. Lobner, L. Muller, M. Ruan, K. Rudolph, F. Soramel, C. Zotti, A. Andrighetto, L. Stroe, A. Vitturi, H. Q. Zhang, Does break-up affect $^{9}Be+^{209}Bi$ fusion at barrier? Eur. Phys. J. A5, 7(1999).

88. C. Signorini, Z. H. Liu, Z. C. Li, K. E. G. Lobner, L. Muller, M. Ruan,

K. Rudolph, F. Soramel, C. Zotti, A. Andrighetto, L. Stroe, A. Vitturi, H. Q. Zhang, Fusion Barrier Distribution in $^{9}Be+^{209}Bi$, Proceedings of Experimental Nuclear Physics in Europe(ENPE99), Sevilla Spain, June 1999, Editted by B. Rulio, M. Lozanu, and W. Gelletly, 1999, American Institute of Physics, P. 340.

89. H. Q. Zhang, F. Yang, C. J. Lin, Z. H. Liu, Y. M. Hu, and Y. W. Wu, Barrier Distributions for Qasielastic and Elastic Scattering of $^{16}O+^{152}Sm$ and ^{164}W, Nuclear Reaction and Beyond, World Scientific Publishing, 2000, PP. 95-105.

90. 刘祖华，张焕乔，许谨诚，吕骏，钱兴，阮明，瞧愚，林承键，徐侃，近垒和垒下重离子熔合裂变碎片各向异性的异常，原子核物理评论 17，1 (2000).

91. 刘祖华，林承键，张焕乔，李志常，杨峰，阮明，^{13}C激发态中子晕，科学通报45，1608-1612(2000). 221.

92. CHEN Dong-Feng, SUN Kai, YE Chun-Tang, ZHANG Huan-Qiao, SHEN Bao-Geng, ZHANG Jun-Xian, CHENG Zhao-Hua, YAN Qi-Wei, ZHANG Pan-Lin, Neutron diffraction on study of $Er_2Fe_{15}Al_{12}$ and $Er_2Fe_{12}Al_{15}$, Nuclear Science and Techniques 2000, 11(1).

93. Liu Zu-Hua, Lin Cheng-Jian, Zhang Huan-Qiao, Li Zhi-Chang, Yang Feng, Ruan Ming, Neutron halo state of ^{13}C, Chin. Sci. Bull. 46, 43(2001).

94. C. J. Lin, J. Xu, H. Q. Zhang, Z. H. Liu, and L. X. Lu, Threshold anomaly in the $^{19}F+^{208}Pb$, Phys. Rev. C63, 064606(2001).

95. Lin Cheng-Jian, Liu Zu-Hua, Zhang Huan-Qiao, Wu Yue-Wei, Yang Feng, Ruan Ming, Excitation Halo States of ^{12}B, CHIN. PHYS. LETT. 18, 1183 (2001).

96. Lin Cheng-Jian, Liu Zu-Hua, Zhang Huan-Qiao, Wu Yue-Wei, Yang Feng, Ruan Ming, Extraction of the rms Radii of ^{13}C, CHIN. PHYS. LETT. 18, 1446 (2001).

97. Z. H. Liu, C. J. Lin, H. Q. Zhang, Z. C. Li, J. S. Zhang, Y. W. Wu, F. Yang, M. Ruan, J. C. Liu, S. Y. Li, and Z. H. Peng, Asymptotic normalization coefficients and neutron halo of the excited states in ^{12}B and ^{13}C, Phys. Rev. C64, 034312(2001).

98. C. J. Lin, H. Q. Zhang, Z. H. Liu, J. C. Xu, and F. Yang, The Effects of Deformed Projectile in Threshold Anomaly and Fusion Reaction, Proceedings of the International Nuclear Physics, INPC2001, Berkeley, July 30-August 3, 2001, Nuclear Physics in 21st Century, AIP 810, 2002, PP. 599-603.

99. H. Q. Zhang, C. J. Lin, Z. H. Liu, Y. W. Wu, F. Yang, and M. Ruan, Asymptotic normalization coefficients and neutron halo of the excited states in ^{12}B and ^{13}C, Proceedings of the International Nuclear Physics, INPC2001, Berkeley, July 30-August 3, 2001, Nuclear Physics in 21st Century, AIP 810, 2002, PP. 668-672.

100. 刘祖华，林承键，张焕乔，李志常，张竟上，吴岳伟，杨峰，阮明，刘建成，李淑媛，彭绍华，核 ANC 和激发态中子晕，高能物理与核物理 26, 696 (2002).

101. C. J. Lin, H. Q. Zhang, Z. H. Liu, J. C. Xu, and F. Yang, The Effects of Deformed Projectile in Threshold Anomaly and Fusion Reaction, J. of Nuclear and Radiochemical Sciences 3, 27(2002).

102. H. Q. Zhang, Z. H. Liu, J. C. Xu, M. Ruan, C. J. Lin, Y. Qiao, and X. Qian, Systematic Study of Anomalous Fragment Anisotropies in Near- and Sub-Barrier Fusion-Fission Reactions, J. of Nuclear and Radiochemical Sciences 3, 99 (2002).

103. C. J. Lin, H. Q. Zhang, Z. H. Liu, Y. W. Wu, F, Yang , and M. Ruan, Scaling laws of valence nucleon distributions for single-particle states, Phys. Rev. C66, 067302-1-067302-4(2002).

104. 林承键，张焕乔，刘祖华，吴岳伟，杨峰，阮明，单粒子势模型下价核子的密度分布，物理学报 52, 823-829(2003).

105. WU Kai-Su, CHEN Yong-Shou, LIU Zu-Hua, LIN Cheng-Jian, ZHANG Huan-Qiao, Calculation of Cross Sections of Radiative Halo Neutron Capture by ^{12}C at Stellar Energy with the Asymptotic Normalization Coefficient Method, CHIN. PHYS. LETT. 20, 49(2003).

106. 吴岳伟 刘祖华，林承键，张焕乔，阮明，杨峰，李志常，刘建成，近垒能区 ^{6}Li + ^{208}Pb 熔合激发函数的测量，高能物理与核物理 27, 399(2003).

107. C. J. Lin, H. Q. Zhang, Z. H. Liu, Y. W. Wu, F, Yang, and M. Ruan, Nonresonant capture cross sections of ^{11}B(n, γ)^{12}B and ^{12}C(n, γ)^{13}C, Phys. Rev. C68, 047601(2003).

108. LIU Zu-Hua, ZHANG Xi-Zhen, ZHANG Huan-Qiao, Scaling Laws and Occurrence Conditions of Nuclear Halo, CHIN. PHYS. LETT. 20, 1017(2003).

109. 刘祖华，张焕乔，二体和三体晕，中国科学 物理学 力学 天文学 33, 206-211(2003).

110. LIU Zuhua, ZHANG Huanqiao, Two-body and three-body halo nuclei, Science China Physics, Mechanics & Astronomy 46(1), 441-448(2003).

111. Z. H. Liu, X. Z. Zhang and H. Q. Zhang, Nuclear halo and its scaling laws, Phys. Rev. C68, 024305-1-024305-5(2003).

112. Y. W. Wu, Z. H. Liu, C. J. Lin, H. Q. Zhang, M. Ruan, F. Yang, and Z. C. Li, Near barrier fusion excitation function of ^{6}Li + ^{208}Pb, Phys. Rev. C68, 044605 (2003).

113. Z. H. Liu, M. Ruan, Y. L. Zhao, H. Q. Zhang, F. Yang, Z. Y. Ma, C. J. Lin, B. Q. Chen, and Y. W. Wu, Evidence for enhancement of the total reaction cross sections for ^{27,28}P with a ^{28}Si target and examination of possibly relevant mechanisms, Phys. Rev. C69, 034326-1-034326-6(2004).

114. LIU Zu-Hua, ZHANG Xi-Zhen, ZHANG Huan-Qiao, Direct Radioactive Capture of Neutron in Drip-Line Nuclei, CHIN. PHYS. LETT. 21(2), 273-275 (2004).

115. LIU Zu-Hua, RUAN Ming, ZHAO Yao-Lin, ZHANG Huan-Qiao, YANG Feng, MA Zhong-Yu, LIN Cheng_jin, CHEN Bao-Qiu, WU Yue-Wei, ZHAN Wen-Long, GUO Zhong-Yan, XIAO Guo-Qing, XU Hu-Shan, SUN Zhi-Yu, LI Jia-Xing, CHEN Zhi-Qiang, Possible Experimental Evidence of a Moderate Proton Halo in ^{29}S, CHIN. PHYS. LETT. 21, 1711-1713(2004).

116. 刘祖华，张锡珍，张焕乔，晕核的标度定律，原子核物理评论 21(1), 1-5(2004).

117. 刘祖华，阮明，赵耀林，张焕乔，杨峰，马中玉，林承键，陈保秋，吴岳伟，詹文龙，郭忠言，肖国清，徐瑚珊，孙志宇，李嘉兴，陈志强，$^{27,28}P + ^{28}Si$ 总反应截面增强及可能相关的机制，原子核物理评论 21, 266(2004).

118. F. Scarlassara, G. Montagnoli, S. Beghini, R. Silvestri, A. H. Stefanini, L. Corradi, B. R. Behera, E. Fioretto, S. Szilner, M. Trotta, Y. W. Wu, Z. H. Liu, M. Ruan, F. Yang, H. Q. Zhang, Subbarrier Fusion and Barrier Distributions of $^{48}Ca+^{90,96}Zr$, Prog. Theor. Phys. Supplement No 154, 2004, PP. 31-36.

119. ZHANG Chun-Lei, ZHANG Huan-Qiao, ZHANG Xi-Zhen, Dynamical Structure of Nuclear Excitation in Continuum, CHIN. PHYS. LETT. 22, 1877(2005).

120. ZHANG Huan-Qiao, LIU Zu-Hua, YANG Feng, LIN Cheng-Jian, RUAN Ming, WU Yue-Wei, LI Zhu-Xia, WU Xi-Zhen, ZHAO Kai, WANG Ning, Dynamical Effects on Sub-Barrier Fusion of $^{48}Ca + ^{90,96}Zr$, CHIN. PHYS. LETT. 22, 3048(2005).

121. Z. H. Liu, C. Signorini, M. Mazzocco, M. Ruan, H. Q. Zhang, T. Glodariu, Y. W. Wu, F. Soramel, C. J. Lin, and F. Yang, Partial fusion of a weakly bound projectile with heavy target at energies above the Coulomb barrier, Eur. Phys. J. A26, 73-77(2005).

122. H. Q. Zhang, Nuclear halo and its related reactions, J. of Nuclear and Radiochemical Sciences 7, R1-R12(2006).

123. A. M. Stefanini, F. Scarlassara, S. Beghini, G. Montagnoli, R. Silvestri,

M. Trotta, B. R. Behera, L. Corradi, E. Fioretto, A. Gadea, Y. W. Wu, S. Szilner, H. Q. Zhang, Z. H. Liu, M. Ruan, F. Yang, and N. Rowley, Fusion of ^{48}Ca + $^{90,96}Zr$ above and below the Coulomb barrier, Phys. Rev. C73, 034606(2006).

124. ZHANG Chun-Lei, ZHANG Huan-Qiao, LIN Cheng-Jian, RUAN Ming, LIU Zu-Hua, YANG Feng, WU Xiu-Kun, ZHOU Ping, AN Guang-Peng, JIA Hui-Ming, WU Zhen-Dong, XU Xin-Xing, BAI Chun-Lin, Unusual Threshold Anomaly in the ^{6}Li + ^{208}Pb, CHIN. PHYS. LETT. 23, 1146(2006).

125. C. L. Zhang, H. Q. Zhang, X. Z. Zhang, H. Sagawa, and F. R. Xu, Polarization Charge of O isotopes, J. Phys. G: Nucl. Part. Phys. 32, 2261-2271(2006).

126. 吴秀坤，林承键，杨峰，刘祖华，张焕乔，张春雷，周平，近垒能区 ^{32}S + $^{90,96}Zr$ 势垒分布的研究，高能物理与核物理 30，105(2006).

127. C. J. Lin, F. Yang, P. Zhou, H. Q. Zhang, Z. H. Liu, M. Ruan, X. K. Wu, Optical Potential of Exotic Nuclear Systems Extracted from Transfer Reactions, FUSION06-Reactions Mechanisms and Nuclear Structure at the Coulomb Barrier, San Servolo, Venice, Italy, 19-23 March, 2006. Editors: Lorenzo Corradi et al., AIP CONFERENCE PROCEEDINGS 853 PP. 81-85(2006).

128. C. J. Lin, H. Q. Zhang, F. Yang, M. Ruan, Z. H. Liu, X. K. Wu, P. Zhou, C. L. Zhang, G. L. Zhang, G. P. An, H. M. Jia, and X. X. Xu, Effects of Breakup of Weakly Bound Projectile and Neutron Transfer on Fusion Reactions, CP865, Nuclear Physics Trends: 6th China-Japan Joint Nuclear Physics Symposium, edited by Y. G. Ma and A. Ozawa, AIP Conferencer Proceedings 865, 1(2006).

129. 赵凯，李祝霞，吴锡真，王宁，张英逊，田俊龙，张焕乔，刘祖华，$^{40,48}Ca$+$^{90,96}Zr$ 熔合反应动力学模型研究，高能物理与核物理 30(1)，26-31(2006).

130. ZHANG Gao-Long, ZHANG Huan-Qiao, LIU Zhu-Hua, ZHANG Chun-Lei, LIN Cheng-Jian, YANG Feng, AN Guang-Peng, JIA Hui-Ming, WU Zhen-Dong, XU Xin-Xing, BAI Chun-Lin, YU Ning, Calculation of Interaction Po-

tentials between Spherical and Deformed Nuclei, CHIN. PHYS. LETT. 24(2), 397 (2007).

131. ZHANG Gao-Long, ZHANG Huan-Qiao, LIU Zhu-Hua, ZHANG Chun-Lei, LIN Cheng-Jian, YANG Feng, AN Guang-Peng, JIA Hui-Ming, WU Zhen-Dong, XU Xin-Xing, BAI Chun-Lin, YU Ning, Double Folding Model Calculation Applied to Real Part of Interaction Potential, HIGH ENERGY PHYSICS AND NUCLEAR PHYSICS 31(7), 634(2007).

132. C. J. Lin, H. Q. Zhang, F. Yang, M. Ruan, Z. H. Liu, Y. W. Wu, X. K. Wu, P. Zhou, C. L. Zhang, G. L. Zhang, G. P. An, H. M. Jia, and X. X. Xu, Effects of Breakup of Weakly Bound Nuclei and Neutron Transfer on Fusion Reactions around Coulomb Barrier, Nucl. Phys. A787, 281c–289c(2007).

133. C. J. Lin, X. Z. Zhang, R. Zhang, Z.H. Liu, and H. Q. Zhang, Low lying E1 strength in light drip-line nuclei, Phys. Rev. C76, 044321-1-044321-6 (2007).

134. C. J. Lin, G. L. Zhang, F. Yang, H. Q. Zhang, Z. H. Liu, C. L. Zhang, P. Zhou, X. K. Wu, X. X. Xu, G. P. An, H. M. Jia, Two proton simultaneous emission from ^{29}S, The 23rd International Nuclear Physics Conference, Tokyo, Japan. June 3–7, 2007. PP. 403–405(2007).

135. C. J. Lin, X. X. Xu, G. L. Zhang, F. Yang, H. Q. Zhang, Z. H. Liu, C. L. Zhang, P. Zhou, X. K. Wu, G. P. An, H. M. Jia, H. S. Xu, G. Q. Xiao, W. L. Zhan, Z. Y. Guo, Z. Y. Sun, and Z. G. Hu, Two proton halo and two proton emission nucleus: ^{29}S, International Conference on Proton Emitting Nuclei and Related Topics, Lisbon, Portugal. June 17–23, 2007. AIP Conf. Proc. 978, 117–119 (2007).

136. F. Yang, C. J. Lin, X. K. Wu, H. Q. Zhang, C. L. Zhang, P. Zhou, and Z. H. Liu, Barrier distributions from ^{32}S + $^{90,96}Zr$ quasi-elastic scattering: Investigation of the role of neutron transfer in sub-barrier fusion reactions, Phys. Rev. C77,

014601-1-014601-5(2008).

137. JIA Hui-Ming, LIN Cheng-Jian, ZHANG Huan-Qiao, LIU Zu-Hua, YANG Feng, JIA Fei, ZHANG Chun-Lei, AN Guang-Peng, WU Zhen-Dong, XU Xin-Xing, BAI Chun-Lin, YU Ning, Surface Diffuseness Anomaly in ^{16}O + ^{208}Pb Quasi-elastic Scattering at Backward Angle, CHIN. PHYS. LETT. 25, 2834-2836 (2008).

138. AN Guang-Peng, LIN Cheng-Jian, ZHANG Huan-Qiao, LIU Zu-Hua, YANG Feng, ZHANG Gao-Long, ZHANG Chun-Lei, WU Zheng-Dong, JIA Fei, JIA Hui-Ming, XU Xin-Xing, BAI Chun-Lin, YU Ning, Optical Potential Parameters of Weakly Bound Nuclear System ^{17}F + ^{12}C, CHIN. PHYS. LETT. 25, 4237-4239(2008).

139. Wu Zheng-Dong, LIN Cheng-Jian, Zhang Huan-Qiao, LIU Zu-Hua, YANG Feng, ZHANG Gao-Long, ZHANG Chun-Lei, WU Zheng-Dong, JIA Fei, JIA Hui-Ming, XU Xin-Xing, BAI Chun-Lin, YU Ning, Optical Potential Parameters for Halo Nucleus System ^{6}He + ^{12}C from Transfer Reaction $^{11}B(^{7}Li, ^{6}He)^{12}C$, CHINA. PHYS. LETT. 26, No. 2, 022503-1—022503-3(2009).

140. JIA Fei, LIN Cheng-Jian, ZHANG Huan-Qiao, YANG Feng, JIA Hui-Ming, XU Xin-Xing, WU Zhen-Dong, LIU Zu-Hua, ZHANG Gao-Long, ZHANG Chun-Lei, Experimental Evidence of Two-Proton Emissions from ^{18}Ne Excited State, CHIN. PHYS. LETT. 26, No.3, 032301-1-032301-2(2009).

141. Zhang Gao-Long, Zhang Huan-Qiao, Determination of α Preformation for Heavy Nuclei, Nucl. Phys. A 823, 16 – 25(2009).

142. C. L. Bai, H. Sagawa, H. Q. Zhang, X. Z. Zhang, G. Colo and F. R. Xu, Effect of Tensor Correlations on Gamow-Teller in ^{90}Zr and ^{208}Pb, Phys. Lett. B 675, 28(2009).

143. C. L. Bai, H. Q. Zhang, X. Z. Zhang, F. R. Xu, H. Sagawa, and G. Colo, Quenching of Gamow-Teller strength due to tensor correlations in ^{90}Zr and ^{208}Pb, Phys. Rev. C79, 041301(R)(2009).

144. C. J. Lin, H. M. Jia, H. Q. Zhang, F. Yan, X. X. Xu, F. Jia, and Z. H. Liu, Systematic study of surface properties of potential with high precision larger-angular quasi-elastic scatterings, Phys. Rev. C79, 064603-1-064603-5(2009).

145. C. J. Lin, X. X. Xu, H. M. Jia, F. Yang, F. Jia, Z. H. Liu, H. Q. Zhang, H. S. Xu, Z. Y. Sun, J. S. Wang, Z. G. Hu, M. Wang, R. F. Chen, X. Y. Zhang, C. Li, X. G. Lei, Z. G. Xu, G. Q. Xiao, and W. L. Zhan, Experimental study of two-proton correlated emission from ^{29}S excited states, Phys. Rev. C80, 014310-1-014310-7(2009).

146. G. L. Zhang, X. Y. Le, and H. Q. Zhang, Calculation of α preformation for nuclei near N=162 and N=184, Phys. Rev. C80, 064325-1-064325-5(2009).

147. YU Ning, LIU Fu-Qing, ZHANG Huan-Qiao. Three-Body Faddeev Approach to Two-Proton Emission from ^{18}Ne Excited State, CHIN. PHYS. LETT. 26 (11), 112101-1—112101-3(2009).

148. X. X. Xu, C. J. Lin, H. M. Jia, F. Yang, F. Jia, S. T. Zhang, Z. H. Liu, H. Q. Zhang, H. S. Xu, Z. Y. Sun, J. S. Wang, Z. Q. Hu, M. Wang, R. F. Chen, X. Y. Zhang, C. Li, X. G. Lei, Z. G. Xu, G. Q. Xiao, and W. L. Zhan, Two-proton Emission from ^{29}S and ^{17}Ne Excited States via Coulomb Excitation, CP1165, Nuclear Structure and Dynamics '09, edited by M. Milln, T. Niksic, D. Vretenar, and S. Szilner, 2009 American Institute of Physics 978-0-7354-0702-2/09/, PP.106-109.

149. H. Q. Zhang, C. L. Zhang, C. J. Lin, Z. H. Liu, F. Yang, A. K. Nasirov, G. Mandaglio, M. Manganaro, and G, Giardina, Competition between fusion-Fission and quasifission process in the ^{32}S+^{182,184}W, Phys. Rev. C81, 034611 (2010).

150. X. X. Xu, C. J. Lin, H. M. Jia, F. Yang, F. Jia, Z. D. Wu, S. T. Zhang, Z. H. Liu, H. Q. Zhang, H. S. Xu, Z. Y. Sun, J. S. Wang, Z. G. Hu, M. Wang, R. F. Chen, X. Y. Zhang, C. Li, X. G. Lei, Z. G. Xu, G. Q. Xiao, and W. L. Zhan, In-

vestigation of two-proton emission from excited states of the odd-Z nucleus ^{28}P by complete-kinematics measurements, Phys. Rev. C81, 054317-1_054317-5(2010).

151. N. Yu, H. Q. Zhang, H. M. Jia, S. T. Zhang, M. Ruan, F. Yang, Z. D. Wu, X. X. Xu, and C. L. Bai, Unusual potential behavior for the weakly bound nucleus ^{9}Be in elastic scattering from ^{208}Pb and ^{209}Bi near the threshold, J. Phys. G: Nucl. Part. 37, 075108(2010).

152. C. L. Bai, H. Q. Zhang, H. Sagawa, X. Z. Zhang, G. Colo, and F. R. Xu, Effect of the Tensor Force on the Charge Exchange Spin-Dipole Excitations of ^{208}Pb, Phys. Rev. Lett. 105, 072501-1-072501-4(2010).

153. C. L. Bai, H. Q. Zhang, X. Z. Zhang, Tensor Effects on Spin-Dependent Charge-Exchange Transitions, Nucl. Phys. A834, 65-68c(2010).

154. H. M. Jia, C. J. Lin, H. Q. Zhang, F. Yan, Z. H. Liu, F. Jia, X. X. Xu, S. T. Zhang, and K. Hagino, Systematic study of the surface diffuseness of nuclear potential with high precision large-angle quasi-elastic scattering, Nucl. Phys. A834, 189-191c(2010).

155. C. L. Zhang, H. Q. Zhang, C. J. Lin, , A. K. Nasinov, G.Mandaglio, M. Manganaro, G. Giardina, Competition between fusion-fission and quasifission processes in $^{32}S + ^{184}W$, Nucl. Phys. A834, 201-204c(2010).

156. C. J. Lin, X. X. Xu, H. M. Jia, F. Yan, F. Jia, Z. D. Wu, S. T. Zhang, Z. H. Liu, H. Q. Zhang, H. S. Xu, Z. Y. Sun, J. S. Wang, Z. G. Hu, M. Wang, R. F. Chen, X. Y. Zhang, C. Li, X. G. Lei, Z. G. Xu, G. Q. Xiao, and W. L. Zhan, Experimental study of the two-proton correlated emission from the excited states of $^{17,18}Ne$ and $^{28,29}S$, Nucl. Phys. A834, 450-453c(2010).

157. ZHANG Huan-Qiao(张焕乔), LIN Cheng-Jian(林承键), Yang Feng(杨峰), Jia Hui-Ming(贾会明), ZHOU Ping(周平), AN Guang-Peng(安广鹏), ZHANG Chun-Lei(张春雷), XU Xin-Xing(徐新星), An electrostatic deflector for a fusion reaction, Chinese Physics C34(10), 1628-1631(2010).

158. H. M. Jia, C. J. Lin, H. Q. Zhing, Z. H. Liu, N. Yu, F. Yang, F. Jia, X. X. Xu, Z. D. Wu, S. T. Zhang, and C. L. Bai, Barrier distribution from $^{9}Be + ^{208}Pb$ quasielastic scattering: breakup effects in the interaction processes, Phys. Rev. C82, 027602-1-027602-4(2010).

159. H. Q. Zhang, C. J. Lin, F. Yang, H. M. Jia, X. X. Xu, Z. D. Wu, F. Jia, S. T. Zhang, Z. H. Liu, A. Richard, and C. Beck, Near-barrier fusion of $^{32}S + ^{90,96}Zr$: The effect of multi-neutron transfers in sub-barrier fusion reactions, Phys. Rev. C82, 054609-1-054609-7(2010).

160. H. Q. Zhang, C. L. Zhang, H. M. Jia, C. J. Lin, F. Yang, Z. H. Liu, Z. D. Wu, F. Jia, X. X. Xu, A. Richard, A. K. Nasinov, G. Mandaglio, M. Manganaro, G. Giandina and K. Hagino, Studies of heavy ion reactions around Coulomb barrier, Nuclear Physics Trends: The 7th China-Japan Joint Nuclear Physics Symposium, edited by A. Ozawa and W. Liu, American Institute of Physics 978, PP. 50-56, 2010.

161. BAI Chun-Lin(白春林), ZHANG Huan-Qiao(张焕乔), ZHANG Xi-Zhen(张锡珍), XU Fu-Rong(许甫荣), H. Sagawa, G. Colo, Effect of the Tensor Force on Charge-Exchange Spin-Dependent Multipole Excitations, CHIN. PHYS. LETT. 27(10), 102101-1-102101-4(2010).

162. X. X. Xu, C. J. Lin, H. M. Jia, F. Yang, F. Jia, Z. D. Wu, S. T. Zhang, Z. H. Liu, H. Q. Zhang, H. S. Xu, Z. Y. Sun, J. S. Wang, Z. G. Hu, M. Wang, R. F. Chen, X. Y. Zhang, C. Li, X. G. Lei, Z. G. Xu, G. Q. Xiao, and W. L. Zhan, Observation of two-α emission from high-lying excited states of ^{18}Ne by complete-kinematics measurements, Phys. Rev. C82, 064316-1-064316-5(2010).

163. C. J. Lin, X. X. Xu, H. M. Jia, F. Yan, F. Jia, Z. D. Wu, S. T. Zhang, Z. H. Liu, H. Q. Zhang, H. S. Xu, Z. Y. Sun, J. S. Wang, Z. G. Hu, M. Wang, R. F. Chen, X. Y. Zhang, C. Li, X. G. Lei, Z. G. Xu, G. Q. Xiao, and W. L. Zhan, Recent experimental results of the two-proton correlated emission from the excited

states of ^{17,18}Ne and ^{28,29}S, 4th International Conference on Proton Emitting Nuclei and Related Topics, June 6-10, 2011. Bordeaux.

164. H. Q. Zhang, C. L. Zhang, C. J. Lin, A. K. Nasirov, G. Mandaglio, M. Manganaro, and Giardina, Fusion-fission and quasi-fission competition in the ^{32}S + ^{184}W reaction, J. Phys. Conf. Ser. 282, 012013-1-14(2011).

165. V. V. Sargsyan, G. G. Adamian, N. V. Antonenko, W. Scheid, and H. Q. Zhang, Peculiarities of sub-barrier reactions with heavy ions, International Symposium on Quasifission Process in Heavy Ion Reactions, Journal of Physics: Conference Series 282(2011)012001-1-21.

166. V. V. Sargsyan, G. G. Adamian, N. V. Antonenko, W. Scheid, and H. Q. Zhang, Sub-barrier capture with quantum diffusion approach: Actinide-based reactions, Eur. Phys. J. A47, 38-49(2011).

167. C. L. Bai, H. Q. Zhang, H. Sagawa, X. Z. Zhang, G. Colo, and F. R. Xu, Spin-isospin excitations as quantitative constraints for the tensor force, Phys. Rev. C83, 054316(2011).

168. ZHANG HuanQiao, LIN ChengJian, JIA HuiMing, ZHANG ChunLei, ZHANG GaoLong, YANG Fen, LIU ZuHua, AN GuangPeng, WU ZhenDong, XU XinXing, JIA Fei, Studies of heavy ion reactions around the Coulomb barrier, SCIENCE CHINA Physics, Mechanics & Astronomy 54, Suppl. 1: 6-13(2011).

169. LIU WeiPing, LI ZhiHong, BAI XiXing, WANG YouBao, GUO Bing, PENG ChaoHua, YANG Yi, SU Jun, CUI BaoQun, ZHOU ShuHua, ZHU ShengYun, XIA HaiHong, GUAN XiaLing, ZENG Sheng, ZHANG HuanQiao, CHEN YongShou, TANG HongQing, HUANG Li, FENG BeiYuan, BRIF and CARIF progress, SCIENCE CHINA Physics, Mechanics & Astronomy 54, Suppl. 1: 14-17(2011).

170. LIN ChengJian, XU XinXing, JIA HuiMing, Yang Feng, JIA Fei, WU ZhenDong, ZHANG ShiTao, LIU ZuHua, ZHANG HuanQiao, XU HuShan, SUN

ZhiYu, WANG JianSong, HU ZhengGuo, WANG Meng et al., Experimental research into the two-proton emission from the excited states of $^{17,18}Ne$ and ^{29}S, Science China Physics, Mechanics & Astronomy 54(s1), 73-80(2011).

171. H. Q. Zhang, C. L. Zhang, C. J. Lin, Z. H. Liu, F. Yang, A. K. Nasinov, G. Mandaglio, M. Minganaro, G. Giardina, Quasi-fission and Fusion-fission competition for the ^{32}S + ^{184}W reaction, Euro. Phys. J. web of conferences 17, 04002 (2011).

172. V. V. Sargsyan, R. A. Kuzyakin, G. G. Adamian, N. V. Antonenko, W. Scheid, and H. Q. Zhang, Sub-barrier capture with quantum diffusion approach, Eur. Phys. J. Web of conferences 17, 04003(2011).

173. C. J. Lin, H. M. Jia, H. Q. Zhang, F. Yang, X. X. Xu, Z. H. Liu, and S. T. Zhang, Nuclear reactions studied by quasi-elastic measurements with high precision at backward angles, Eur. Phys. J. Web of conferences 17, 05005(2011).

174. A. Richard, C. Beck, H. Q. Zhang, C. J. Lin, F. Yang, H. M. Jia, X. X. Xu, Z. D. Wu, F. Jia, S. T. Zhang, and Z. H. Liu, Multi-neutron transfer coupling in sub-barrier ^{32}S + $^{90,96}Zr$ fusion reactions, Eur. Phys. J. Web of conferences 17, 08005(2011). arXiv:1104.5333(2011).

175. C. J. Lin, X. X. Xu, H. M. Jia, F. Yang, F. Jia, Z. D. Wu, S. T. Zhang, Z. H. Liu, H. Q. Zhang, H. S. Xu, Z. Y. Sun, J. S. Wang, Z. G. Hu, M. Wang, R. F. Chen, X. F. Zhang, C. Li, X. G. Lei, Z. G. Hu, and G. Q. Xiao, Recent experimental results of two-proton correlated emission from the excited states of $^{17,18}Ne$ and ^{29}S, AIP Conf. Proc. 1409, 98-101(2011).

176. C. L. Bai, H. Sagawa, G. Colo, H. Q. Zhang, and X. Z. Zhang, Spin-dipole excitations in ^{16}O and tensor correlations, Phys. Rev. C84, 044329(2011).

177. V. V. Sargsyan, G. G. Adamian, N. V. Antonenko, W. Scheid, H. Q. Zhang, Effects of nuclear deformation and neutron transfer in capture processes, and fusion hindrance at deep sub-barrier energies, Phys. Rev. C84, 064614-1-12

(2011).

178. ZHANG Zhi-Yuan, GAN Zai-Guo, Ma Long, HUANG Ming-Hui, HUANG Tian-Heng, WU Xiao-Lei, JIA Guo-Bin, LI Guang-Shu, YU Lin, REN Zhong-Zhou, ZHOU Shan-Gui, ZHANG Yu-Hu, ZHOU Xiao-Hong, XU Hu-Shan, ZHANG Huan-Qiao(张焕乔), XIAO Guo-Qing, ZHAN Wen-Long, Observation of the super heavy Nuclide ^{271}Ds, CHIN. PHYS. LETT. 29, No1, 012502 (2012).

179. V. V. Sargsyan, G, G, Adamian, N. A. Antonenko, W. Scheid, C. J. Lin and H. Q. Zhang, Oblate-prolate deformation effect in capture reactions at sub-barrier energies, Phys. Rev. C85, 017603(2012).

180. V. V. Sargsyan, G. G. Adamian, N. A. Antonenko, W. Scheid, and H. Q. Zhang, Role of neutron transfer in capture processes at sub-barrier energies, Phys. Rev. C85, 024616(2012).

181. V. V. Sargsyan, G. G. Adamian, N. V. Antonenko, W. Scheid, C. J. Lin, and H. Q. Zhang, Deformation effects in the sub-barrier capture process, Phys. Rev. C85, 037602(2012).

182. Hai-Liang Ma, Bao-Guo Dong, Yu-Liang Yan, Huan-Qiao Zhang, and Xi-Zhen Zhang, Proton pygmy dipole resonance in ^{17,18}Ne: Collective versus noncollective excitations, Phys. Rev. C85, 044307(2012).

183. G. L. Zhang, C. L. Zhang, H. Q. Zhang, C. J. Lin, D. Y. Pang, X. K. Wu, H. M. Jia, G.P. An, Z. D. Wu, X. X. Xu, F. Yang, Z. H. Liu, S. Kubono, H. Yamaguchi, S. Hayakawa, D. N. Binh, Y. K. Kwon, N. Iwasa, M. Mazzocco, M. La Commara, M. Romoli, and C. Signorini, Quasi-elastic scattering of the proton drip line nucleus ^{17}F on ^{12}C at 60 MeV, Eur. Phys. J. A48, 65-1-7(2012).

184. V. V. Sargsyan, G, G, Adamian, N. A. Antonenko, W. Scheid, and H. Q. Zhang, Influence of neutron transfer in reactions with weakly and strongly bound nuclei on the sub-barrier capture processes, Phys. Rev. C86, 014602(2012).

185. Zhang Qiao-Li YUAN Da-Qing ZHANG Huan-Qiao, FAN Ping, ZUO Yi, ZHENG Yong-Nan, K. Masuta, M. Fukuda, M. Mihara, T. Minamisono, A. Kitagawa, ZHU Sheng-Yun, Ab initio calculation of electric field gradient at the site of Pimpurity in α- Al_2O_3 single crystal, CHIN. PHYS. LETT. 29, No 9(2012) 092102.

186. V. V. Sargsyan, G. G. Adamian, N. V. Antonenko, W. Scheid, and H. Q. Zhang, Astrophysical S factor, logarithmic slope of the excitation function, and barrier distribution, Phys. Rev. C86, 034614(2012).

187. H. M. Jia, C.J. Lin, F. Yang, X. X. Xu, H. Q. Zhang, Z. H. Liu, L. Yang, S. T. Zhang, P. F. Bao, and L. J. Sun, Fusion of ^{18}O + ^{74}Ge and ^{16}O + ^{76}Ge systems and role of positive Q value neutron transfers, Phys. Rev. C86, 044621 (2012).

188. Xu Xinxing, Lin Chengjian, Jia Huiming, Yang Feng, Wu Zhendong, Zhang Shitao, Liu Zuhua, Zhang Huanqiao, Xu Hushan, Wang Jiansong, Hu Zhengguo, Wang Meng, Chen Ruofu, Zhang Xueying, Li Chen, Lei Xiangguo, Xu Zhiguo, and Xiao Guoqing, Experimental Study of Two-Alpha Emission from High-Lying Excited States of $^{17,18}Ne$, Plasma Sci. Technol., 14, 371(2012).

189. Jia Huiming, Lin Chengjian, Zhang Huanqiao, Liu Zuhua, Yu Ning, Yang Feng, Xu Xinxing, Jia Fei, Wu Zhendong, and Zhang Shitao, Breakup Effect of Weakly Bound Projectile on the Barrier Distribution around Coulomb Barrier, Plasma Sci. Technol., 14, 390(2012).

190. N. Yu, H. Q. Zhang, X. Z. Zhang, Vorticity of threshold strengths in neutron drip-line nuclei, J. Phys. G39, 105105(2012).

191. V. V. Sargsyan, G. G. Adamian, N. V. Antonenko, W. Scheid, and H. Q. Zhang, Search of systematic behavior of breakup probability in reactions with weakly bound projectiles at energy around Coulomb barrier, Phys. Rev. C86, 054610(2012).

192. V. V. Sargsyan, G. G. Adamian, N. V. Antonenko, W. Scheid, and H. Q. Zhang, Quasifission at extreme sub-barrier energies, Eur. Phys. J. A48, 188 (2012).

193. Gao Size, Zhang Guiying, Ni Banfa, Zhao Changjun, Zhang Huanqiao, Guan Yongjing, Chen Zhe, Xiao Caijian, Liu Chao, Liu Cunxiong, Acoustic response of superheated droplet detectors to neutron, Nuclear Instruments and Methods Research A668(2012)21-25.

194. V. V. Sargsyan, G. G. Adamian, N. V. Antonenko, W. Scheid, and H. Q. Zhang, Role of neutron transfer and deformation effect in capture process at sub-barrier energies, EPJ Web of Conferences 38, 09005(2013).

195. C. L. Bai, H. Q. Zhang, X. Z. Zhang, F. R. Xu, H. Sagawa, G. Colo, Tensor Effects on the Spin-Dependent Charge-Exchange Transition, Nuclear structure in China 2012, Editors J. Meng, C. W. Shen, E. G. Zhao and S. G. Zhou, World Scientific, PP.1-8(2013).

196. X. P. Yang, G. L. Zhang, and H. Q. Zhang, Systematic study of reaction functions of weakly bound nuclei, Phys. Rev. C87, 014603(2013).

197. V. V. Sargyan, G. G. Adamian, N. V. Antonenko, W. Schied, and H. Q. Zhang, Threshold energy for sub-barrier fusion hindrance phenomenon, Eur. Phys. J. A49, 19-26(2013).

198. Bai, C. L. Sagawa, H., Sasano, M., Uesaka, T., Zhang, H. Q., Zhang, X. Z., Xu, F. R., Role of T=0 pairing in Gamow-Teller in N=Z nuclei, Phys. Lett. B719, N1-3, 116-120(2013).

199. Tian-Heng Huang, Zai-Guo Gan, Ming-Hui Huang, Long Ma, Zhi-Yuan Zhang, Xiao-Lei Wu, Guang-Shun Li, Zhong-Zhou Ren, Shan-Gui Zhou, Yu-Hu Zhang, Xiao-Hong Zhou, Hu-Shan Xu, Huan-Qiao Zhang, and Guo-Qing Xiao, Observation of super heavy nuclide ^{271}Db based on the Gas-filled separator at IMP, 11th International Conference on Nucleus-Nucleus Collisions (NN2012), Jour-

nal of Physics Conference Series 420(2013)012005-1-6.

200. H. M. Jia, C. J. Lin, F. Yang, X. X. Xu, H. Q. Zhang, Z. H. Liu, L. Yang, S. T. Zhang, P. F. Bao and L. J. Sun, Near-barrier fusion of $^{32}S+^{90,96}Zr$, $^{16}O+^{76}Ge$ and $^{18}O+^{74}Ge$, 11th International Conference on Nucleus-Nucleus Collisions (NN2012), San Antonia, Texas, USA. Journal of Physics Conference Series 420 (2013)012124-1-6.

201. C. J. Lin, H. Q. Zhang, H. M. Jia, F. Yang, Z. H. Liu, X. X. Xu, L. Yang, P. F. Bao, and L. J. Sun, Fissions in $^{32}S+^{184}W$ and $^{34}S+^{186}W$ reactions at near-and sub-barrier energies, 11th International Nucleus-Nucleus Collisions (NN2012), San Antonia, Texas, USA. Journal of Physics Conference Series 420 (2013)012126-1-7.

202. C. J. Lin, H. M. Jia, H. Q. Zhang, X. X. Xu, F. Yang, L. Yang, P. F. Bao, L. J. Sun, and Z. H. Liu, Effect of Two-neutron Transfer with Positive Q-values on Sub-barrier Fusion, EPJ Web of Conferences 63, 02007(2013).

203. L. Yang, C. J. Lin, H. M. Jia, X. X. Xu, F. Yang, H. Q. Zhang, Z. H. Liu, P. F. Bao and L. J. Sun, Energy dependence of phenomenological optical model potentials for the $^{7}Li+^{11}B$ reaction, Phys. Rev. C87, 047601-4(2013).

204. V. V. Sargsyan, G. G. Adamian, N. V. Antonenko, W. Scheid, and H. Q. Zhang, Sub-barrier capture reactions with $^{16,18}O$ and $^{40,48}Ca$ beams, Eur. Phys. J. A(2013)49:54.

205. Hai-Liang Ma, Shun-He Yao, Bao-Guo Dong, Xiao-Guang Wu, Huan-qiao Zhang, and Xi-Zhen Zhang, Risk of Misinterpretation of Nearly Degenerate Doublet Bands as Chiral Partners in Odd-Even $^{103,105,107}Ag$ and Odd-Odd ^{106}Ag, Phys. Rev. C88, 034322(2013).

206. X. X. Xu, C. J. Lin, H. M. Jia, F. Yang, H. Q. Zhang, Z. H. Liu, Z. D. Wu, L. Yang, P. F. Bao, L. J. Sun, H. S. Xu, J. S. Wang, Y. Y. Yang, Z. Y. Sun, Z. G. Hu, M. Wang, S. L. Jin, J. L. Han, N. T. Zhang, S. Z. Chen, X. G. Lei, M. R.

Huang, P. Ma, J. B. Ma, Y. H. Zhang, X. H. Zhou, X. W. Ma, G. Q. Xiao, Correlations of two protons emitted from excited states of ^{29}S and ^{27}P, Phys. Lett. B727(1-3), 126-129(2013).

207. 杨磊，林承键，杨峰，贾会明，徐新星，张焕乔，刘祖华，张世涛，包鹏飞，孙立杰，^{7}Li+^{11}B 体系的唯象光学势的研究，原子核物理评论 30(2), 117(2013).

208. Gang Guo, Fang Han, Xiangdong Ji, Jianglai Liu, Zhaoxu Xi, and Huanqiao Zhang, Sterile Neutrino Search Using China Advanced Research Reactor, arXiv: 1303.0607v2 [physics.ins-det] 18 Jun 2013.

209. 闫文奇，胡海龙，张高龙，林承键，张焕乔，张春雷，贾会明，安广朋，吴振东，徐新星，杨峰，刘祖华，Kubono S, Yamaguchi H, Hayakawa S, Binh D N, Kwon Y K, Iwasa N, Mazzocco M, Commara La M, Romoli M, Signorini C, ^{16}O+^{197}Au 准弹性散射实验对硅条探测器定位刻度，核技术 36, No. 8, 080501(2013).

210. C. J. Lin, H. M. Jia, F. Yang, X. X. Xu, H. Q. Zhang, Z. H. Liu, L. Yang, P. F. Bao and L. J. Sun, Nuclear reaction studies at the China Institute of Atomic Energy, The 8th China-Japan Joint Nuclear Physics Symposium(CJJNP 2012), October 15-19, 2012, Beijing, China. AIP Conf. Proc. 1533, PP. 25-32(2013).

211. L. Yang, C. J. Lin, H. M. Jia, X. X. Xu, F. Yang, Z. D. Wu, H. Q. Zhang, Z. H. Liu, P. F. Bao, L. J. Sun, and N. H. Ma, Optical model potentials for ^{6}He + ^{209}Bi from ^{208}Pb(^{7}Li, ^{6}He)^{209}Bi reaction analysis, Phys. Rev. C89, 044615(2014).

212. C. L. Bai, H. Q. Zhang, H. Sagawa, G. Colo, X. Z. Zhang, and F. R. Xu, Effects of Skyrme Tensor Force on the Spin-isospin Excitations, The 25th International Nuclear Physics Conference(INPC2013), June 2-7, 2013, Florence, Italy. EPJ Web of Conferences 66, 02004(2014).

213. C. J. Lin, H. M. Jia, H. Q. Zhang, X. X. Xu, F. Yang, L. Yang, P. F.

Bao, L. J. Sun, and Z. H. Liu, Sub-barrier Fusion and Neutron Transfer with Positive Q-value, The 25th International Nuclear Physics Coference (INPC2013), June 2-7, 2013, Florence, Italy. EPJ Web of Conferences 66. 03055(2014).

214. V. V. Sargsyan, G. G. Adamian, N. V. Antonenko, W. Scheid, H. Q. Zhang, Fusion at near-barrier energies within the quantum diffusion approach, EPJ Web of Conferences, 69, 00015(2014).

215. V. V. Sargsyan, G. Scamps, G. G. Adamian, N. V. Antonenko, D. Lacroix, W. Scheid and H. Q. Zhang, Nuclear reactions at near-barrier energies with quautum diffusion approach, ECHIC2013, Journal of Physics Conference Series 515 (2014)012001-1-12.

216. V. V. Sargsyan, G. G. Adamian, , N. V. Antonenko, W. Scheid, H. Q. Zhang, Derivation of breakup probabilities from experimental elastic backscattering data, Eur. Phys. J. A50, 71-1-3(2014).

217. S. P. Hu, H. L. Ma, X. P. Cao, X. G. Wu, H. Q. Zhang, H. Hua, J. J. Sun, H. B. Sun, C. Y. He, Y. Zheng, G. S. Li, C. B. Li, S. H. Yao, J. L. Wang, H. W. Li, Y. H. Wu, J. T. Liu, P. W. Luo, C. Xu, Y. Y. Chen, Multiple triaxial bands and abnormal signature inversion in ^{74}As, Phys. Lett. B732, 59-64(2014).

218. WU Zhen-Dong, YANG Lei, LIN Cheng-Jian, JIA Hui-Ming, YANG Feng, XU Xin-Xing, ZHANG Huan-Qiao, LIU Zu-Hua, BAO Peng-Fei, SUN Li-Jie, MA Nan-Ru, ZHENG Lei, A Sensitivity Test of Extracting the Optical Potential Parameters for ^{6}He+^{209}Bi from the Transfer Reaction ^{208}Pb(^{7}Li, ^{6}He)^{209}Bi, CHIN. PHYS. LETT. 31(9), 092401(2014).

219. H. M. Jia, C. J. Lin, F. Yang, X. X. Xu, H. Q. Zhang, Z. H. Liu, Z. D. Wu, L. Yang, N. R. Ma, P. F. Bao, and L. J. Sun, Extracting the hexadecapole deformation from backword quasi-elastic scattering, Phys. Rev. C90, 031601 (R) (2014).

220. BAO Peng-Fei, LIN Cheng-Jian, YANG Feng, GUO Zhao-Qiao, GUO

Tian-Shu, YANG Lei, SUN Li-JIe, JIA Hui-Ming, XU Xin-Xing, MA Nan-Ru, ZHANG Huan-Qiao, LIU Zu-Hua, Development of large-area quadrant silicon detector for charged particles, Chinese Physics C, Vol. 38, No. 12, 126001(2014).

221. A. A. Ogloblin, H. Q. Zhang, C. J. Lin, H. M. Jia, S. V. Khlebnikov, E. A. Kuzmin, W. H. Trzaska, X. X. Xu, F. Yang, V. V. Sargsyan, G. G. Adamian, N. V. Antonenko, and W. Scheid, Role of neutron transfer in asymmetric fusion reactions at sub-barrier energies, Eur. Phys. J. A50, 157(2014).

222. C. L. Bai, H. Sagawa, G. Colo, Fujita, H. Q. Zhang, X. Z. Zhang, and F. R. Xu, Low-energy collective Gamow-Teller states and isoscalar pairing interaction, Phys. Rev. C90, 054335(2014).

223. W. W. Ou, G. L. Zhang, H. Q. Zhang, R. Walski, Comparable studies of Coulomb barrier height for nuclear models applied to sub-barrier fusion. Phys. Rev. C90, 064603(2014).

224. J.J. Sun, Z. Shi, X.Q. Li, H. Hua, C. Xu, Q.B. Chen, S.Q. Zhang, C.Y. Song, J. Meng, X.G. Wu, S.P. Hu, H.Q. Zhang, W.Y. Liang, F.R.Xu, Z.H. Li, G.S. Li, C.Y. He, Y. Zheng, Y.L. Ye, D.X. Jiang, Y.Y. Cheng, C. He, R. Han, Z.LH.Li, C.B. Li, H.W. Li, J.L. Wang, J.J. Liu, Y.H. Wu, P.W. Luo, S.H. Yao, B.B. Yu, X. P. Cao, Spectroscopy of ^{74}Ge: from soft to rigid triaxiality, Phys. Lett. B734, 308-313(2014).

225. 张高龙,杨晓鹏,张焕乔,弱束缚原子核反应函数的系统学研究,核技术 第37卷,第10期,100508-1-4(2014).

226. 孙立杰,林承键,徐新星,王建松,贾会明,杨峰,杨彦云,杨磊,包鹏飞,张焕乔,金仕纶,韩建龙,吴振东,张宁涛,陈思泽,马军兵,马鹏,马南茹,刘祖华,郑磊,^{37}Ca β缓发质子发射实验研究,核技术 第37卷,第10期,100509-1-6(2014).

227. V. V. Sargsyan, G. G. Adamian, N. V. Antonenko, W. Scheid, and H. Q. Zhang, Examination of the different roles of neutron transfer in the sub-barrier

fusion reactions $^{32}S+^{94,96}Zr$ and $^{40}Ca+^{94,96}Zr$, Phys. Rev. C91, 014613(2015).

228. Qiaoli Zhang, Daqing Yuan, Ping Fan, Yi Zuo, Yongnan Zheng, Xiaoqiang Ma, Juncheng Liang, Huanqiao Zhang, Shengyun Zhu, Ab initial calculation of electric field gradient and magnetic hyperfine field in Fe-doped SnO_2, Hyperfine Interactions 231(1-3), 2015. DOI 10.1007/s10751-015-1128-x.(2015).

229. 孙立杰，林承键，杨峰，郭昭乔，郭天舒，徐新星，包鹏飞，杨磊，贾会明，马南如，张焕乔，刘祖华，双面硅条探测器的研制与测试，原子能科学技术 49卷2期，336-342 (2015).

230. A. Gomez Camacho, N. Yu, H. Q. Zhang, P. R. S. Gomes, H. M. Jia, J. Lubian, and C. J. Lin, Energy dependence of the optical potentials for the $^{9}Be+^{208}Pb$ and $^{9}Be+^{209}Bi$ systems at near-Coulomb-barrier energies, Phys. Rev. C91, 044610 (2015).

231. S. P. Hu, G. L. Zhang, J. C. Yang, H. Q. Zhang, P. R. S. Gomes, J. Lubian, X. G. Wu, J. Zhong, C. Y. He, Y. Zheng, C. B. Li, G. S. Li, W. W. Qu, F. Wang, L. Zheng, L. Yu, Q. M. Chen, P. W. Luo, H. W. Li, Y. H. Wu, W. K. Zhou, B. J. Zhu, and H. B. Sun, Small suppression of the complete fusion of the $^{6}Li+^{96}Zr$ system at near-barrier energies, Phys. Rev. C91, 044619(2015).

232. C. L. Guo, G. L. Zhang, S.P. Hu, J. C. Yang, H. Q. Zhang, P. R. S. Gomes, J. Lubian, X. G. Wu, J. Zhong, C. Y. He, Y. Zheng, C. B. Li, G. S. Li, W. W. Qu, F. Wang, L. Zheng, L. Yu, Q.M. Chen, P. W. Luo, H. W. Li, Y. H. Wu, W. K. Zhou, B. J. Zhu, and H. B. Sun, Coupling effects on the fusion of $^{6}Li + ^{154}Sm$ at energies slightly above the Coulomb barrier, Phys. Rev. C92, 014615(2015).

233. J. J. Sun, C. Xu, X. Q. Li, H. Hua, S. Q. Zhang, F. R. Xu, W. Y. Liang, C. F. Liang, C. F. Jiao, J. Meng, X. G. Wu, S. P. Hu, H. Q. Zhang, Z. H. Li, Y. L. Ye, D. X. Jiang, Y. Y. Cheng, C. He, R. Han, C. Y. Niu, C. G. Li, C. G. Wang, Z. H. Li, G. S. Li, C. Y. He, Y. Zheng, C. B. Li, H. W. Li, J. L. Wang, J. J. Liu, Y. H. Wu, P. W. Luo, S. H. Yao, B. B. Yu, X. P. Cao, and H. B. Sun, Band crossing

and shape evolution in ^{73}Ge, Phys. Rev. C92, 054302(2015).

234. Ogloblin, H. Q. Zhang, C. J. Lin, H. M. Jia, S. V. Khlebnikov, E. A. Kuzmin, A. N. Danilov, A. S. Demyanova, W. H. Trzaska, X. X. Xu, F. Yang, V. V. Sargsyan, G. G. Adamian, N. V. Antonenko, and W. Scheid, Analysis of the Role of Neutron Transfer in Asymmetric Fusion Reactions at Subbarrier Energies, Physics of Atomic Nuclei 78(No.9), 895–902(2015).

235. L. J. SUN, X. X. XU, C. J. LIN, J .S. D. D. QING, Z.H.LI, Y .T. WANG, J. LI, L. YANG, N. R. MA, K. WANG, H .L. ZHANG, H. W. WANG, C. LI, C. Z. SHI, M. W. NIE, X. F. LI, H. LI, J. B. MA, P. MA, S. L. JIN, M. R. HUANG, Z. BAI, J. G. WANG, F. YANG, H. M. JIA, H. Q. ZHANG, Z. H. LIU, P. F. BAO, D. X. WANG, Y. Y. YANG, Y. J. ZHOU, W. H. MA, J. CHEN, A detection system for charged-particle decay studies with a continuous-implantation method, Nuclear Instruments and Methods in Physics Research A 804(2015)1–7.

236. LIU Xing-Xin, ZHANG Gao-Long, ZHANG Huan-Qiao, Study of fusion Q-value rule in sub-barrier fusion of heavy ions, Chinese Physics C39, No. 7, 074101(2015).

237. Ping Fan, Huanqiao Zhang, Daqing Yuan, Yongnan Zheng, Yi Zuo, Qiaoli Zhang, Xiaoqiang Ma, Xiaoguang Wu, Guangsheng Li, Lihua Zhu, Qiwen Fan, Juncheng Liang, Xizhen Zhang, Shengyun Zhu, g-factor measurements of high spin states in ^{108}Cd, Hyperfine Interactions, Vol. 230, Issue 1–3, 155–161(2015).

238. HaiLiang Ma, Bao-Guo Dong, Yu-Liang Yan, Huan-Qiao Zhang, Da-Qing Yuan, Shen-Yuan Zhu, and Xi-Zhen Zhang, Pygmy and giant dipole resonances in the nitrogen isotopes, Phys. Rev. C93, 014317(2016).

239. S. P. Hu, G. L. Zhang, J. C. Yang, H. Q. Zhang, P. R. S. Gomes, J. Lubian, J. L. Ferriera, X. G Wu, J. Zhong, C. Y. He, Y. Zheng, C. B. Li, G. S. Li, W. W. Qu, F. Wang, L. Zheng, L. Yu, Q. M. Chen, P. W. Luo, H. W. Li, Y. H. Wu, W. K. Zhou, B. J. Zhu, and H. B. Sun, One-neutron stripping processes to excited

states of the $^{6}Li+^{96}Zr$ reaction at near-barrier energies, Phys. Rev. C 93, 014621 (2016).

240. H. M. Jia, C. J. Lin, L. Yang, X. X. Xu, N. R. Ma, L. J. Sun, F. Yang, Z. D. Wu, H. Q. Zhang, Z. H. Liu, D. X. Wang, A self-consistent method to analyze the effects of the positive Q-value neutron transfers on fusion, Phys. Lett. B755, 43-46(2016).

241. Zhang G. L., Qu W. W., Guo M. F., Zhang H. Q., Walski R., Qian J. Q., Comparative studies for different proximity potentials apply to sub-barrier fusion reactions, Eur. Phys. J. A52(2), (2016).

242. Andi Tan, Xiang Xiao, Xiangyi Cui, Xun Chen, Yunhua Chen, Deqing Fang, Changbo Fu, Karl Giboni, Franco Giuliani, Haowei Gong, Shouyang Hu, Xingtao Huang, Xiangdong Ji, Yonglin Ju, Siao Lei, Shaoli Li, Xiaomei Li, Xinglong Li, Hao Liang, Qing Lin, Huaxuan Liu, Jianglai Liu, Wolfgang Lorenzon, Yugang Ma, Yajun Mao, Kaixuan Ni, Kirill Pushkin, Xiangxiang Ren, Michael Schubnell, Manbin Shen, Fang Shi, Scott Stephenson, Hongwei Wang, Jiming Wang, Meng Wang, Qiuhong Wang, Siguang Wang, Xuming Wang, Zhou Wang, Shiyong Wu, Mengjiao Xiao, Pengwei Xie, Binbin Yan, Yong Yang, Jianfeng Yue, Xionghui Zeng, Hongguang Zhang, Hua Zhang, Huanqiao Zhang, Tao Zhang, Li Zhao, Jing Zhou, and Xiaopeng Zhou, Dark Matter Search Results from the Commissioning Run of PandaX-Ⅱ, Phys. Rev. D93, 122009(2016).

243. Andi Tan, Xiang Xiao, Xiangyi Cui, Xun Chen, Yunhua Chen, Deqing Fang, Changbo Fu, Karl Giboni, Franco Giuliani, Haowei Gong, Shouyang Hu, Xingtao Huang, Xiangdong Ji, Yonglin Ju, Siao Lei, Shaoli Li, Xiaomei Li, Xinglong Li, Hao Liang, Qing Lin, Huaxuan Liu, Jianglai Liu, Wolfgang Lorenzon, Yugang Ma, Yajun Mao, Kaixuan Ni, Kirill Pushkin, Xiangxiang Ren, Michael Schubnell, Manbin Shen, Fang Shi, Scott Stephenson, Hongwei Wang, Jiming Wang, Meng Wang, Qiuhong Wang, Siguang Wang, Xuming Wang, Zhou Wang, Shiyong

Wu, Mengjiao Xiao, Pengwei Xie, Binbin Yan, Yong Yang, Jianfeng Yue, Xionghui Zeng, Hongguang Zhang, Hua Zhang, Huanqiao Zhang, Tao Zhang, Li Zhao, Jing Zhou, and Xiaopeng Zhou, Dark Matter Search Results from the Commissioning Run of PandaX-Ⅱ, arXiv: 1602.06563v1 [hep-ex] 21 Feb 2016.

244. Andi Tan, Xiang Xiao, Xiangyi Cui, Xun Chen, Yunhua Chen, Deqing Fang, Changbo Fu, Karl Giboni, Franco Giuliani, Haowei Gong, Shouyang Hu, Xingtao Huang, Xiangdong Ji, Yonglin Ju, Siao Lei, Shaoli Li, Xiaomei Li, Xinglong Li, Hao Liang, Qing Lin, Huaxuan Liu, Jianglai Liu, Wolfgang Lorenzon, Yugang Ma, Yajun Mao, Kaixuan Ni, Kirill Pushkin, Xiangxiang Ren, Michael Schubnell, Manbin Shen, Fang Shi, Scott Stephenson, Hongwei Wang, Jiming Wang, Meng Wang, Qiuhong Wang, Siguang Wang, Xuming Wang, Zhou Wang, Shiyong Wu, Mengjiao Xiao, Pengwei Xie, Binbin Yan, Yong Yang, Jianfeng Yue, Xionghui Zeng, Hongguang Zhang, Hua Zhang, Huanqiao Zhang, Tao Zhang, Li Zhao, Jing Zhou, and Xiaopeng Zhou, Dark matter results from First 98.7 days of data from the PandaX-Ⅱ experiment, Phys. Rev. Lett. 117, 121303-1-7(2016).

245. Huan-Qiao Zhang, First measurement of strong interaction between antiprotons, National Science Review, 3: 154-156, 2016.

246. X. C. Chen, J. Zhao, C. Xu, H. Hua, T. M. Shneidman, S. G. Zhou, X. G. Wu, X. Q. Li, S. Q. Zhang, Z. H. Li, W. Y. Liang, J. Meng, F. R. Xu, B. Qi, Y. L. Ye, D. X. Jiang, Y. Y. Cheng, C. He, J. J. Sun, R. Han, C. Y. Niu, C. G. Li, P. J. Li, C. G. Wang, H. Y. Wu, Z. H. Li H. Zhou, S. P. HU, H. Q. Zhang, G. S. Li, C. Y. He, Y. Zheng, C. B. Li, H. W. Li, Y. H. Wu, P. W. Luo, and J. Zhong, Evolution of octupole correlations in ^{123}Ba, Phys. Rev. C94, 021301(R)(2016).

247. Nan-Ru Ma, Hui-Ming Jia, Cheng-Jian Lin, Lei Yang, Xin-Xing Xu, Li-Jie Sun, Feng Yang, Zhen-Dong Wu, Huan-Qiao Zhang, Zu-Hua Liu, Dong-Xi Wang, Self-consistent analysis of sub-barrier fusion enhancement effect in Ca+Ca and Ni+Ni, Chin. Phys. C 40, 114001(2016).

248. Nan-Ru Ma, Cheng-Jian Lin, Jian-Song Wang, Lei Yang, Dong-Xi Wang, Lei Zheng, Shi-Wei Xu, Li-Jie Sun, Hui-Ming Jia, Jun-Bing Ma, Peng Ma, Shi-Lun Jin, Zhen Bai, Yan-Yun Yang, Xin-Xing Xu, Gao-Long Zhang, Feng Yang, Jian-Jun He, Huan-Qiao Zhang, Zu-Hua Liu, A multilayer ΔE-ER telescope for breakup reactions at energies around the Coulomb barrier, Chin. Phys. C 40, 116004(2016).

249. H. Q. Zhang, C. J. Lin, H. M. Jia, L. Yang, X. X. Xu, F. Yang, Z. D. Wu, Z. H.Liu, N. R. Ma, L. J. Sun and D. X. Wang, Sub-barrier backward quasi-elastic scattering: A probe of the hexadecapole deformation, EPJ Web of Conf. 117, 04010(2016).

250. H. M. Jia, C. J. Lin, L. Yang, X. X. Xu, N. R. Ma, L. J. Sun, F. Yang, Z. D. Wu, H. Q. Zhang, Z. H. Liu and D. X. Wang, Studies for the effect of the positive Q-value neutron transfers on sub-barrier heavy-ion fusion, EPJ Web of Conf. 117, 08014(2016).

251. LIN Chengjian(林承键), XU Xinxing(徐新星), WANG Jiansong(王建松), SUN Lijie(孙立杰), JIA Huiming(贾会明), YANG Lei(杨磊), MA Peng(马朋), MA Junbing(马军兵), YANG Yanyun(杨彦云), JIN Shilun(金仕纶), HUANG Meirong(黄美容), BAI Zheng(白真), WU Zhendong(吴振东), YANG Feng(杨峰), HU Zhenguo(胡正国), WANG Meng(王猛), LEI Xiangguo(雷相国), ZHANG Huanqiao(张焕乔), XU Hushan(徐瑚珊), XIAO Guoqing(肖国青), Proton and Two-proton Emissions from Proton-rich Nuclei with $10 \leqslant Z \leqslant 20$, 原子核物理评论 33(2), 160-166(2016).

252. SUN Lijie(孙立杰), XU Xinxing(徐新星)*, LIN Chengjian(林承键)*, WANG Jiansong(王建松), FANG Deqing(方德清), LI Zhihuan(李智焕), WANG Yuting(王玉廷), LI Jing(李晶), YANG Lei(杨磊), MA Nanru(马南茹), WANG Kang(王康), ZANG Hongliang(臧宏亮), WANG Hongwei(王宏伟), LI Chen(李琛), SHI Chenzhong(施晨钟), NIE Maowu(聂茂武), LI Xiu-

fang(李秀芳),LI He(李贺),MA Junbing(马军兵),MA Peng(马朋),JIN Shilun(金仕纶),HUANG Meirong(黄美容),BAI Zhen(白真),WANG Jianguo(王建国),YANG Feng(杨峰),JIA Huiming(贾会明),ZHANG Huanqiao(张焕乔),LIU Zuhua(刘祖华),BAO Pengfei(包鹏飞),WANG Dongxi(王东玺),WU Zhendong(吴振东),YANG Yanyun(杨彦云),CHEN Zhiqiang(陈志强),SU Jun(苏俊),SHEN Yangping(谌阳平),ZHOU Yuanjie(周远杰),MA Weihu(马维虎),CHEN Jie(陈杰),An Implantation and Detection System for Spectroscopy of ^{22,24}Si,原子核物理评论 33(2),230-234(2016).

253. L. J. Sun, X. X. Xu, C J. Lin, J. S. Wang, D .Q. Fang, Z. H. Li, Y. T. Wang, J. Li, L. Yang, N. R. Ma, K. Wang, H. L. Zang, H. T. Wang, C. Li, C. Z. Shi, M. W. Nie, X. F. Li, H. Li, J. B. Ma, P. Ma, S. L. Jin, M. R. Huang, Z. Bai, J. G. Wang, F. Yang, H. M. Jia, H. Q. Zhang, Z. H. Liu, P. F. Bao, D. X. Wang, Y. G. Ma, Y. Y. Yang, Y. J. Zhou, W. H. Ma, and J. Chen, Beta-decay study of T_Z =-2 proton-rich nucleus ^{20}Mg, Phys. Rev. C 95, 014314(2017).

254. X. X. Xu, C. J. Lin, L. J. Sun, J. S. Wang, Y. H. Lam, J. Lee, D. Q. Fang, Z. H. Li, N. A. Smimova, C. X. Yuan, L. Yang, Y. T. Wang, J. Li, N. R. Ma, K. Wang, H. L. Zang, H. W. Wang, C. Li, M. L. Liu, J. G. Wang, C. Z. Shi, M. W. Nie, X. F. Li, J. B. Ma, P. Ma, S. L. Jin, M. R. Huang, Z. Bai, F. Yang, H. M. Jia, Z. H. Liu, D. X. Wang, Y. Y. Yang, Y. T. Zhou, W. H. Ma, J. Chen, Z. H. Hu, M. Wang, Y. H. Zhang, X. W. Ma, X. H. Zhou, Y. G. Ma, H. S. Xu, G. Q. Xiao, H. Q. Zhang, Observation of β-delayed two-proton emission in the decay of ^{22}Si, Phys. Lett. B766, 312-316(2017).

255. C. J. Lin, L. Yan, H. M. Jia, D. X. Wang, N. R. Ma, L. J. Sun, F. Yang, Z. D. Wu, X. X. Xu, H. Q. Zhang, and Z. H. Liu, The Threshold Anomaly of Optical Potentials and the Dispesion Relation for Weakly Bound Nuclear Systems, The 26th International Nuclear Physics Conference, 11-16 September, 2016, Adelaide, Australia. PoS. INPC_203.pdf. 2017.

256. L. Yang, C. J. Lin, H. M. Jia, D. X. Wang, L. J. Sun, N. R. Ma, F. Yang, Z. D. Wu, X. X. Xu, H. Q. Zhang, Z. H. Liu, and P. F. Bao, Optical model potentials for $^{6}He+^{64}Zr$ from $^{63}Cu(^{7}Li, ^{6}He)^{64}Zr$ reactions, Phys. Rev. C95, 034616 (2017).

257. V. V. Sargsyan, G. G. Adamian, N. V. Antonenko, W. Scheid, and H. Q. Zhang, Comparative analysis of the fusion reactions $^{48}Ti + ^{58}Fe$ and $^{58}Ni + ^{54}Fe$, Phys. Rev. C95, 054619(2017).

258. L. Yang, C. J. Lin, H. M. Jia, D. X. Wang, N. R. Ma, L. Jl Sun, F. Yang, X. X. Xu, Z. D. Wu, H. Q. Zhang, Z. H. Liu, Is the Dispersion Relation Applicable for Exotic Nuclear Systems? The Abnormal Threshold Anomaly in the $^{6}He + ^{209}Bi$ System, Phys. Rev. Lett. 119, 042503(2017).

259. Feng Wu, C.L. Bai, J.M. Yao, H.Q. Zhang, and X.Z. Zhang, Existence problem of proton semi-bubble structure in the 2_1^+ state of ^{34}Si, Eur. Phys. J. A (2017)53:183.

260. A. Gomez Camacho, J. Lubian, H. Q. Zhang, Shan-Gui Zhou, CDCC calculations of fusion of ^{6}Li with targets ^{144}Sm and ^{154}Sm: effect of resonance states, Chinese Physics C 41, No.12(2017)124103.

261. L. Yang, C. J. Lin, H. M. Jia, D. X. Wang, N. R. Ma, L. Jl Sun, F. Yang, X. X. Xu, Z. D. Wu, H. Q. Zhang, Z. H. Liu, Abnormal behavior of the optical potential for the halo nuclear system $^{6}He+^{209}Bi$, Phys. Rev. C96, 044615(2017).

262. X.Z.Teng, ..., H.Q.Zhang, Constraint on the Ground-state Mass of ^{21}Al and Three-nucleon Forces, arXiv: 1704.03249v1 [Nucl-Ex] 19 Apr 2017.

263. Xun Chen, ChangBo Fu, Javier Galan, Karl Giboni, Franco Giuliani, LingHui Gu, Ke Han, XiangDong Ji, Heng Lin, JiangLai Liu, KaiXiang Ni, Hiroki Kusano, XiangXiang Ren, ShaoBo Wang, Yong Yang, Da Zhang, Tao Zhang, Li Zhao, XiangMing Sun, ShouYang Hu, SiYu Jian, XingLong Li, XiaoMei Li, Hao Liang, HuanQiao Zhang, MingRui Zhao, Jing Zhou, YaJun Mao, Hao Qiao, SiGuang

Wang, Ying Yuan, Meng Wang, Amir N. Khan, Neill Raper, Jian Tang, Wei Wang, JiaNing Dong, ChangQing Feng, Cheng Li, JianBei Liu, ShuBin Liu, Xiao-Lian Wang, DanYang Zhu, Juan F. Castel, Susana Cebrian, Theopisti Dafni, Javier G. Garza, Igor G. Irastorza, Francisco J. Iguaz, Gloria Luz'on, Hector Mirallas1, Stephan Aune, Eric Berthoumieux, Yann Bedfer, Denis Calvet, Nicole d' Hose, Alain Delbart, Maria Diakaki, Esther Ferrer-Ribas, Andrea Ferrero, Fabienne Kunne, Damien Neyret, Thomas Papaevangelou, Franck Sabati'e, Maxence Vander-broucke, AnDi Tan, Wick Haxton, Yuan Mei, Pandax-Ⅲ: Searching for neutrino-less double beta decay with high pressure ^{136}Xe gas time projection chambers, SCIENCE CHINA Physics, Mechanics & Astronomy 60(6), 061011(2017).

264. D. Wojcik, A. Trzcinska, E. Piasecki, M. Kisielinski, M. Kowalczyk, M. Wolinska, -Cichocka, C. Bordeanu, B. Gnoffo, H. Jia, C. Lin, N. S. Martorana, M. Mutterer, A. Pagano, E. V. Pagano, K. Piasecki, , P. Russotto, L. Quatrocchi, W. Trzaska, G. Tiurin, R. Wolski, H. Zhang, Transfer cross sections at near-barrier energy for the ^{24}Mg+^{90,92}Zr systems, presented at the XXXV Mazurian Lakes Conference on Physics, Piaski, Poland, September 3-9, 2017. PACS numbers: 25.70, Bc, 25.70, Hi, 24.10.Eq.

265. Feng Wu, D. Wu, C. L. Bai, H. Q. Zhang, X. Z. Zhang, and F. R. Xu, Effects of tensor and T=0 pairing interactions on nuclear β^{+}/EC decay, arXiv: 1710.01480v1 [nucl-th] 4 Oct 2017.

266. G. L. Zhang, G. X. Zhang, S. P. Hu, Y. J. Yao, J. B. Xiang, H. Q. Zhang, J. Lubian, J. L. Ferreira, B. Paes, E. N. Cardoso, H. B. Sun, J. J. Valiente-Dobon, D. Testov, A. Goasduff, P. R. John, M. Siciliano, F. Galtarossa, R. Francesco, D. Mengoni, D. Bazzacco, E. T. Li, X. Hao, Study of one-neutron stripping processes to excited states of ^{90}Y* in the ^{89}Y (^{6}Li, ^{5}Li)^{90}Y* reaction, Phys. Rev. C97, 014611(2018).

267. K. Wang, D. Q. Fang, Y. T. Wang, X. X. Xu, L. S. Sun, Z. Bai, M. R.

Huang, S. L. Lin, C. Li, H. Li, J. Li, X. F. Li, C. J. Lin, J. B. Ma, P. Ma, W. H. Ma, M. W. Nie, C. Z. Shi, H. W. Mang, J. G. Wang, J. S. Wang, L. Yang, Y. Y. Yang, H. Q. Zhang, Y. J. Zhou, Y. G. Ma, and W. Q. Sun, Spectroscopic study of β-delayed particle emission from proton-rich nucleus ^{23}Si, International Journal of Modern Physics E, Vol. 27, No. 2(2018)1850014.

268. Xin-Xing Xu, Fanurs C. E., Cheng-Jian Lin, Jenny Lee, Feng Yang, Zhao-Qiao Guo, Tian-Shu Guo, Li-Jie Sun, Xin-Zhi Teng, Jia-Jian Liu, Peng-Jie Li, Peng-Fei Liang, Lei Yang, Nan-Ru Ma, Hui-Ming Jia, Dong-Xi Wang, Sylvain Leblond, Taras Lokotko, Qing-Qing Zhao, Huan-Qiao Zhang, Characterization of CIAE developed double-sided silicon strip detector for charged particles, Nuclear Science and Techniques(2018)29(5):73.

269. G. L. Zhang, G. G. Xin, C. J. Lin, J. Lubian, J. Rangel, B. Paes, J. L. Ferreira, H. Q. Zhang, W. W. Qu, H. M. Jia, L. Yang, N. R. Ma, L. J. Sun, D. X. Wang, L. Zheng, X. X. Liu, X. T. Chu, J. C. Yang, J. S. Wang, S. W. Xu, P. Ma, J. B. Ma, S. L. Jin, Z. Bai, M. R. Huang, Z. L. Zang, B. Yang, and Y. Liu, Angular distribution of elastic scattering induced by ^{17}F on medium-mass target nuclei at energies near the Coulomb barrier, Phys. Rev. C97, 044618(2018).

270. A. Gómez Camacho, Bing Wang, and H. Q. Zhang, Systematic continuum discretized coupled-channels calculations of total fusion for ^{6}Li with targets ^{26}Si, ^{59}Co, ^{90}Zr, ^{198}Pt, and ^{209}Bi: Effect of resonance states, Phys. Rev. C97, 054610 (2018).

271. Yu-Ting Wang, De-Qing Fang, Xin-Xing Xu, Li-Jie Sun, Kang Wang, Peng-Fei Bao, Zhen Bai, Xi-Guang Cao, Zhi-Tao Dai, Bing Ding, Wan-Bing He, Mei-Rong Huang, Shi-Lun Jin, Cheng-Jian Lin, Ming Lu, Long-Xiang Liu, Yong Li, Peng Ma, Jun-Bing Ma, Jian-Song Wang, Shi-Tao Wang, Shao-Qiang Ye, Yan-Yun Yang, Cheng-Long Zhou, Ming-Hui Zhao, Huan-Qiao Zhang, Yu-Gang Ma, Wen-Qing Shen, Implantation-decay method to study the β-delayed charged

particle decay, NUCL SCI TECH(2018)29:98.

272. Yu-Ting Wang, De-Qing Fang, Kang Wang, Xin-Xing Xu, Li-Jie Sun, Zhen Bai, Peng-Fei Bao, Xi-Guang Cao, Zhi-Tao Dai, Bing Ding, Wan-Bing He, Mei-Rong Huang, Shi-Lun Jin, Yong Li, Cheng-Jian Lin, Long-Xiang Liu, Ming Lv, Jun-Bing Ma, Peng Ma, Hong-Wei Wang, Jian-Guo Wang, Jian-Song Wang, Shi-Tao Wang, Yan-Yun Yang, Shao-Qiang Ye, Huan-Qiao Zhang, Ming-Hui Zhao, Cheng-Long Zhou, Yu-Gang Ma, and Wen-Qing Shen, β-delayed particle emission from ^{21}Mg, Eur. Phys. J. A.(2018)54:107.

273. G. X. Zhang, S. P. Hu, G. L. Zhang, H. Q. Zhang, Y. J. Yao, Z. Huang, M. L. Wang, H. B. Sun, J. J. Valient-Dobon, D. Testov, A. Goasduff, P. R. John, M. Siciliano, F. Galtarosa, R. Francesco, D. Mengoni, D. Bazzacco, E. T. Li, and X. Hao, Selection of different reaction channels in ^{6}Li induced fusion reaction by a powerful combination of a charged particle array and a high-resolution gamma spectrometer, EPJ Web of Conferences 178, 03009(2018).

274. Y. T. Wang, D. Q. Fang, K. Wang, X. X. Xu, L. J. Sun, P. F. Bao, Z. Bai, X. G. Cao, Z. T. Dai, B. Ding, W. B. He, M. R. Huang, S. L. Jin, C. J. Lin, M. Lv, L. X. Liu, Y. Li, P. Ma, J. B. Ma, J. S. Wang, S. T. Wang, J. G. Wang, H. W. Wang, S. Q. Ye, Y. Y. Yang, C. L. Zhou, M. H. Zhao, H. Q. Zhang, Y. G. Ma, W. Q. Shen, Observation of β-delayed ^{2}He emission from the proton-rich nucleus ^{22}Al, Phys. Lett. B784(2018)12-15.

275. S. P. Hu, G. L. Zhang, Y. J. Yao, H. Q. Zhang, H. B. Sun, J. J. Valiente-Dobon, D. Testov, A. Goasduff. P. R. John, M. Siciliano, F. Galtarosa, F. Recchia, D. Mengoni, D. Hazzacco, E. T. Li, X. Hao, A powerful combination measurement for exploring the fusion reaction mechanisms induced by weakly bound nuclei, Nuclear Instr. & Methods in Physics Research, A. DOI.Org/10.1016/j. nima. 2018. 05. 067.

276. L. J. Sun, ..., H. Q. Zhang, Beta-decay Spectroscopy of ^{27}S, Phys.Rev.

C99, 054615(2019); arXiv:1809.02987v1 [Nucl-Ex] 9 Sep 2018.

277. A. Gómez Camacho, A. Diaz-Torres and H. Q. Zhang, Comparative study of the effect of resonances of the weakly bound nuclei ^{6,7}Li on total fusion with light to heavy mass targets, Phys. Rev. C 99, 054615(2019).

278. L. J. Sun, X. X. Xu, C. J. Lin, J. Lee, S. Q. Hou, C. X. Yuan, Z. H. Li, J. Jose, J. J. He, J. S. Wang, D. X. Wang, H. Y. Wu, P. F. Liang, Y. Y. Yang, Y. H. Lam, P. Ma, F. F. Duan, Z. H. Gao, Q. Hu, Z. Bai, J. B. Ma, J. G. Wang, F. P. Zhong, C. G. Wu, D. W. Luo, Y. Jiang, Y. Liu, D. S. Hou, R. Li, N. R. Ma, W. H. Ma, G. Z. Shi, G. M. Yu, D. Patel, S. Y. Jin, Y. F. Wang, Y. C. Yu, Q. W. Zhou, P. Wang, L. Y. Hu, X. Wang, H. L. Zang, P. J. Li, Q. Q. Zhao, L. Yang, P. W. Wen, F. Yang, H, M, Jia, G. L. Zhang, M. Pan, X. Y. Wang, H. H. Sun, Z. G. Hu, R. F. Chen, M. L. Liu, W. Q. Yang, Y. M. Zhao, and H. Q. Zhang, β-decay spectroscopy of ^{27}S, Phys. Rev. C99, 064312(2019).

279. M. Mazzocco, N. Keeley, A. Boiano, C. Boiano, C. Boiano, M. La. Commara, C. Manea, C. Parascandolo, D. Pierroutsakou, C. Signorini, E. Strano, D. Torresi, H. Yamaguchi, D. Kahl, L. Acosta, P. Di. Meo, J. P. Fernandez-Garcia, T. Glodariu, J. Grebosz, A. Guglielmetti, Y. Hirayama, N. Imai, H. Ishiyama, N. Iwasa, S. C. Jeong, H. M. Jia, Y. H. Kim, S. Kimura, S. Kubono, G. La Rana, C. J. Lin, P. Lotti, G. Marquinez-Duran, I. Martel, H. Miyatake, M. Mukai, T. Nakao, M. Nicoletto, A. Pakou, K. Rusek, Y. Sakaguchi, A. M. Sanchez-Benitez, T. Sava, O. Sgouros, V. Soukeras, F. Soramel, E. Stiliaris, L. Stroe, T. Teranishi, N. Toniolo, Y. Wakabayashi, Y. X. Watanabe, L. Yang, and H. Q. Zhang, Elastic scattering for the ^{8}B and ^{7}Be + ^{208}Pb systems at near-Coulomb barrier energies, Phys. Rev. C100, 024602(2019).

280. M. L. Wang, G. X. Zhang, G. L. Zhang, S. P. Hu, W. W. Qu, H. Q. Zhang, Z. Huang, J. B. Xiang, Y. J. Yao, H. B. Sun, J. J. Valiente-Dobon, D. Testov, A. Goasduff, P. R. John, M. Siciliano, F. Galtarossa, R. Fracesco, D. Mengoni,

and D. Bazzacco, Identification of different reaction channels in ^{6}Li + ^{89}Y experiment by the particle-γ coincidence measurement, EPJ Web of Conferences 223, 01068(2019).

281. Yi-Feng Lv, Jing-Bin Lu, Gao-Long Zhang, Yi-Heng Wu, Cen-Xi Yuan, Guan-Jian Fu, Guang-Xin Zhang, Ming-Li Wang, Shi-Peng Hu, Hui-Bin Sun, Huan-Qiao Zhang, Cheng-Qian Li, Ke-Yan Ma, Ying-Jun Ma, Yun-Zuo Liu, D. Testov, Philipp R. John, J. J. Valiente-Dobon, Alain Goasduff, Marco Siciliano, Franco Galtarossa, F. Recchia, D. Mengoni, D. Bazzacco, Low-lying states of ^{92,93}Nb excited in reactions induced by the weakly-bound nucleus ^{6}Li near the Coulomb barrier, Chinese Physics C43(10):104102(2019).

282. Jia-Tai Li, Xue-Dou Su, Gao-Long Zhang, Guang-Xing Zhang, Shi-Peng Hu, Jing-Bin Lu, Yi-Feng Lv, Hui-Bin Sun, Huan-Qiao Zhang, D. Testov, P. R. John, J. J. Valiente-Dobon, A. Goasduff, M. Siciliano, F. Galtarossa, F. Recchin, D. Mengoni, D. Bazzacco, Energy calibration of HPGe detector using the high-energy characteristic γ rays in ^{13}C formed in ^{6}Li + ^{12}C reaction, NUCl SCI TECH. (2020)31:49.

283. C. B. Li, G. L. Zhang, C. X. Yuan, G. X. Zhang, S. P. Hu, W. W. Qu,Y. Zheng, H. Q. Zhang, D. Mengoni, D. Testov, J. J. Valiente-Dobon, H. B. Sun N. Wang, X. G. Wu, G. S. Li, M. Mazzocco, A. Gozzelino, C. Parascandolo, D. Pierroutsakou, M. La Commara, F. Recchia, A.I. Sison, S. Bakes, I. Zanon, S. Aydin, and D. Bazzacco, New level scheme and shell model description of ^{212}Rn, Phys. Rev. C101, 044313(2020).

284. Di Wu, C. L. Bai, H. Sagawa, and H. Q. Zhang, Calculation of nuclear charge radii with a trained feed-forward neural network, Phys. Rev. C102, 054323 (2020).

285. Nanru Ma, Chengjian Lin, Huiming Jia, Xingxin Xu, Feng Yang, Lei Yang, Lijie Sun, Dongxi Wang, Huanqiao Zhang, and Zuhua Liu, Measurement of

(n, f) and (n, xn) cross sections with the surrogate reaction method, EPJ Web of Conferences 239, 01007(2020).

286. 贾会明，林承键，杨磊，马南茹，王东玺，杨峰，徐新星，孙立杰，温培威，钟福鹏，孙浩瀚，张焕乔，用背角准弹散射研究近库仑势垒能区重离子核反应，原子能科学技术，53卷10期，1755-1761(2020).

287. M. Mazzocco, N. Keeley, A. Boiano, C. Boiano, C. Boiano, M. La. Commara, A. Lagni, C. Manea, C. Parascandolo, D. Pierroutsakou, C. Signorini, E. Strano, D. Torresi, H. Yamaguchi, D. Kahl, L. Acosta, P. Di. Meo, J. P. Fernandez-Garcia, T. Glodariu, J. Grebosz, A. Guglielmetti, Y. Hirayama, N. Imai, H. Ishiyama, N. Iwasa, S. C. Jeong, H. M. Jia, Y. H. Kim, S. Kimura, S. Kubono, G. La Rana, C. J. Lin, P. Lotti, G. Marquinez-Duran, I. Martel, H. Miyatake, M. Mukai, T. Nakao, M. Nicoletto, A. Pakou, K. Rusek, Y. Sakaguchi, A. M. Sanchez-Benitez, T. Sava, O. Sgouros, V. Soukeras, F. Soramel, E. Stiliaris, L. Stroe, T. Teranishi, N. Toniolo, Y. Wakabayashi, Y. X. Watanabe, L. Yang, Y. Y. Yang and H. Q. Zhang, Direct processes for the systems ^{7}Be, ^{8}B + ^{208}Pb at Coulomb barrier energies, 27th International Nuclear Physics Conference (INPC2019), Journal of Physics: Conference Series 1643(2020)012096.

288. Z. Huang, G. X. Zhang, S. P. Hu, B. Paes, E. N. Cardozo, J. L. Ferreirrra, M. J. Ermamatov, G. L. Zhang, J. B. Lu, M. Mazzocco, Y. F. Lv, H. Q. Zhang, H. B. Sun, D. Testov, P. R. John, J. J. Valiente-Dobon, A. Goasduff, M. Siciliano, F. Galtarossa, F. Recchia, D. Mengoni, D. Bazzacco, J. Lubian, X. B. Qin, H. M. Zhao, Angular distribution of γ rays emitted by oriented nuclei: the case of ^{92}Mo formed in the reaction $^{6}Li+^{89}Y$, Eur. Phys. J. A(2021)57:137.

289. M. J. Yang, C. L. Bai, H. Sagawa, and H. Q. Zhang, Effects of the Skyrme tensor force on 0^{+}, 2^{+}, and 3^{-} states in ^{16}O and ^{40}Ca nuclei within the second random-phase approximation, Phys. Rev. C103, 054308(2021).

290. C. G. Wu, H. Y. Wu, J. G. Li, D. W. Luo, Z. H. Li, H. Hua, X. X. Xu,

C. J. Lin, J. Lee, L. J. Sun, P. F. Liang, C. X. Yuan, Y. Y. Yang, J. S. Wang, D. X. Wang, F. F. Duan, Y. H. Lam, P. Ma, Z. H. Gao, Q. Hu, Z Bai, J. B. Ma, J G. Wang, F. P. Zhong, Y. Jiang, Y. Liu, D S. Hou, R. Li, N. R. Ma, W. H. Ma, G. Z. Shi, G. M. Yu, D. Patel, S. Y. Jin, Y F. Wang, Y C. Yu, Q. W. Zhou, P. Wang, L. Y. Hu, S. Q. Fan, X. Wang, H. L. Zang, P. J. Li, Q. Q. Zhao, L. Yang, P. W. Wen, F. Yang, H. M. Jia, G. L. Zhang, M. Pan, X. Y. Wang, H. H. Sun, Z. G. Hu, M. L. Liu, R. F. Chen, W. Q. Yang, S. Q. Hou, J. J. He, Y. M. Zhao, F. R. Xu, and H. Q. Zhang, β-decay spectroscopy of the proton drip-line nucleus ^{22}Al, Phys. Rev. C104, 044311(2021).

291. Di Wu, C. L. Bai, H. Sagawa, S. Nishimura, and H. Q. Zhang, β-delayed one-neutron emission probabilities within a neural network model, Phys. Rev. C104, 054303(2021).

292. Yiktar Starastsin, Alla Demyanova, Andrey Danilov, Alexey Ogloblin, Sergey Dmitrev, Sergey Goncharov, Cheng-Jian Lin, Lei Yang, Dong-Xi Wang, Hui-Ming Jia, Fu-Peng Zhong, Feng Yang, Yong-Jin Yao, Shan-Hao Zhong, Pei-Wei Wen, Nan-Ru Ma, Huan-Qiao Zhang, Danivar Janseitov, Nassurlla Burtebayev, Sergey Khlebnikov, Gurgen Adamian, Nikolai Antonenko, Structures of the excited states in ^{9}Be studied by scattering of 23MeV deuterons, Eur. Phys. J. A (2021)57: 334.

293. M. J. Yang, C. L. Bai, H. Sagawa, and H. Q. Zhang, Gamow-Teller transitions in magic nuclei calculated by the charge-exchange subtracted second random-phase approximation, Phys. Rev, C106, 014319(2022).

294. Zhen Ren, Jing-Bin Lu, Gao-Long Zhang, Yi-Heng Wu, Tian-Jiao Gao, Ke-Yan Ma, Zhen Huang, Guang-Xin Zhang, Ming-Li Wang, Shi-Peng Hu, Hui-Bin Sun, Huan-Qiao Zhang, D. Testov, P. R. John, J. J. Valiente-Dobon, A. Goasduff, M. Siciliano, F. Galtarossa, D. Mengoni, and D. Bazzacco, Reinvestigation of the level structures of the N=49 isotones ^{89}Zr and ^{91}Mo, Phys. Rev. C106,

024323(2022).

295. C. L. Bai, D. L. Fang, H. Q. Zhang, Role of tensor and isoscalar pairing interactions in β-decay calculations for possible Y-process waiting point with N~82 and 126, Chinese Physics C46(11), 114104(2022).

296. Z. Huang, G. X. Zhang, G. L. Zhang, S. P. Hu, S. M. Lenzi, D. Mengoni, J. L. Ferreira, Y. F. Lv, J. B. Lu, B. Paes, E. N. Cardozo, H. Q. Zhang, H. B. Sun, J. J. Valiente-Dobon, D. Testov, A. Goasduff, D. Bazzacco, P. R. John, D. R. Napoli, F. Galtarossa, F. Recchia, G. de. Angelis, M. Siciliano, R. Menegazzo, and J. Lubian, Level scheme study of ^{92}Mo: Searching for evidence of core excitation, Phys. Rev. C106, 064331(2022).

297. M. J. Yang, H. Sagawa, C. L. Bai, and H. Q. Zhang, Effects of two-particle-two-hole configurations and tensor force on β decay of magic nuclei, Phys. Rev. C107, 014325(2023).

298. Huanqiao Zhang, Dynamics of open Quantum nuclear Systems: the Case of ^{8}B breakup, Science Bulletin 68(2023)2-4.

299. Z. Huang, G. X. Zhang, C. X. Yuan, G. L. Zhang, D. Mengoni, B. S. Cai, S. P. Hu, H. Q. Zhang, H. B. Sun, J. J. Valiente-Dobon, D. Testov, A. Goasduff, D. Bazzacco, D. R. Napoli, F. Galtarossa, F. Recchia, G. de Angelis, M. Siciliano, R. Menegazzo, S. M. Lenzi, Level scheme study of ^{91}Mo: Weak-coupling approximation in the N=50 region, Phys. Rev. C107, 044309(2023).

300. Zhen Ren, Jing-Bin Lu, Guo-Xiang Dong, Yun Zheng, Yi-Heng Wu, Tian-Jiao Gao, Pei-Yao Yang, Yan Hao, Ke-Yan Ma, Xiao-Guang Wu, Cong-Bo Li, Zhen Huang, Guang-Xin Zhang, Shi-Peng Hu, Hui-Bin Sun, Huan-Qiao Zhang, D. Testov, J. J. Valiente-Bobon, A. Goasduff, M. Siciliano, F. Galtarossa, D. Mengoni, D. Bazzacco, and Gao-Long Zhang, Level scheme of ^{92}Nb and observation of an oblate collective rotational band, Phys. Rev. C108, 044301(2023).

二、著作

1. 丁大钊，陈永寿，张焕乔，原子核物理进展，上海科学技术出版社，1997年。
2. 张锡珍，张焕乔，经典电动力学，科学出版社，2013年。
3. 张锡珍，张焕乔，量子场论，哈尔滨工程大学出版社，2013年。
4. 张锡珍，张焕乔，原子核结构，科学出版社，2015年。
5. 黄祖洽（主编），张焕乔，钱民协，唐洪庆，钱思进，张东海，霍安祥，孙汉城（编委），何泽慧文选与纪念文集，山西教育出版社，2015年。
6. 张焕乔，张焕乔文集，科学出版社，2017年。
7. 张锡珍，张焕乔，马海亮，统计物理学，哈尔滨工程大学出版社，2019年。

参考文献

[1]唐洪庆. 张焕乔[M]//钱伟长.20世纪中国知名科学家学术成就概览·物理学卷·三分册. 北京:科学出版社,2015.

[2]张焕乔. 张焕乔文集[M]. 北京:科学出版社,2017.

[3]张焕乔访谈录[Z]. 采访组,2017.

[4]丁大钊,陈永寿,张焕乔. 原子核物理进展[M]. 上海:上海科学技术出版社,1997.

[5]张锡珍,张焕乔. 原子核结构[M]. 北京:科学出版社,2015.

[6]钱兴. 张焕乔与垒下重离子熔合裂变[M]//卢嘉锡. 中国当代科技精华·物理学卷. 哈尔滨:黑龙江教育出版社,1994:361.

[7]王若珏. 张焕乔[M]//中国科学技术协会. 中国科学技术专家传略·物理编·物理学卷三. 北京:中国科学出版社,2006:413.

[8]张焕乔资料长编[Z]. 采访组,2018.

[9]张焕乔院士的留苏经历——张焕乔院士访谈录[A]. 黑河:黑河旅俄华侨纪念馆,2017.

[10]重要采集成果(访谈录、国内外信件和照片等)[Z]. 采访组,2018.

[11]张焕乔,我的经历,2017.

后　记

首先，感谢中国科协组织开展的老科学家学术成长资料采集工程项目及办公室的工作人员，感谢他们的信任和大力支持，以及在采集工作中的具体指导。

其次，感谢下列相关人员为本书提供的多样、可靠的翔实资料。

一是采集组成员，特别是谢翊、贾会明和张凯。他们不远千里，前去重庆、成都、武汉、潜江、兰州等地进行采访，收集相关资料；还在北京和原子能院采访了多人（包括对传主本人的多次访谈），进行了录音，并整理出了成文的访谈录近30份；收集了张焕乔院士的信件、照片和其他有关资料，为本书提供了丰富多彩的素材。

二是传主本人。他不仅按照采集组的要求，提供了张焕乔年表、发表文章目录及原文等书面材料，而且还多次接受了录音采访，讲述他的经历，并整理成文，名曰《我的经历》。此外，还对本书，特别是专业相关部分，进行了修改和校阅。

三是受访者，包括传主的亲属、同学、同事、同行和学生等。他们不仅在百忙中欣然接受了采访，而且还畅所欲言地谈了对传主的看法、讲了一些鲜为人知的故事。部分受访者还对本书的写作提出了坦率的建议。

另外，还要感谢原子能出版社王朋先生对本书章节安排的合理建议及对全书所做的文字修饰。感谢北京师范大学张春雷副教授帮助复制和整理文章。

最后，还要感谢那些关心张焕乔传和为本书做过贡献的所有人们。

由于本人水平有限，本书缺点错误在所难免，特别是范围很广、内容很专业的学术研究部分，望读者见谅并批评指正。

唐洪庆

2023年10月1日